教师心理保健
——基于问题的自我调适策略

主　编　谢传兵
副主编　吴庆华
编　委　（按姓氏笔画）
　　　　王　燕　孙　琍　陈　军　吴庆华
　　　　闵霈飞　杨怀瑾　钱亚琴　顾　周
　　　　夏　英　谢传兵　潘建卫

东南大学出版社
·南京·

内容提要

本书立足于教师的职业与生活,围绕专业发展、人际关系、情感生活三个领域,选择与教师密切相关的十多个话题,从问题呈现到成因解读再到调适方法,全面展示当代中国中小学教师的生存空间、生活际遇和心理状况,并提出具有实际指导意义的分析与见解。本书可作为广大中小学教师的读物,也可为从事教育、心理或其他领域的人士提供参考。

图书在版编目(CIP)数据

教师心理保健:基于问题的自我调适策略/谢传兵主编. —南京:东南大学出版社,2011.7
ISBN 978-7-5641-2875-3

Ⅰ.①教… Ⅱ.①谢… Ⅲ.①中小学-教师-心理保健 Ⅳ.①G443

中国版本图书馆 CIP 数据核字(2011)第 122991 号

教师心理保健——基于问题的自我调适策略

出版发行 东南大学出版社
社　　址 南京市四牌楼2号　邮编:210096
出 版 人 江建中
网　　址 http://www.seupress.com
经　　销 全国各地新华书店
印　　刷 南京玉河印刷厂
开　　本 787mm×1092mm　1/16
印　　张 15.5
字　　数 368 千字
版　　次 2011 年 7 月第 1 版
印　　次 2011 年 7 月第 1 次印刷
书　　号 ISBN 978-7-5641-2875-3
定　　价 29.80 元

本社图书若有印装质量问题,请直接与读者服务部联系。电话(传真):025-83792328

序　言

　　传统认识中，教师从来都是一种崇高的职业，曾获得过两个备受赞赏的称谓：一个是前苏联老一辈革命家加里宁所说"教师是人类灵魂的工程师"，另一个是列宁（亦说列宁夫人）所说"教师是太阳底下最光辉的职业"，这两个称谓集中揭示了教师职业崇高的社会地位和高尚的角色及其对人类进步的重大贡献。

　　但另一方面，教师职业也被形象地喻为"春蚕到死丝方尽，蜡炬成灰泪始干"，这是教师默默无闻、无私奉献的工作状态的写照。而本书编者都曾经或正在从事一线教学工作，也都正在从事心理学研究和教师心理咨询相关工作，故能深切体会到，在来自外界高度评价的同时，深度触及教师光辉形象之下的独有苦衷：高强度的职业压力、高标准的职业要求、高难度的专业成长……这些为教师的身心健康埋下极大的隐患，甚至正在影响着广大教师的生存际遇、生活质量和发展空间。

　　而正是基于这种对教师职业的切身体会，针对我们在各种调查、研究和教师心理咨询过程工作中遇到的各种问题，我们力图撰写这样一本专门用于指导教师心理健康自我调适的书，引导教师针对自我心理状态，学会正确对待面临的实际困难，提高自我认知能力，学会及时进行心理自我调适，力图使教师通过自我引导来维护心理健康、促进专业发展和认识生命质量。

　　本书并没有围绕心理学发展某一逻辑来进行设计和安排，甚至很多内容都并没有按照现代心理学研究的方法和内容进行阐述，因为我们的初始意图就是让教师从中选读，特别是在某一时段或特定情景中，选读与己"心有戚戚"的案例，并从中认识这种内心状态的特征及心理成因，寻找到能够自我调节的方法和策略，希望能够写成教师案头上久寻而未遇的读本。

　　我们深知，教师职业生存与生活状态改善，任重而道远，绝非一人一时之力可及。倘若本书能够成为其中的一块铺路石子，那将是作者莫大的荣幸。

　　由于能力有限，书中错误和疏漏在所难免，恳请专家和读者不吝指正。

编　者

目 录

第一篇　专业发展篇

话题一　职业压力 …………………………………………………………… (3)
　　问题一　如何克服怕进课堂的心理压力 ………………………………… (3)
　　问题二　如何克服班级管理中面临的压力 ……………………………… (6)
　　问题三　如何应对分数带来的压力 ……………………………………… (9)
　　问题四　如何应对课程改革过程中的被动、激进心态 ………………… (12)
　　问题五　如何克服课程改革过程中的厌烦、怀疑及否定情绪 ………… (15)
　　问题六　如何应对职称晋升不理想所带来的压力 ……………………… (18)
　　问题七　如何应对考核带来的压力 ……………………………………… (21)
　　问题八　如何应对领导不公正评价带来的压力 ………………………… (24)
　　问题九　别让坏情绪影响了自己 ………………………………………… (27)
　　问题十　放松你的心情 …………………………………………………… (31)
　　问题十一　如何摆脱强迫症 ……………………………………………… (35)
　　问题十二　新教师如何度过角色适应期 ………………………………… (39)
　　问题十三　坦然面对,不再焦虑 ………………………………………… (43)
　　问题十四　点燃你工作的热情 …………………………………………… (47)
　　问题十五　如何处理角色冲突 …………………………………………… (50)

话题二　职位晋升 …………………………………………………………… (54)
　　问题一　如何促进专业成长 ……………………………………………… (54)
　　问题二　如何正确看待职称评定,促进自己专业发展 ………………… (61)
　　问题三　怎么做有利于自我的提升 ……………………………………… (64)
　　问题四　如何衡量付出与所得 …………………………………………… (68)

话题三　工作效能 …………………………………………………………… (72)
　　问题一　如何愉悦地走进课堂 …………………………………………… (72)
　　问题二　如何提高工作的成就感 ………………………………………… (76)
　　问题三　如何在纷繁复杂的事务中有条不紊地开展工作 ……………… (79)
　　问题四　如何扭转后进生 ………………………………………………… (82)
　　问题五　如何提高课堂的有效性 ………………………………………… (85)

话题四　职业倦怠 …………………………………………………………… (90)
　　问题一　如何在重复、单调的工作中保持热情 ………………………… (90)
　　问题二　如何抵御疲惫的侵蚀 …………………………………………… (94)
　　问题三　对待这群学生,你该怎么办 …………………………………… (98)
　　问题四　如何对待"90后"学生 ………………………………………… (103)

  问题五 踌躇满志遭遇瓶颈怎么办 …………………………………… (109)
  问题六 当努力得不到认可时，教师当如何调适 …………………… (112)
  问题七 当你发现你不适应教师这个职位时该怎么办 ……………… (114)
  问题八 走下神坛，别让完美绊了你的脚 …………………………… (116)
  问题九 有度地热爱你的工作 ………………………………………… (119)

第二篇 人际关系篇

话题一 师生关系 ……………………………………………………………… (125)
  问题一 如何控制情绪，将师生冲突化险为夷 …………………… (125)
  问题二 如何宽容对待问题学生 ……………………………………… (131)
  问题三 如何让学生爱上你的课 ……………………………………… (134)
  问题四 如何让信使成为开启心灵之门的钥匙 …………………… (137)
  问题五 如何平等对待每一个学生 …………………………………… (141)
  问题六 如何成为有效的课堂管理者 ………………………………… (145)
  问题七 如何成为学生的良师益友 …………………………………… (148)
  问题八 如何与学生进行良好的沟通 ………………………………… (151)
  问题九 如何换位思考，化问题于无形 ……………………………… (158)
  问题十 如何做一个倾听者 …………………………………………… (162)

话题二 同事关系 ……………………………………………………………… (166)
  问题一 自私自利最终伤害的还是自己 ……………………………… (166)
  问题二 如何化解心中的嫉妒 ………………………………………… (170)
  问题三 如何脱离猜疑的苦海 ………………………………………… (173)
  问题四 如何摆脱苦闷自卑心理 ……………………………………… (177)
  问题五 领导多一分支持让教师少一分委屈 ……………………… (180)
  问题六 纠正心态摆脱孤僻 …………………………………………… (183)
  问题七 祸从口出，流言止于己 ……………………………………… (186)
  问题八 教师间角色差异产生的矛盾 ………………………………… (188)

话题三 家校关系 ……………………………………………………………… (192)
  问题一 对学生在课堂上进行管理如何取得家长的支持 ………… (192)
  问题二 如何正确对待家长的过度热情 ……………………………… (198)
  问题三 如何面对家长会 ……………………………………………… (200)
  问题四 如何化解问题家长和孩子的冲突 …………………………… (203)
  问题五 如何客观地向家长反映学生情况 …………………………… (208)
  问题六 家长如何配合学校实习工作 ………………………………… (212)

第三篇 情感生活篇

话题一 爱情婚姻 ……………………………………………………………… (219)
  问题一 事业与生育怎取舍 …………………………………………… (219)

问题二　我们怎样才能有共同语言呢…………………………………(221)
　　问题三　怎样和长辈相处才能更加和谐…………………………………(223)
话题二　职业病………………………………………………………………………(226)
　　问题一　静脉曲张……………………………………………………………(226)
　　问题二　咽炎…………………………………………………………………(228)
　　问题三　颈椎病………………………………………………………………(229)
　　问题四　神经衰弱……………………………………………………………(231)
　　问题五　乳腺囊性增生病……………………………………………………(233)
　　问题六　腕管综合征…………………………………………………………(234)
　　问题七　痔疮…………………………………………………………………(235)
　　问题八　胃炎…………………………………………………………………(236)
　　问题九　消化性溃疡…………………………………………………………(237)
参考文献……………………………………………………………………………(239)

第一篇

专业发展篇

第一篇

人生の覺悟

话题一　职业压力

问题一　如何克服怕进课堂的心理压力

案例呈现

王红,34岁,是一所中学的英语教师,教学严谨,追求完美,对学生要求严格,在课堂教学过程中,为了达到自己所要求的良好的课堂秩序,要求学生昂首挺胸、眼睛围着老师转,不容许有小动作,一旦发现,便对学生严加斥责。王老师认为这是对学生负责任的表现。然而王老师的好心并没有得到学生的认可,师生关系越来越紧张,学生对她阳奉阴违,甚至公然顶撞。一次课上,前排的两个女同学不停地在书上写字交流,提醒了几次却毫无效果,气愤不已的王老师便开始了说教,可没想到,女同学竟开始顶嘴,王老师被气得吐出了一句话:"你怎么这样?"没想到学生居然回了一句:"老师,我们在其他课上不这样,为什么在你的课上就这样了呢?"王老师觉得颜面扫地,在学生面前面子顿失……类似的情况发生不止一次,学生越来越不把王老师当回事,而王老师也越来越害怕看到学生,进课堂教学成了她的心病,让她无所适从,一个个学生就好像一颗颗定时炸弹,不知道什么时候会"爆炸"……

现象分析

教师对课堂的控制受很多因素的影响,这些因素之间相互制约、相互影响,形成了一个关系复杂的课堂教学系统。能否对教学系统有效地控制,直接反映一名教师的教学素养。教师的课堂控制包括对学生、教学进程、教师自身的控制。其中教学内容、教学环节、教学方法等是课堂教学的有形组成部分,是教师容易把握和处理的,而对学生和教师的内心世界等涉及情感的控制是比较难的。教师的教姿、教态、语言、表情都会对课堂产生较大的影响。教师应保持与教学内容相协调的情感,特别是对"优生"和"差生"的态度,对课堂偶发纪律事件或触犯教者行为的处置等教学行为,对课堂的影响尤为突出。

案例中的王老师,工作认真,对学生的管教严厉,并认为这是对学生负责任的一种表现,但似乎学生并不领情。学生与王老师多次直接冲突的发生，导致王老师害怕见到学生，进而害怕走进课堂，师生间的心理距离与隔阂变得越来越大。王老师感到不解、困惑，觉得寒心，认为学生的不满是对自己满腔热血的亵渎，是对自己辛苦付出的不尊重，王老师倍感无力，内心充满苦涩、悲哀和失望。为什么学生的看法竟然会与教师的想法有如此巨大的反差呢？和王老师一样情况的教师并不是少数，他们常常感慨："为什么真情得不到学生的认可和理解？为什么学生不领情？""为什么我们越教，却越不知道怎么教了？"

心理解读

英国某心理机构负责人吉尔摩说过，"教学本质上就是一种压力型工作"。在课堂教学的过程中，教师为了完成课堂教学内容，达成教学目标，都会对课堂加以控制，以维护正常的课堂秩序，因此会经受因不得不保持课堂秩序带来的压力和困难。

1. 学生因素

现在的学生，多数都是独生子女，接触的新事物多，想法多，自我意识强，对简单的说教及"以大压小"的管教方式非常反感。很多老师在传统的"师道尊严"的理念的影响下，认为学生必须服从教师，教师对学生从严要求是对学生负责任的态度，往往不注意方式方法，因而与学生发生冲突，搞得自己下不了台。许多教师很难按照自己的方式去管教学生。同时家长对孩子的重视程度演变成对教育要求的不断提高，因此对教师的要求也不断增加。有时不得不面对家长的无礼指责，使教师倍感压力。

2. 经验和心理准备不足

经验和足够的心理准备会影响教师对危机的处理，也会影响教师对压力的感受。面对课堂，有经验的老师从容不迫，恐惧感小，显得比较自信，会自觉地控制情绪；而无经验的教师心理没有把握，无力感强，会觉得害怕。可见，增加经验是提高抗压能力的一条有效途径。

另外，面对同一事件或情景，心理准备充分与否也会导致不同的压力感受。教师在走进课堂前经过认真备课，对各种可能发生的意外进行充分的预见，则心理把握性大，会显得比较踏实；反之则显得心虚害怕。因此，有应付压力的准备也是克服怕进课堂的一种方法。

3. 追求完美

有的老师，自我要求较高，追求完美，自我意识强，不能容忍反对意见，希望课堂完全按照自己预设的方向前进，但严厉甚至是苛刻的秩序控制严重违背学生的天性，否定了学生独特思维方式和行为方式，理所当然会受到学生的反对。

研究表明，课堂控制的各种影响因素并不是独立存在，而是交互作用于教师而产生压力的，当然，这些因素对于不同地区、不同群体、不同背景的个人的影响是不相同的。

1. 课堂控制

有效的课堂控制，对完成教学内容，达成教学目标，提高课堂效率，有着重要而积极的作用。教育目的、学校的管理方式、社会制度和舆论、教师的个性与能力以及课堂情境等，都是教师课堂控制的主要影响因素。其对课堂控制的影响程度的大小和教师采取何种方式来进行课堂控制是有关系的,不同的课堂控制方式对于学生发展的影响不尽相同。因此教师在进行课堂控制时应考虑控制方式以及方式的表现形式,只有适应不同个性学生的控制方式才能真正实现课堂控制的目的。

教师缺乏课堂教学控制能力的表现主要有:抄教案,应付检查,教学目标不明确,照搬教材,没有清晰、具体的课堂教学思路,无教学预设,随意性大,课堂教学的容量及深度把握不足,完不成教学任务;缺少学生学情的分析及学法指导,缺少师生课堂前准备,拖堂;无效提问多,提问后无回答;课堂秩序差,哄闹,教师简单粗暴,等等。类似现象的发生是教师缺乏课堂调控能力的表现,因此教师需要不断地学习,以提高自身能力。

2. 能力素质和自我期望

Fimian&Santoro,Terry(1997)的研究显示:教师在特定的工作和组织环境中缺乏职业自信时就会感到压力。能力素质是压力产生的重要因素。前面提到,课堂控制的能力在一定程度上反映了教师的教学素养。教学素养高、能力强的老师在课堂中应对得体,进退自如,而能力弱的老师自信不足,缺乏足够的勇气面对课堂,尤其在新知识、新观念、新技术层出不穷的今天,教师获得信息的有限性和学生获得信息的多渠道性,往往导致师生间的信息获得量不对等,学生"为难"老师的现象比比皆是,教师的知识和权威在不断受到冲击和质疑,教育教学改革的高要求导致许多教师感到难以胜任工作而产生压力。

另外,传统的"师者,传道授业解惑也"的思想,也让教师被作为知识和道德的化身,常把完美作为自己的价值追求。他们容易忽视自身条件的限制,对自我要求过高,一旦自己预定的目标不能实现,就会产生较强的挫败感,失去心理平衡,产生心理压力,因此"强加于自己的高期望值"也成为主要压力源之一。

调适策略

1. 做好课堂教学设计

教师要根据学情做好属于"自己"和"学生"的课堂教学设计,做好课堂教学预设,明确课堂教学控制的目标,把握好教学内容和教学目标,做好情绪控制,要特别注意增强对教学时间、节奏的控制能力。

2. 营造和谐的师生关系

课堂教学的成功虽然是在教师一定的控制作用下取得的,但这种控制不是生硬的。师生情感是影响课堂教学的重要因素。在学习过程中,教师应多与学生交流,了解学生的内心世界,营造和谐的师生关系。只要我们对课堂教学的控制是在尊重学生、学情的基础上采取的,师生就能共同营造出充满生命活力的生态课堂。

3. 避免和学生发生正面冲突

教师应做到一视同仁、随机应变,以积极的办法处理和解决课堂矛盾,确保课堂秩序的稳定和教学的顺利进行,不宜与学生发生正面冲突。在课堂上,如果没有绝对把握能控制局势,千万不能和学生发生正面冲突,以免难看,在学生面前丢掉面子,失去威信。教师对课堂教学的控制应建立在尊重学生、学情的基础上,没有人天生必须服从谁,人与人的交往必须建立在尊重的基础之上,才能共同营造出充满生命活力的生态课堂。

4. 不吝啬赞美

要正面看待学生，多看学生的优点，相信学生本质是好的，在课堂上用微笑和赞许的目光鼓励学生，用赞扬的语言肯定学生的进步，正面鼓励学生。

5. 树立终身学习理念

随着社会的进步，社会对教师的职业精神及专业能力有了更新、更高的要求。教师要跟上时代的步伐，适应时代的要求，必须不断学习，牢固地树立终身教育的理念与意识，将学校视为自己不断学习的场所，将教育教学改革视为提升专业能力的机会，对自己的知识与经验进行重组，解决自身在教育教学中遇到的问题，有效地促进专业潜能的发挥，缓解工作压力。

问题二　如何克服班级管理中面临的压力

刘翔飞，是一所中等专业学校的教师，从事班主任工作十三年，所带的班级多次被评为优秀班集体，其学校也以学生管理出色而闻名。谈起班主任生活，刘老师无限感慨："当了这么多年的班主任，我已经当怕了。作为班主任，班级几十个学生都在我的管辖之下，这些学生，各有各的特点，多数都是独生子女，各个个性鲜明，课堂上被老师盯着，他们也许能规规矩矩，但是课后谁也没有办法保证几十个学生没有一个出差错的。今天，这个学生迟到早退，明天那个学生仪容仪表不合格，后天班级卫生没评上优……天天没事就往教室跑，生怕有什么闪失，每天就盯着学校评比栏——班级纪律评比、清洁卫生评比、学生出勤情况评比、成绩对比，等等，都会让自己的血压随着评比的次序升降，扣班主任津贴事小，主要是不能忍受排在学校班级后面心里的那个难受劲儿。下班后手机上看到学校电话就紧张，就怕德育处找，晚上也常做梦，梦见班上学生出事，醒来后常常一身冷汗外加心跳过速。这班主任我是真不想干，又多不了几个钱，可是校长亲自找我谈话，想推也推不了。"

班主任工作是学校教育教学工作的重要组成部分，在教师的专业发展中举足轻重。然而在学校，很多的老师不愿意从事班主任工作，校长们也很无奈，很多时候，他们只能让一些进校时间不长的年轻老师担任这个职务。对一些特别重要的教师，只能恩威并重，以期填满班主任的空缺。现在评优、评职等考评均与班主任工作挂钩，很多老师即使万般不情愿，却不得不申请当班主任。

案例中的刘老师，是一位能胜任班主任工作的教师，其班主任工作也卓有成效，但是，担任班主任情非得已，并非自愿，原因在于对班主任工作所带来的心理压力烦不胜烦。学校学生的评比最终演变成为班主任的评比，而且各项评比多如牛毛，而学校对班主任的考核制度又非常严格，甚至近乎苛求，如学校规定学生的发型，甚至头发往哪边偏、男生头发短到哪里都得统一,很多规定不是很合理,但却成为衡量班主任工作业绩的一个指标,班主任在日常的班级管理中,有一条没有做到就要扣分。同时班主任的家访任务、常规管理工作、培养小干部工作、心理辅导工作,等等,使班主任工作延伸到八小时之外,工作时间的延长和工作量的无止境,使班主任始终处在超负荷工作状态,另外班级还有所谓的"好班"和"差班"的区别,这种评价班主任工作的制度,其实在一定程度上成为老师不愿当班主任的一个重要原因。因为一个不是很好班级的班主任,他的工作量并不比优秀班级的班主任来得少,但由于学生素质的原因,这个班级肯定有很多问题,在考评中自然不会取得好成绩。班主任教师在这个过程中其实是很痛苦的,他们的心理压力可想而知。面对工作的种种压力,许多教师望"班主任"而却步,不愿意从事班主任工作。有些班主任是在学校安排和不断做思想工作的情况下才接手班主任工作的,这样的工作状态产生的工作效率可想而知。

心理解读

1. 来自学校管理的压力

在日常工作中,班主任的心理压力很多是来源于学校管理的压力。在班主任的日常工作外,学校为达到某种管理目的,要求班主任按学校需要贯彻执行相应的工作任务,班级成绩不理想、课堂纪律差或者学生违反校纪校规,学校首先责备的是班主任,自习课也成了班主任的附加课,其他教师因病、因事外出,与外聘教师的沟通,学校也要求班主任处理。班主任在日复一日的繁琐事务中穷于应付。学校对班主任的管理考核就像一条无形的绳索,套得班主任喘不过气来。

2. 来自学生的压力

随着社会的进步,现在的学生精力充沛、思维活跃、头脑灵活,他们接受的信息量大,知识面越来越广,对某些知识的掌握程度甚至要强于老师。班主任发觉学生越来越难应付,不能简单地应付了事,为达成学校要求及班级管理目标,班主任需要不停地和学生"斗智斗勇",身心都处于高度紧张状态,压力自然而生。

3. 来自同事的压力

在工作中,班主任也面临来自于同事的压力。同事不当的言论对班主任产生的压力,往往不容易引起大家的重视。很多教师在与班主任交流的过程中往往不注意自己的言论,在闲谈中随便说道:"你们班学生不错","我就爱上你班的课","你班的学生看到老师都不打招呼","你们班上课真吵"等类似的话,无形中对班主任形成压力。

拓展链接

1. 班主任的角色定位

在学校教育教学工作中,班主任工作千头万绪,很难给班主任角色进行定位,班主任是传道授业解惑者,是朋友,是长辈,很多时候,在多种角色中,教师心理会产生冲突,分不清楚自己处在哪种角色之中。作为教师,在自己的教学生涯中要学会在合适的时间扮演合适的角色。只有教师感觉他所扮演的角色是合适有效的时候,才能在面临问题时做到游刃有余,因此,教师应进行角色学习,这是预防焦虑症的途径之一。

2. 精神关怀者

"精神关怀"(pastoral care)的概念,原指宗教活动中牧师或主教给予教民的关心和帮助,特别是精神方面的关心和帮助,现已被许多国家用作情感教育的一个术语,主要指教育工作者对学生的精神和情感生活(包括态度、信念、情绪)的关注,其中也包含了教师与学生的平等关系。

有人将班主任定义为"精神关怀者",认为比较符合班主任多变的角色和"千头万绪"的工作。这种定位关注教育中的平等、尊重与关怀,强调"追求儿童幸福是教育的神圣使命",如果教育不能给受教者快乐、信心,那么教育就是失败的。

3. 班主任的心理指导工作

目前在很多学校,已经把心理辅导作为一项职责列入班主任的常规工作内容,其重要性已经被普遍地认同。很多的班主任都曾参加专门的心理辅导的专题培训,在学生有需要的时候为学生提供服务。这时候班主任是以帮助者的身份出现,为受困的学生提供行为方式的指导和心理健康服务。这是非强制性的,许多内容和方法尚在摸索和讨论中,实际操作也存在一定难度。总之通过心理辅导,可以帮助学生学会自我心理调节。其成功的关键是学生的主动参与。学生主动参与的过程就是自我教育的过程。正如前苏联教育家苏霍姆林斯基所说,"没有自我教育,就没有真正的教育。"

调适策略

1. 保持快乐

作为班主任,要明确自己的角色定位和行为预期,要做好充分心理准备,调适自身的心理健康,做一个快乐的班主任。作为班主任,应该愉快地接纳自己,包括接受自己的优点与缺点、长处与短处,保持健康的心境,维护心理平衡。在工作中保持开朗乐观的心态,对教育岗位满意,可把智慧、能力发挥出来,有满足感。可适当参加一些心理健康的辅导班的学习,努力加强自我心理修养,协调好人际关系,不断地完善自我。对自己有适当的了解,悦纳自己,发挥潜能,对自身无法弥补的缺陷能坦然接受。无论在什么情况下,都应该保持理智,不要在自己情绪很糟时教育学生,以免不良情绪发泄到学生身上。应努力去营造快乐、鼓励的气氛,让学生有实现感和成就感。

2. 随时进行反思

在工作中班主任要随时进行反思,关注自己的言行是否伤害了学生,并经常反省自己的教育观、学生观、管理观所形成的合力是否有助于学生生动活泼地发展。学生也会有压力,他们所感受到的压力也许就来自于班主任,因此通过必要的反思,可以发现自身在班级管理中存在的问题,对班主任工作的改进相当有益。

3. 注重交流沟通

多与学生及同事交流,并从中来反观班主任形象的调适。沟通可以促进了解,了解才能相互理解,可以建立协调的人际关系,在工作中不至于钻牛角尖。

4. 培养宽容精神

班主任会面对形形色色、不同个性的学生,他们的思想及行为差异性也很大,也许有的是自己所讨厌的,因此作为班主任要放宽心态,凡事不要过于斤斤计较,要培养自己的宽容精神,通过自己的言行去影响学生。

问题三　如何应对分数带来的压力

　**案例呈现**

蒋英凡，女，普通高中语文老师，一直从事高中语文的教学工作，她把所有的精力都放在学生的成绩上，期望在高考中自己所带的班级能取得好成绩，不太关注学生的人际关系。因为学校对教师的考核也完全围绕学生的分数在转，每次考完试后各个班级平均成绩排名次，后来不准给学生排名了，学校开始给老师排名了，如果成绩落后，便倍感压力，觉得无地自容。不仅会有校长、教务主任、年级组长批评，责问她班上学生成绩怎么这样，就连周围的同事也会给她压力，当看到同事以同情、可怜的眼光看着自己的时候，蒋老师觉得自己都快要崩溃了，面对教务主任的责难："你这个班级怎么这样？"蒋老师一时气不过，回了一句："你带还不一定带出我这个水平呢？"为了提高班级成绩，蒋老师利用业余时间钻研高考试题，精心准备了很多资料，作为作业布置给学生，可家长的投诉电话又打来了："怎么布置那么多作业啊！现在不是要给学生减负吗？"蒋老师觉得自己就像风箱里的老鼠，学校家长两头受气，苦不堪言。

　**现象分析**

在新课程改革的背景下，大力提倡减轻学生负担，倡导素质教育。但在现行的教育评价体制下，教学到最后仍在走应试教育的路。学校的竞争是学生的竞争，学生的竞争变成教师的竞争，而教师的竞争很大程度上转化为学生成绩及考试分数的竞争。只要有考试，就会有分数，就会见高低，就会有比较。同学科平行班级的考试分数一一排列出来，分发到教师手中，低分数是高压力。偶尔低一回，并没有什么，总是后面排队，脸面上过不去的就可能不是一个人。学生要怨你，家长要问你，组长要怪你，校长要找你。平时考试低一点，说说也就过去了，中考或者高考，真刀真枪，稍有闪失，表扬无份是小，奖金无赏是小，脸上无光是大。大会小会总结，校内校外传播，如果没有机会在以后的教学中翻身解放，那块心中的石头还不知要压到何年何月。因此学生负担没有减，老师负担却是不断加重。

案例中的蒋老师面临的压力主要来自于班级学生成绩差，因此承受来自学校和同事的压力，为了提高成绩，补足知识，蒋老师辛苦准备了资料，希望能提高成绩，可家长的责难又来了。当"减负"口号喊起时，不清楚缘由的学生乐得轻松，相对于学习进程本身这不是"负"而是"债"，学生的"债"以"负"的名义减掉了，成绩却提不上来或者很难提高，这个"债"也就会转嫁到老师身上，类似问题本该是需要老师和同学们一起面对的，却成为教师教学的"债"。学生要背起欠下的"债"，老师也要一起负担。其实学生成绩好，老师也会有压力，因为有的同事会嫉妒。一个班级再怎么好，总有一些问题学生，所以总能被人找到可以攻击的地方。不过再怎么说，还是所带班级成绩好的老师面对的压力小一点。所以老师把全部精力花在如何让学生成绩提高这件事情上,甚至到了弄虚作假的地步。有的考试是老师自己命题,有的老师就会把题目泄漏给学生,或者把考试范围说得很详细,这样学生考出来的分数就高,而那些原则性强的老师就会吃亏。长此以往,背离了教育的基本原则。

 心理解读

分数从学生的命根变成了老师的命根。考勤要打分、教师道德要打分、所教科目成绩要打分、参加教研活动要打分、课堂考评要打分、备课要打分……无处不用分数来衡量,分数几乎无处不在,让老师躲也无处躲。

1. 外部因素

当前中国教育体制正在经历着一场深刻的社会转型,这种转型是一种整体性的、结构性的、加速性的结构性变迁,它意味着整个教育制度的重大调整。这对在传统教育中成长的教师来说是一种考验和挑战。因此,由于转型造成的心理压力已成为教师面临的一个严峻的社会和健康问题。

中小学教师在应试教育的背景下,面临的分数所带来的压力,来自于学校、同事、家长等诸多外部因素,这实际上是人与人之间缺乏信任的表现。相互之间信任的缺乏,容易使个体产生消极的心理,缺乏合作能力,从而影响到正常的人际交往能力,造成人际关系的紧张,因此会对个体带来一定的心理压力。很多老师会把失败归因于外部因素的影响,逐渐就会形成一种失衡的心理,而影响到心理健康。

2. 内部因素

俗话说,"性格决定命运"。压力的产生在很大程度上跟个体生理、心理因素有关,如性格特征、生理缺陷、心理冲突,等等,从而表现出相应的负面情绪、认知反应、行为特点。个体生理因素如年龄、健康状况,以及运动、营养、休息状况等生理状况越好,其抗压能力也就越强。而从个体心理因素来看人格、情绪形态、思考模式和人生阅历,也会影响个体对压力的反应。如内向的人往往对压力能够默默地承受,但可能因此抑郁而不能释怀;外向的人对压力可能反应过激,但压力所造成的不良影响又较易烟消云散。冲动的人会首先排斥压力;理智的人却倾向化解压力。积极的人会将压力视为动力;消极的人会将压力当作阻力。心态开放的人相信方法总比问题多,所以努力寻求缓解压力的方法;偏执的人则会陷入压力的漩涡中难以自拔。同时,一个人的人生阅历越丰富,其抗压能力也就越强。

 拓展链接

1. 认知方式

认知方式是个体持续一贯的带有个性特征的思维方式,它决定了个体对所见、所思事物的处理和组织风格。现有的大量研究发现,教师个体认知方式会影响其对压力的感知。事件本身是中性的,其刺激造成的压力源于主体赋予它的意义,即个体如何评价它:同一个环境事件对某些人来讲可能产生焦急、压抑等情绪体验,因为他赋予它消极的意义;而其他人赋予它积极的意义则可能没有这种体验。由此看来,压力是个体对事件主观感受后的心理体验。当人的某种需要得不到满足,动机不能付诸实践时,就成为可能的压力源,这些可能的压力源经过教师个人的认知评估,成为实际的压力源,从而引起个体适应性的反应。压力的产生过程从认知角度可简要概括为:环境刺激(可能的压力源)—个人的认知评估(变成实际的压力源)—压力反应(症状)。其中个体对事件的解释是形成压力的关键。

归因模式是个体认知方式之一。归因模式影响对事件的评估进而影响压力的感受是马丁·塞利格曼在他关于习得性无助的研究基础上发展而来的。当我们恒定地对不利事件做内部的、稳定的、一般的解释时,是悲观归因模式。他认为悲观归因模式是我们解释发生的坏事件时习惯使用的方式,有这种归因倾向的人一般都较消极、被动,压力感受大。

2. 人格特征

人格是关于人的行为、思想、情感、态度、信念、价值、动机的动力组织。戴维德和瑞德使用艾森克人格问卷研究教师压力水平与人格之间的关系,发现人格特征是引起教师压力的一个重要因素。内向的人对压力刺激的感受性和反应性更高,具有明显神经过敏倾向的人更易受到压力影响,产生消极反应,而且恢复得很慢(Eysenck,1991;Schmitz,1992)。不同性格特征的人对压力的感受不同。那些竞争意识强、工作努力、争强好胜、缺乏耐心、成就动机高、说话办事讲求效率、时间紧迫感强、成天忙忙碌碌的 A 型性格特征的人,在面对压力时,性格中的不利因素就会显现出来;B 型性格的特征是个性随和,生活悠闲,要求不高,对成败得失看得淡薄,因此压力感较小。

调适策略

1. 正确认识自己

从心理学的角度来讲,教师这一职业是如今最"开放"的职业。教师的工作接受许多人直接或间接的检查和监督——学生、校长、教研员、学生家长、教育局,等等,以至整个社会。所有的这些人和组织都认为自己对教师的工作有评价的权利。对于教师应该怎么做,他们都有自己不同的观念和想法。仅仅是与这些人相处就可能让教师产生焦虑,不管是正常的焦虑还是神经过敏性焦虑。同时,教师自己心里也有"一杆秤",随时随地都在监督着自己的工作,甚至比别人更严格、更苛刻。而在应试教育的今天,分数又成了评判教师优劣的一个主要的标准,因此,教师应该树立正确而且稳定的自我概念,不以物喜、不以己悲。

2. 劳逸结合,放松自我

要合理地安排工作、学习和休息时间,做到劳逸结合,忙中偷闲,放松自我。特别要加强体育锻炼,早晨跑跑步,课外活动打打球,晚饭后散散步或听听音乐,这样既能缓解压力,促进身心健康,也有助于提高工作效率。

3. 建立和谐的人际关系

教师面对的人际关系比较复杂,包括上下级关系、同事关系、师生关系、家校关系,等等。这些关系处理得和谐才能使人心情愉悦,工作愉快。因此,教师要树立"与人为善,与人为伴"的思想,积极主动地搞好与领导、同事、学生、家长等方方面面的关系,既不把自己的标准强加于人,也不在背后议论、诽谤别人。

4. 合理调节不良情绪

每个人都会在巨大的压力下产生各种消极的情绪反应,教师也不例外。教师应承认自己的消极情绪,接受压力事实,并学会用恰当的方法排解。可以通过找人倾诉、自我宣泄、听听音乐、体育锻炼、变换环境、心理暗示等方法,消除不良情绪,减轻心理压力,提高心理素质。

5. 培养乐观、积极的人生态度

人生之路并不是一帆风顺的。教师在学习、工作、生活、晋职等方面遭到挫折甚至失败时,就会产生心理压力。班主任要学会用乐观、积极的态度正视现实、查找原因、吸取教训,然后调整目标,努力奋斗。

6. 努力学习,勤奋工作

课程改革、多媒体在教学中的运用、校本教材的研究、各种教育科研,教师首先要参与其中,这就需要时时更新自己的知识。老师要努力学习,与时俱进,不断丰富自己的文化知识,勤奋工作,用优异的成绩来减轻心理压力,才能获得心理上的安全感和工作上的成就感。

问题四 如何应对课程改革过程中的被动、激进心态

案例呈现1

张丽,是一所中等专业学校的专业课教师,自从自己所在的专业被评为课程改革实验点、学校被评为课程改革实验学校以后,在学校领导的要求下,参与了本校课程改革的实施工作。自从参与专业课改以后,她觉得工作量加大了,其他老师要做的自己一点也不少做,还要编写教学设计方案、教师工作页、学生工作页、项目任务书,等等,增加了很多任务。她觉得操作起来非常麻烦,另外时不时地还要参加观摩、示范教学等活动。平常教学中,她就按自己习惯的方式进行教学,如果碰到检查、公开课等活动,就随课改的"大流",做一点项目教学等花样应付一下。她觉得自己在教学上也没啥变化,反正上面要求什么,她就做什么。不知道怎么做时,她就去看看同事是怎么做的,别人怎么做,她就怎么做。现在工作这么忙,真不知道该从哪里挤出时间来研究和创新。

案例呈现2

杨立,26岁,大学毕业后到一所中等职业学校从事电子专业的专业课教学工作4年,他觉得自己很幸运,他发现自己的许多想法和新课改提倡的理念不谋而合,觉得自己许多建设性的想法可以付诸实施。他开始风风火火地实施起自己以前的想法,于是项目化教学、任务驱动法、自主探究学习、理实一体化教学等被他应用到教学实践中,受学校实训条件的限制,在实施某些实训时,就把一半的学生放在班上自习,一半学生进行实训,他的课堂显得热闹,学生的参与度似乎也提高了,可在期末的市级教育主管部门组织的学科统考中,他所带的班级排名倒数第一。领导的批评随之而来,杨老师觉得特别委屈:自己不正是按课改的理念在进行改革吗?可为什么结果不是自己的预期呢?

 现象分析

新课程改革不仅在基础教育中实施,同样也贯穿在职业教育改革的过程中。有的教师在每天简单枯燥的重复工作中,逐渐丧失了工作的热情,面对改革无动于衷,消极被动地去接受;而有的老师在教育变革的潮流中,怀着"献身教育事业"的抱负和浓厚理想主义色彩,在工作中遇到挫折时,便感慨"激情敌不过现实的残酷",萌生悲观的情绪。

案例1中的张老师虽然没有直接表明自己对工作的感受,但"上面怎么说,我就怎么做;别人怎么做,我就怎么做",却是其对工作无奈的选择。教师的工作,很多会延伸到八小时之外,如备课、批改作业、家访……工作中总有无数的问题需要教师去解决;教师个人的时间和精力却是有限的。这种有效和无效教育改革更是加剧了这种有限与无限的矛盾。由于缺乏有效应对的方法,一些教师只好无奈地选择了"随大流"。

案例2中的杨老师无疑是新课程改革积极的拥护者和主动的参与者,当他充满热情地投身改革时,却遇到了麻烦。这样的遭遇不仅会令张老师委屈,如果处理不当甚至还会动摇他参与改革的信心。其实改革不只需要热情和勇气,更需要理智和耐心。新课程改革绝不可能"毕其功于一役",而需要一个长期而渐进的过程,如果急于求成,不充分考虑自己学校的客观条件和学生的实际水平,难免就会出现"欲速则不达"的问题。虽然张老师的出发点是好的,但是过分激进的心态让他失去了冷静思考、精心筹划的能力,反而导致了事与愿违。

 心理解读

在基础教育课程改革的同时,职业教育的课程改革也正如火如荼地进行。不管是基础教育的改革,还是职教的改革,其本质是一样的,都着眼于"人的发展"。在课程改革的实施过程中,传统与现代、教师与学生、个体与社会、教师与学校领导等的冲突,在一定程度上都是教师压力的来源。

1. 工作环境和相互矛盾的现象所带来的压力

教师在课改中的压力很大程度上产生于学校管理者是否支持与同行之间的竞争,"不被认可"是教师职业心理的紧张源之一,是否被学校领导重视,是否被同行认可和尊重都容易使教师产生焦虑、紧张情绪,这种负面情绪通过师生互动传给学生,从而使学生的心理也处于不平衡状态,影响课改的目标要求。产生新的心理问题。

新课程改革着眼于每一个学生的发展,期望实现应试教育向素质教育的转轨。这种转变是一个系统变革,包括教育思想、系统构建和实践操作层面上的变化。但在当前的改革实践中,很多环节没有很好地实现相互配套和互为保障,考核评估体系未完全建立,因此,很多学校一方面轰轰烈烈地开展新课改,另一方面却在扎扎实实地抓应试。因此许多教师不知是要按照新课改的要求尽快地做好角色的转变,还是要固守原有的教学技巧来应付沉重的升学压力,这让教师感觉:课改改来改去,改得教师都不知道该教什么了,一片茫然。

2. 教师角色及师生关系定位

在我国传统文化观念里,"师者,传道授业解惑也",教师的"敬业"与"奉献"等价值观念

已经深深映在社会对教师的评价之中,这无疑给新课改的教师极大的压力。教师的行为被简单地认同为教育行为,但实际上教师的行为不能简单地认为是教育行为,教师必须时常反思自己的行为是否具有教育性。

传统的观念置教师于"道德说教者"的绝对尊严的地位,"一日为师,终身为父",师生关系成了单一的"老对幼"、"长辈对晚辈"的说教关系。新课改更多强调的是教师的个人生命价值与需要,教师与学生的合作关系,注重学生成长,教与学的创造性,等等,这些要求从某种程度上具有一定的积极意义,更有利于教师的个性发展与创造性的发挥,人文精神更浓郁。

应该说,有效地确立教师的角色定位及建立新型的师生关系是推进新课程改革的前提和条件,其出发点是积极的,也带有很强的针对性。但由于在实际改革过程中有关方面处理问题存在一些偏差,出现了教师得不到学生以及家长的尊重,一些学校事故的处理方案让教师感到不公等现象。因此,面对这些变化,教师也面临着一个严峻的心理适应过程。

 拓展链接

教师如何摆脱在新课程改革中无奈的选择?可以有以下几种方法:

1. 争取学习进修和提高的机会

通过学习来更新观念,了解新课程改革的精神实质,避免在课改中的无奈和机械模仿,并根据自己、学生、学校的实际情况来选择和创造有效的方法。

2. 向有经验的教师学习,以获得具体的方法指导和建议

如如何撰写教案,如何进行课题教学设计,如何进行教学方法的选择,等等,只有这样,教师才能在改革中表现出主动性和灵活性。

3. 对自己在课改中碰到的问题保持宽容和耐心,在不断尝试中进步、成长

一个新兴事物从尝试到参与乃至适应,是需要一个过程的。课程改革中的教师承担着巨大的成长压力,不能急于对自己提出过于繁杂的要求。因为这样要求不仅会令自己不堪重负,当失败时还会打击自己的热情和创造性。在面对课程时要制定合适的目标,应当根据"最近发展区"对学生提出"跳一跳,摘果子"的要求。教师在面对怀疑时,应保持宽容和耐心,在不断尝试中进步、成长。

具有主动性的个体不仅更善于在有利的外界条件下积极成长,即使处于不利的背景下,他们也能够通过自己的努力尽可能地改善环境,从中寻找发展的契机。同时,面对困难,主动的个体会表现出比被动个体更好的坚持性。其实,每个老师都希望自己的学生成为主动的学习者,进而在生活中成为主动的个体,教师何不在新课程改革中做一个主动的参与者,以自己的实际行动为学生树立起"主动的、敢于迎接挑战、愿意不断成长的榜样"。只有这样言传身教,教师和学生才能够在新课程改革中成长。

 调适策略

1. 保持热情、打有准备的仗

课程改革是一个新生事物,很多东西没有先例可循。在新课程改革的道路上要靠热情

和理智"两条腿"走路,必须深入分析和认真思考现实情况,做好"打持久战"的长远计划和思想准备,避免因盲目尝试而带来不必要的失败和挫折。

2. 要建立发展性的思维模式,避免将新课程与传统教育简单地对立起来

实行新课程改革,并非是对过去行之有效的教学原则、方法的彻底否定。在改革中,要把握好继承与发展的关系,"倒洗澡水把婴儿也倒掉"的思维方式,只会把问题从一个极端推向另一个极端,使教育改革陷入新的误区。事实上,在过去的教学实践中所积累的、符合新课改理念且行之有效的教育方法和思想在改革中仍然要保持和传承下去。当然,新课程所倡导的研究性学习也有其适用条件,教育中绝没有"放之四海而皆准"的最佳教法。

3. 给自己一个适应期,以宽容的心态去看待问题

面对改革,要给自己一个适应期。在适应的过程中难免会遇到挫折和阻碍,我们不要为此而轻言放弃,更不应该丧失了变革的热情和信心。允许自己和他人在教育改革中逐渐成长,这才是我们应有的心态。

问题五 如何克服课程改革过程中的厌烦、怀疑及否定情绪

案例呈现1

黄立园,46岁,是一位有着24年教龄的中学语文高级教师,4年前被评为市级学科带头人,其在教学上的成就有目共睹,也得到了大家的一致认可。黄老师认为,自己在单位里已经发展得挺好的了,再多的努力也不可能有更大的变化,在面对新课程改革时,针对教育教学本身而言,她认为凭本人多年的经验完全能够应对,但对因此而增加的额外的工作量,以及学校和上级部门的各级各类检查表现出不堪重负和厌烦的情绪,感到很累。

案例呈现2

林宏伟,54岁,在某学校已经教了三十多年的书。最近几年,在教育教学改革的大背景下,学校也出台了一些相应的规章制度,其中之一就是要求老师运用多媒体教学,上课必须制作课件。林老师是一位老教师,对电脑的使用不熟悉,只懂得简单的文档编辑等基本操作,学校也没有对老师进行系统的培训,制作课件所用的时间是林老师平时用纸笔备课时间的4到6倍,林老师觉得非常累。看其他老师,尤其是年轻教师,轻轻松松就能完成此任务,给林老师带来不小的压力,本以为自己经验丰富,也一直按照自己认为有效的方法进行教学,但新的教学方式却让他无法适应。

现象分析

我国九年义务教育课程改革实验从2001年开始。至2003年,高中课程改革实验也正

式启动。课程改革以其前所未有的力度在全国范围内推行,作为一项自上而下的政府行为,引起的震动是巨大的。政府还不断有新教改方案出台,而且频繁对教师工作进行检查,令中小学教师和管理层应接不暇。教师无法适应政府新颁布的教学大纲、教学目标以及经常接受上级检查,压力由此而生。

案例1中的黄老师本身就是一位成功的教师,正处于事业发展的黄金时期。在新课改的背景下,面对政府的各种教育政策调整和课程变化,她需要付出更多的时间,不停地调整自己的教学,同时还要应付检查,身心处于极度疲惫的状态,压力由此而生。而案例2中的林老师是一位教学经验丰富的老教师,其教学模式已基本定型,新课改背景下,原有的教育观念、教学方式受到很大的冲击,甚至发生了根本性的转变,对于教师来说,这是一种全新的挑战和超越。面对新课改,年轻的教师接触的新事物多,在教育教学经验和观念上也还没有定型,适应相对容易,而年纪稍大一点的教师不能一下子很快地适应,因此无所适从。

心理解读

新课程要求"了解社会对教师职业的新期待"。那么,在新课改下,教师职业角色也呈现出多样化的特点。面对新课改,教师承受的压力也是比较大的,具体表现如下:

1. 来自课改现实的压力

随着科技的发展,网络普及以及教育课程改革,传统的一支粉笔加黑板的教师职业也改变了过去的单一性而呈现出明显的多样化特征。在新技术层出不穷的今天,"现代化教育技术"作为改革的"宠儿"迅速占领传统的学校教育阵地,成为学校教育改革的软硬件设施。教师也就成为必须掌握前沿"技术"的生力军,为信息、为网络忙得不可开交,同时也为通过各种等级考试而疲于奔走于培训中心与学校之间,无形之中心头又多了一块"病",而这块"病"又让很多教师无从适应,不得不应付各式各样的所谓的"课改培训",这让很多教师苦不堪言。

而教师为了在新课改中实现自身的发展,无论是为了自身的生存考虑,还是为了符合新课程对教师的要求,都必须对自己高标准严要求,努力奋斗。

2. 来自社会的压力

课程改革着眼于时代的要求,对教师的要求是严格的,更是苛刻的,很多时候,社会又不能给予正确的理解,使教师的社会压力逐渐加大。同时教师还面临自身的情感问题、婚姻爱情问题、家庭、子女等,凡此种种,使教师身上重担远远超出其他职业,因此,新课程实施从另一种角度来看对老师要求更严格,教师面临社会巨大的压力与挑战。

3. 中国传统文化教育观念的压力

在我国传统文化观念里,"天地君亲师",教师被放在一个极其重要的位置,而教师本身也被传统的教育同化了,并把这些作为自己的道德要求。而新课改对中小学教育教学改革提出了全新的要求,要求教师在教育观念、教学方式上都要有根本性的转变,对于教师来说,这无疑是一种挑战和超越,尤其是那些经验丰富、成就感强的优秀教师,他们原本依靠自身过硬的专业技能和深厚的专业知识,在长期的教育教学实践中游刃有余。要他们否定几十年来积累的经验,放弃他们认为行之有效的"教育法宝",将是一件十分痛苦的事情。这种痛苦的情绪如果没能得到有效的调适,极易产生对改革信念的动摇,甚至出现抵触情绪。

拓展链接

1. 压力

压力是个体面对某些事件或者环境刺激因应对资源不足而产生的紧张、焦虑、害怕等一系列的心理反应及由此带来的一系列身体反应的过程,是客观压力和主观反应的综合。教师职业压力是指教师在职业活动中面对由各种因素所造成的威胁性情境或不良事件时,所出现的生理或心理上的紧张状态。自 20 世纪 70 年代 Kyriacou 和 Sutcliffe 首次发表文章提出这一概念以来,教师职业压力就成为全世界的重要研究课题之一。很多研究发现,教师在工作中普遍感到职业压力。

2. 新课程改革

在我国,随着教育改革的不断深化,特别是 2001 年 6 月,随着新一轮课程改革总纲——《基础教育课程改革纲要(试行)》的正式颁布,我国基础教育的课程改革在全国范围内如火如荼地展开。新课改在课程内容、课程编制、课程管理、课程实施、课程评价等方面做出了全新的调整,同时要求教师从教育理念到教育实践等方面做出相应的调整和转变。改革给教师带来了新的机遇,但面临的压力因素及承受的压力程度都大大增加了。国内研究表明,中学教师的职业压力远远高于小学教师。在这次课程改革的推行过程中,人们更加关注的似乎是教师"应该怎样",相对来说不够重视教师对"应该怎样"的看法。

调适策略

1. 转变观念,超越自我

新课程的改革与教师一直坚守的传统的教育教学思想有很大的差别,加上课改初期不可避免地会遇到一些困难和问题,很多的老师会出现困惑、怀疑甚至否定的态度都是可以理解的。一个新生事物的发展不可能是一帆风顺、一蹴而就的,发展原本就是一个不断发现问题、解决问题的过程,尽管前行的道路总是曲折的,但是改革所遇到的问题只是从理想走向现实时无法回避的一些困难,这并不是改革本身的错。更何况新课程改革并不是要对传统教育的全盘否定,它只是要改变过去我国教育发展中、特别是课程结构和教学方式中存在的一些众所周知的不合理的状况,并且还要从我们已有的教育教学实践的积极经验中寻找生长点。可以说,这种改革正是为了要实现老教师们为之奋斗一生的教育理想——为了每个学生的发展。

改革意味着改变和尝试,必然会遇到困难,必然会带来阵痛。作为改革中的一员,我们教师首先要加强学习,转变观念,在大的政策背景下,作为教师需要回答的问题不是选择改或者不改,而是如何向好的方向改进,所以我们应该做的是不断调整自身,去适应这种变化,以达到教育变革和自身发展的最佳结合,而不是以一个局外人的身份拒绝改变。新课程改革不仅仅改变了教师的学生观,也改变了教师的教学观,同时也为教师的进一步成长提供了新的挑战和机遇,利用这样的机会,突破自我,这也正是新课程改革的魅力和吸引力所在。

2. 直面失败挫折,努力提高自信和勇气

新课改所带来的教学方法、教学手段的改变是巨大的,很多是我们之前所没有接触过的新生事物,教师要有直面失败挫折的决心和勇气。每个人都不是天生的教育家,每个人都有一个成长的过程和走向成熟的过程,在适应基础教育课程改革的过程中亦如此。教师要勇敢地接受挑战,从失败和挫折中吸取教训,找出症结,寻求进取之策。同时,对于外界的不良刺激也不要过于计较,坚信"天生我才必有用",最大限度地释放自身的能量。

问题六　如何应对职称晋升不理想所带来的压力

案例呈现

陈红,46岁,是一位有近30年教龄的中学一级教师,所带班级各方面表现都不错,本人也多次被评为优秀教育工作者。为了参评高级职称,陈老师课余一直致力于准备职称英语考试,辛苦了好几年终于考过了职称英语。本以为可以松一口气了,谁知当年职称评审的政策又变了,英语不要求了,对论文的要求又提高了,陈老师因为论文不合格又一次被挡在高级之外。陈老师常年在教学一线工作,繁重的工作任务让她疲于应付,更不要说写论文发表了。她觉得非常的郁闷:"我一心扑在工作上,也为教育事业奉献了二十几年,工作的成绩有目共睹。学生和家长也都非常认可我,我觉得我在工作上不比学校的其他的高级职称的老师差。可就因为英语、因为论文而无法评上高级职称。工资也比别人低很多,我觉得我的努力都白费了。辛勤工作换来了什么?难道学生的优异成绩抵不上一篇论文?评职到底是看工作能力还是其他条件?我觉得命运待我不公,穷一点倒也罢了,最让我放不下的,还是这份荣誉。如果教了几十年还只是一个中级,我在别人面前都抬不起头。"

现象分析

评职失败是教师压力的主要来源之一。虽然职称与工资待遇直接挂钩,但引起教师心理挫败感的,不仅仅是经济损失,更多的是自尊心所受到的打击。案例中的陈老师产生心理挫折感的原因,一方面是外在的客观紧张刺激引起的,如同事的晋升;另一方面是内部的主观感受所引起,如本人自尊心比较强等情况。

案例中的陈老师,把能否评上职称作为对自己的人生价值能否得到肯定的一个标准。这位老师付出了很多,却评职失败,导致其心理不平衡。她期望能评上高级教师,不甘于落人之后。但由于其心理预期没有达成,对事情的完成缺乏信心,因而对未来不抱有什么希望,觉得前景黯淡,做什么事情都没有意义,因而出现情绪沮丧、消极失落、精神疲惫等表现。

陈老师对职称晋升的渴求,只是其自尊需要、成就需要等内在需要的一种外在表现。当这种内在需要的迫切性与强烈性未得到满足时,陈老师便表现出种种因心理失衡而导致的一系列问题。

 心理解读

1. 心理需要的满足感

美国心理学家马斯洛提出的"需要层次理论"将人的需要分成五个层次,即生理的需要、安全的需要、友爱的需要、尊重的需要、自我实现的需要。在生理、安全、友爱需要得到满足的情况下,人会追求尊重及自我实现的需要。教师作为现实的人也不例外,也有各种需要。但教师作为从事教育教学工作的一个特殊群体,其需要有其独特性,如对物质需要的淡化、对自尊需要的迫切,等等。只有在这些需要得到满足后,才能体会到成就感,反之当这些需要长期得不到满足时,这条需要的循环链便处于中断状态,会使人产生压抑、挫折、焦急的消极情绪体验,形成职业压力。

2. 习得性无助

美国心理学家塞里格曼在 1976 年提出了关于无助感的创造性理论。个人在经历了挫折与失败后,面临问题时会产生无能为力的心理状态与行为,在情感、认知和行为上表现出消极的特殊的心理状态。在上述案例中,陈老师评职失败后出现了一定程度的心理挫折感,因此对自己的未来产生悲观的情绪,对既往的付出产生怀疑,觉得不值,其言行只是其对职称晋升制度及自己无所作为的无奈的一种表现而已。

3. 自尊

从心理学的角度看,自尊是一个人全面的自我评价或自我价值感的体现。高自尊的人往往自我认同度比较高,因而心态乐观、主动积极,而低自尊的人往往感到无望和无价值感,容易陷入悲观消极、孤独沮丧的情绪困扰中。当一个教师的自尊受到威胁时,比如遭遇社会拒绝事件,自尊脆弱的教师对地位、长相、财富以及他人的赞扬等"身外之物"比较敏感,而对自己内在品质的认同感比较高,感觉良好的自尊可靠的教师则相对比较淡定。前者感受到的心理压力比后者更大,也更容易采取不恰当的方式应对压力,比如抑郁、自我夸大。具有可靠自尊的教师对社会的拒绝以及外界的批评则没有那么敏感、在意,他们不会因为受到褒奖而得意忘形,也不会因为遭到否认就厌恶他人。这些具有可靠自尊的教师比具有脆弱自尊的教师更善于应对压力,也更容易获得持久的幸福感。

 拓展链接

马斯洛需求层次理论(Need-hierarchy theory),亦称"基本需求层次理论",是行为科学的理论之一,由美国心理学家亚伯拉罕·马斯洛于 1943 年在《人类激励理论》论文中所提出。

需求层次理论,是解释人格和动机的重要理论,其提出个体成长的内在动力是动机。马斯洛认为动机由各种不同层次与性质的需求组成,各种需求间有高低层次与顺序之分,每个层次的需求与满足的程度,决定个体的人格发展境界。需求层次理论将人的需求划分为五个层次,其中底部的四种需要(生理需要、安全需要、归属和爱的需要、尊重的需要)可称为缺乏型需要,只有在满足了这些需求时个体才能感到基本上舒适。顶部的需要(自我实现需要)可称之为成长型需要,其主要是为了个体的成长与发展。针对五个层次的需求,由低到

高,分别提出激励措施。

马斯洛需求层次理论假定,人们被激励起来去满足一项或多项在他们一生中很重要的需求。更进一步地说,任何一种特定需求的强烈程度取决于它在需求层次中的地位,以及它和所有其他更低层次需求的满足程度。马斯洛认为,激励过程是动态的、逐步的、有因果关系的,在这一过程中,一套不断变化的"重要"的需求控制着人们的行为,这种等级关系并非对所有的人都是一样的,社交需求和尊重需求这样的中层需求尤其如此,其排列顺序因人而异。不过马斯洛也明确指出,人们总是优先满足生理需求,而自我实现的需求则是最难以满足的。

马斯洛认为各层次需要之间有以下一些关系:

1. 一般来说,这五种需要像阶梯一样,从低到高。低一层次的需要获得满足后,就会向高一层次的需要发展。一般来说,只有在较低层次的需求得到满足之后,较高层次的需求才会有足够的活力驱动行为。已经满足的需求,不再是激励因素。

2. 这五种需要不是每个人都能满足的,越是靠近顶部的成长型需要,满足的百分比越少。

3. 同一时期,个体可能同时存在多种需要,因为人的行为往往是受多种需要支配的。每一个时期总有一种需要占支配地位。

4. 满足较高层次需求的途径多于满足较低层次需求的途径。

近来的研究新发现:缺乏型需要几乎人人都有,而成长型需要并不是所有人都有的,尤其是自我实现的需要,相当多的人没有。满足需要时不一定先从最低层次开始,有时可以从中层,或高层开始;有时个体为了满足高层次的需要而牺牲低层次的需要。任何一种需要并不因为满足而消失,高层次需要发展时,低层次需要仍然存在,在许多情景中,各层次的需要相互依赖与重叠。

调适策略

1. 正确归因

心理学家韦纳认为,人对自己成功或失败的原因的归因会对今后的行为产生重大的影响。任何一个事物都不是完美的,当个体把不可控的坏事件归因于外部的、不稳定的、特殊的因素时,就不易导致无助感。教师职称评定条件是政策性的问题,存在一定弊端,这些不是我们能改变或把握的,要放宽心态,不要苛求自己。

2. 要正确评价自己的工作态度、工作能力和工作成绩

学生的成绩是对老师最大的肯定。评职是特殊的评价方式,受许多因素的影响。评职失败并不能说明教学能力差,评职成功也不代表教学成功。

3. 转移注意力

当你为一件事闷闷不乐时,大可不必自己关在屋子里想下去,应找家人或朋友聊聊天、看场电影,转移自己的紧张。思想转移,不想了,也就没事了,看看别人都很快活,自己也许能受到感染,也可以实现职业生活同家庭生活等多个生活目标的平衡,避免顾此失彼。教师也可以对职称晋升失败采取回避态度。

4. 自我肯定，正确认识自己

教师在教学工作中，要学会情绪控制，正视生活和工作中的挫折和困难，调整好心态和情绪，学会自我减压。可以学习一些心理保健方面的知识，通过放松训练、转移注意、与人交谈等方法来减轻工作压力。同时对自己要有正确的认识，明白自身的优缺点、扬长避短，在工作中发挥自己的个性优势，从容面对挫折，缓解工作压力。

问题七　如何应对考核带来的压力

案例呈现

尹玲，35岁，硕士研究生学历，是一所重点高中的英语教师。由于本身基本素质好，胜任教学工作游刃有余，一直作为学校的骨干教师在培养，也代表学校参加了不少的各级各类评比，从教以来业绩一直不错。但近几年，随着学校师资队伍水平的不断提升，她自己原有的优势不再明显，而学校针对教师的考核却越来越严格，备课教案要考核、学生常规管理要考核、考试成绩要考核、课堂教学要考核、评优评职要考核、升学要考核、继续教育要考核、工作量要考核……无处不考，让尹老师感到做得很辛苦，尽管工作量并没有增加太多，但却感觉工作压力越来越大，一种说不清道不明的职业恐惧长时间地困扰着她，使她对原本驾轻就熟的工作倍感沉重。暑假刚过，尹老师却高兴不起来，一想起要继续面对学校的种种考核制度，心里就像压了一座大山，十分沉重。

现象分析

在现实生活中，教师面临的压力是比较大的，他们一方面要面对学生学习、升学乃至生活方面的压力，一方面承受着学校种种考核评价制度的压力，这些压力令他们不堪重负。在现有的教育体制下，学校作为一个组织系统，通过对组织内的成员进行必要的考核是对教师行为的必要约束，其既有助长促进的作用，也有削弱抑制的作用。现有的考核制度对教师提出了太多的要求，教案要评比、论文要评比、学生成绩要评比、课堂教学要评比、甚至公开课、教研活动等都要评……这些作为对教师考核的内容直接影响教师的评优及晋升，甚至还跟工资挂钩。不断挤兑着教师有限的时间，使教师疲于应付。越来越多的教师感觉书越来越难教，教师越来越难做，吃教师这碗饭越来越不容易。打造成某型教师，培养成某型名师，师德有要求，技能要比武，教师的规矩越来越多，要求越来越高。各种检查，让教师应接不暇。备课，听课，作业批改，单元测试，教学反思，数不胜数。各种培训，各种合格证，多如牛毛，没完没了，让教师一年四季接力赛跑。学历要达标，普通话必须过关，教师必须懂信息技术。一轮一轮的课程改革，新名词，新提法，前面的名堂没有理出头绪，后面的花样已经不期而遇。应试的要求没有达到，在学校没有地位；改革的要求没有达到，会面临下岗的危险。为了树立教育的良好形象，创造教育的辉煌业绩，教育部门何时有过懈怠，何时有过放松。自加压力,负重拼搏,再创佳绩,都不是空洞的口号,都需要教师去加码,去努力,去奋斗,这一层压力也使教师心里感到很沉重。

 心理解读

1. 不完善及不合理的考核制度

这是产生教师心理问题的最主要的原因之一。由于现在的教师考核制度不完善、不健全,也存在不合理的地方,所以不仅无法调动教师工作的积极性,反而使教师工作起来越来越消极,一切工作都围绕着考核的分数在运转,这也就意味着有些教师轻则没有工资浮动,重则有被分流下岗的危险,由此可见考核对于教师的重要性。而教师的辛勤工作也希望能得到公正合理的评价。但实际情况如何呢?例如:学校要重视班主任,因此在考核、聘任时班主任教师在分数上就比任课教师高,这也就意味着班主任的优势,更何况现在在很多学校实行的是班主任聘任任课教师。为了能够体现公平,现在在考核中又加上教师互评这一项,如此考核方式,使得教师拉帮结伙、吃请、打招呼等,也使得教师互相猜忌,关系僵硬,在这种恶意竞争中,教师的心灵被扭曲,产生心理问题也就在所难免。

2. 内心的恐惧

很多教师面对考核时所感受到的压力主要来自于内心的恐惧,老师会担心自己失去原有的竞争能力;担心失去奋斗了多年才占据的地位,担心自己失去理想的方向和动力。在现有的教育教学体制下,特别是在当今课程改革的背景下,学校一方面要求教师转变角色,在课堂上玩出新花样,体现新课程改革的理念;另一方面又不断向教师要成绩,要排名,要升学率。加上现有的评价体系并不完善,致使教师产生一定的角色冲突,不知所措。教师的专业个人主义又使教师踽踽独行于孤立的王国中,各自为政,很难在学校的内部环境中得到有效的支持和解决。累积到一定程度,便成为一种压力,甚至变成一种极端。

3. 教师角色期望与自我价值观的冲突

目前在教育过程中,教师扮演着很微妙的角色。如家长和学生对教师的角色期望是知识的传授者,要求教师知识博大精深,无所不知;将教师看成纪律的维护者,希望教师严明公正;将教师看作家长的代理人,要对学生关心体贴,等等。

4. 教师的自我期望值过大,追求"完美"

对自身期望值大是形成压力的主因。在工作上要求尽善尽美,并渴望他人看到、肯定自己的成绩。一旦过高的自我期望目标不能实现,就会有很强的挫败感,自怪、自责,对他人怀有敌视、对立情绪。

 拓展链接

1. 恐惧

恐惧,是一种人类及生物心理活动状态;通常称为情绪的一种。恐惧是因为周围有不可预料不可确定的因素而导致的无所适从的心理或生理的一种强烈反应,是只有人与生物才有的一种特有现象。从心理学的角度来讲,恐惧是一种有机体企图摆脱、逃避某种情景而又无能为力的情绪体验。其本质表现是生物体生理组织剧烈收缩(正常情况下是收缩伸展成对交替运行);组织密度急剧增大;能量急剧释放。其根本目标是生理现象消失,即死亡。其产生原因是正常生理活动遇到严重阻碍。生理阻碍会产生多种情绪并按照顺序发生。恐惧是其中之一。

2. 小测试:你的职场压力有多大?

你收到一封公司寄来的信,没有署名是哪个部门,只标了"内详"字样,你会认为:

A. 有些担心,会不会是辞职信之类的。
B. 觉得有点反常,先打个电话跟同事沟通咨询一下再拆。
C. 心里没什么概念,先拆开看看再说。
D. 公司要举办活动了吗?马上打开看看有什么新鲜东西。

选A:工作成为自己精神上的负担,需要进行认真规划。
选B:有一定程度的压力,有时会紧张,对工作本身很在乎。
选C:对工作没特别的压力,也没十分的信心,比较平常。
选D:对工作满意,对自己能力很有信心,没什么工作压力。

调适策略

1. 要真实地面对内心世界,看清楚职业压力源来自哪里

要看一看你担心失去什么:工作?职位?领导的重视?发展的机会?家人的信任?稳定感?你还需要看一看你可能失去的对你意味着什么:是暂时还是长期的,是根本的还是局部的,是可以承受还是无法承受的。

2. 和不安全感"相处",降低职业损耗

职业压力将是现代人不得不面临的一个问题,面临职业压力的时候,你可以强迫自己看清楚最坏的可能局面并勇敢地接受。安全感来自内在的实力,而实力是逐步积累的。

3. 直面各种反差,始终保持良好心境

给自己一个客观的定位,确立一个合适的人生坐标,实实在在地自我开拓,恰如其分地展现自己的才华,脚踏实地地完善自我。特别要注意对缺点的修正和对优点的发扬,将自卑、无助的压力变为发挥优势、表现自我的动力,从自卑中走出自我、超越自我。

4. 直面竞争态势,善于缓解紧张心理

要有乐观的情怀、开阔的胸襟和敢于直面竞争、迎接挑战的勇气和信心。对于基础教育课程改革下的教师而言,不应当也不可能回避来自各方面的竞争,尤其是与同行教师的竞争。同时,还要倡导自我竞争,即新我与旧我的竞争。在不断否定旧我的过程中,积累真知、增长才干,完善自我,创造新我。"逆水行舟,不进则退",只有做到"不用扬鞭自奋蹄",才能在与他人的竞争中,保持可持续发展的、积极的态势,并在竞争中摔打自己、提炼自己,在竞争中得到自我超越和自我升华。

问题八　如何应对领导不公正评价带来的压力

 案例呈现

杨平,男,40岁,在一所普通高中从事生物课教学工作,平时比较爱研究高考生物试题,所带班级生物成绩一直不错,但杨老师性格比较老实,不会主动跟同事套近乎,对领导分配下来的任务总是默默接受。和杨老师同时进校的几个老师都得到了提升,有的成了学校中层,有的成了学科带头人,而杨老师却仍然在原地踏步。毕业就进入该校工作,近20年的时间见证了他一步步地成长,最好的青春时光也奉献给了这所学校,他自认兢兢业业,勤勤恳恳,工作业绩也很突出,为单位的发展作出了一定的贡献,可在评比时荣誉总是得不到,提拔时总是遇不着,领导的说法是:"工作能力、表现,教学业绩,敬业精神都不错,但沟通能力、管理能力有待加强。"杨老师非常苦闷,受累他不怕,也习惯了,但领导的说法却让他心中难受,感到很气愤,很难说服自己冷静接受领导的说辞,他不知道领导评价的依据的是什么,总觉得是因为他没有巴结讨好领导,所以领导对他不公平,心情非常郁闷,无法排解,工作的积极性也大大降低了。

 现象分析

在组织中,领导对组织成员的作用是非常重要的。良好的领导对组织成员会起到激励的作用。对于教师来说,领导是学校权利的象征,掌握各种资源,对教师的评优、评职、提拔等会产生直接的影响,因此教师通常情况下都非常在乎领导的想法,也很看重和领导的关系,上下级关系成为影响教师心理的重要因素。教师和领导者的冲突常发生在职称评定、职务晋升、奖金发放等方面。与领导关系比较融洽,工作时感觉自己是有价值的;而与领导关系的恶化,教师会有心理负担,担心领导会因此给自己"小鞋"穿,影响自己的前途,从而产生很大的心理压力,导致焦虑、抑郁等心理问题的出现。

案例中的杨老师是一位不善于交际的教师,更不善于建立良好的人际关系,和领导之间存在认知上的差异,并因此心怀苦闷,却不懂得疏通和平衡自己的心理。他对领导心怀不满,产生敌意,但又不能公开流露,从而导致压抑,产生焦虑的心理问题。在现实中,很多老师都会对领导产生这种隐而不露的敌意,其产生的原因是多方面的,如有的领导对教师缺乏尊重,高人一等,颐指气使,伤害教师的自尊心;还有的领导办事不公正,偏袒私交比较好的老师;等等。领导与教师的关系与领导的风格有关,如民主型的领导风格有利于改善与教师之间的关系。而作为教师本人来说,应主动和领导多交流沟通,促进相互之间的了解,避免猜忌,在与领导交往的过程中不卑不亢,保持平等的心态,以满足教师自尊的需要。

 **心理解读**

1. 认知功能障碍

人在面临比较强烈的压力的时候，通常会出现不同程度的认知障碍，对事件不能做出正确、客观、公正的评价，从而影响人的决策。当老师工作中满意度不高的时候，领导的评价就成为一个非常重要的刺激，导致教师将自身在工作中的不满意归因为外部因素，从而做出与现实不符的错误判断，增加不必要的烦恼。

2. 自我评价的影响

自我评价是自我意识的反应，也是自我教育、自我提高的重要途径。人在形成一定的自我认识之后，会比较在意别人对自己的看法，也影响与他人的交往。当别人对自己有负面评价的时候，会选择远离，以保存自尊。教师在沉重的压力状态下，面对领导负面的评价，在一定程度上会丧失进取的信心和勇气，郁郁不得志，出现抑郁、消极怠工等表现。因此作为学校领导，应创造机会，鼓励教师参加各种竞赛及评价，多渠道帮助教师获得成功的机会，使教师得到提高的机会，让每位教师都看到自己的闪光点。拥有成功的机会将有助于教师缓解心理压力，求得心理平衡。

3. 外部因素的刺激

案例中，和杨老师一起来的同事都得到了发展，只有杨老师没有改变，这种外部的刺激也是杨老师产生心理压力的主要诱因。杨老师始终认为自己也不差，但没有得到领导积极的评价，也就是实际的结果跟自我意识之间出现了差异，实际结果低于自我预期，因此感到沮丧、苦闷。学校领导应尽可能地鼓励教师自我发展，积极参加组织活动，以获得成功的体验，在成功中感受到他人的尊重，这样可以使大多数教师能在工作中找到信心，把繁重的任务当作一件快乐的事情来做。

4. 不被重视的心理暗示

"不被重视"是教师职业心理的紧张源之一。教师在工作中会面临各种考核的压力，面对"荣誉"和"利益"时，领导的评价会对教师的心理产生很强的心理暗示。不被领导认可，会使教师产生不被重视的感觉，也会产生没有得到尊重的心理，从而产生焦虑、紧张情绪，这种负情绪往往会通过师生互动传给学生，使学生的心理也处于不平衡状态，影响教育教学目标的达成。因此，领导者的关怀对于教师身心健康起着关键作用。

 拓展链接

1. 教师心理健康的标准

（1）能积极地悦纳自我——即真正了解、正确评价、乐于接受并喜欢自己。承认人是有个体差异的，允许自己不如别人。

（2）有良好的教育认知水平——能面对现实并积极地去适应环境与教育工作要求。例如，具有敏锐的观察力及客观了解学生的能力；具有获取信息、适宜地传递信息和有效运用信息的能力；具有创造性地进行教育教学活动的能力。

（3）热爱教师职业，积极地爱学生——能从爱的教育中获得自我安慰与自我实现，从有成效的教育教学中得到成就感。

（4）具有稳定而积极的教育心境——教师的教育心理环境是否稳定、乐观、积极，将影响教师整个心理状态及行为，也关系到教育教学的工作效果。

（5）能自我控制各种情绪与情感——繁重艰巨的教育工作要求教师有良好的、坚强的意志品质，即教学工作中明确目的性和坚定性；处理问题时决策的果断性和坚持性；面对矛盾沉着冷静的自制力，以及给予爱和接受爱的能力。

（6）和谐的教育人际关系——有健全的人格，在交往中能与他人和谐相处，积极态度（如尊重、真诚、羡慕、信任、赞美等）多于消极态度（如畏惧、多疑、嫉妒、憎恶等）。

（7）能适应和改造教育环境——能适应当前发展、改革与创新的教育环境，为积极改造不良教育环境、提高教学质量献计献策。

2. 自我评价

自我评价(self-evaluation)是自我意识的一种形式，是主体对自己思想、愿望、行为和个性特点的判断和评价，是自我意识发展的产物。

1976年，L·E·韦尔斯和G·马威尔出版《自我评价：概念与测量》一书，指出自我评价的两个主要标准：对自己的能力或效能的感受；对自己的德行或价值的感受。一般情况下，这两个标准是通过反映评价、社会比较、自我归因和角色扮演等具体评价手段来实现的。

富兰克林效应(Ben Franklin Effect)：心理学家和社会学家还做过许多研究，来看自我评价在多大程度上以及如何影响人与人的社会关系。研究发现，当一个人为另外一个人帮了什么忙的时候，他/她在以后就会更加喜欢给这个人帮更多的忙。因为他/她会通过这样的方式来证明自己对自己能力的评价：我有价值，我能够帮助别人。这样的现象在心理学里被称为富兰克林效应(Ben Franklin Effect)。

3. 放松训练

这是国内外广泛应用的控制紧张情绪的常用方法，主要是通过肌肉、骨骼关节和呼吸的放松以及神经放松等基本动作来降低机体能量的消耗，从而达到控制情绪强度的目的。

4. 注意转移力

转移注意的具体方法有很多。如经常进行体育锻炼，适当从事家务劳动、丰富业余生活等。肌肉放松可以调节情绪紧张度，减轻压力感；肌肉紧张（运动）也能减轻情绪紧张，缓解心理压力。肌肉运动不仅可以转移注意，而且可以使体内的紧张情绪得到宣泄和释放，降低情绪紧张度。另外，肌肉运动还能够有效地增强人的信念，发现自身的潜能，履行自己的社会义务，从而使人感受到生活的美好。因此，教师在紧张的学习工作之余，利用学校体育场地、设施的便利条件，经常进行体育运动不仅必要，而且可能。开展丰富多彩的业余活动可以调节教师紧张的生活节奏，使情绪得到松弛，减轻心理上的压力感。同时，又能陶冶性情，使人心胸开朗，增强心理承受能力。

 调适策略

可以通过以下几个方面，进行自我心理调节。

1. 热爱学生

教师的工作对象是学生，如果教师不爱自己的学生，讨厌自己的学生，这样的教师在工作中是没有快乐可言的,这是一种痛苦的心理体验。反之心中有爱的老师,淡泊名利,会在学生的尊重中感受到教书育人的快乐,也就能求得心理平衡,心理自然健康。

2. 调换环境,转移注意力

因职业的关系,教师在工作中会长期处于精神紧张状态,要学会放松自己。可以调换环境来转移自己的注意力,如旅游,使紧张的情绪得以松弛,忘却不少烦恼。所以,一旦出现焦虑性心理障碍或抑郁性心理障碍时,可适当休假几天,给自己一个缓冲的机会。

3. 与人交谈,学会平衡自己的情绪

当内心郁闷,无法排解时,可找几个信任的人交谈抑郁向他们进行倾诉。俗话说:"一吐为快",有时候,心中的"苦水"倒出来之后,心情就会感到畅快得多。当你为一件烦恼的事情痛苦得难以自拔时,也可以找一个没人的地方,大声把心中的郁闷喊出来。通过情绪的宣泄,在一定程度上会缓解心理压力。生活不是一帆风顺的,要学会控制自己的不良情绪,尤其是教师,要不断地提高自己,因为情绪的驾驭能力与年龄、性格、阅历、思想素质、受教育程度等因素都有关。有意识地学会平衡自己的情绪,有助于身心健康。

4. 淡忘过去,放任自己

教师要学会遗忘,不要用过去生活中的一些不如意的事情来烦恼自己。对不良的心灵体验,最好的方法是遗忘,吸取教训,反思昨天,才可以轻装上阵。在工作中,总有自己所无法解决或不尽如人愿的事,要少问自己几个"为什么"、"怎么办",学会在自己的生活中做一个旁观者,不要给自己太多束缚,心灵才能得到解脱。

问题九　别让坏情绪影响了自己

案例呈现

年轻的初中女教师,教英语,有一个5岁可爱的儿子,丈夫在银行工作。工作家庭都让人羡慕。可从她儿子出生以后,她的脾气变化很大。原来热情活泼,现在却很容易激动,经常为一些小事发火,只要儿子调皮或学生不听话她就会很生气。

有一天晚上,儿子在看电视,她让儿子早点睡觉,因为还有学生的试卷要批改。儿子不肯上床大闹起来,她就顺手拿起尺子,打儿子的屁股,丈夫来劝说,边夺尺子边骂她"狠得像后娘"。为了她的脾气,还经常与丈夫发生矛盾,伤害夫妻感情。

她对学生的严格,在学校里也是出了名的。学生上课不准讲一句无关的话,每篇课文都要求背诵,单词要求全部听写出来,错一个单词罚抄10遍,等等。

现象分析

当前,教师职业被公认为是高强度、高压力的职业。据研究,教师的压力主要来源于:学生升学考试压力、工作负担压力、角色职责压力、工作聘任压力、职业声望压力、学历职称压力,等等。

过重的职业压力首先会给教师带来情绪上的变化,包括出现惊慌、烦躁、抑郁、愤懑、焦虑等多种消极反应。教师在压力下表现出的不良情绪,一方面会引起教师生理方面的问题,如长期处于沉重压力的状况下会出现食欲缺乏、消化不良、神经性头疼、头晕等生理上的症状。这种生理上的不良状况又导致教师心理和行为方面的种种不适,造成循环恶化,对教师的身心造成极大的伤害。另一方面,当教师把沉重压力和这种消极情绪带入课堂,带入家庭,易出现出心情不好、丧失幽默感、对学生或者子女失去爱心和耐心、容易发怒、处罚学生和孩子等行为。这种不满情绪对中小学生的心理发展也会造成间接的影响,甚至对学生一生的发展留下阴霾,严重的还会对整个学校的教学造成不良影响。

工作中有很多情况会让教师感到愤怒,如承担重要而繁重的教学、科研任务,但是却没有得到相应的待遇,受到不公正的指责,对领导的某些决策不认同,与同事发生矛盾冲突,对学生感到不满等。由于个性、环境的不同,不同的人会有不同的表现方式。有些人易激动,遇到不顺心的事一触即发;有的人即便很生气,也会把愤怒压在心底;也有的人此处受气,别处发泄;还有的人自己错了却冲他人发火。其实,这些都不是处理愤怒的好方法。当自己要愤怒的时候,应尽量控制自己不要跟着情绪走,最好是暂时离开当时所处的环境,让自己冷静一下,冷静后往往会有新的看法,这时再处理问题,也许会更理智些。

 心理解读

情绪在心理学上是指人们对于客观事物是否符合自己的需要而产生的一种内心感受和体验,它具有较大的情境性、不稳定性和冲动性,并伴有明显的外部表现,直接反应到人的表情、语态和行为动作中。每个人都具有快乐、恐惧、焦虑、满足、悲哀等基本情绪。

美国心理学家艾利斯认为:人的情绪和行为反应不是由于某一事件(activating event)直接引起,而是由于经受这一事件的个体对它的认知和评价所引起的信念(belief),最后是信念导致了在特定情景下的情绪和行为后果(consequence),这称之为 ABC 理论。这一理论纠正了我们惯常的思维定势。通常我们会认为情绪和行为后果的反应直接由激发事件所引起,即 A 引起 C,而 ABC 理论则认为 A 只是 C 的间接原因,B 即个体对 A 的认知和评价而产生的信念才是 C 直接的原因。简言之,我们对刺激情境的信念和认知才是引起情绪反应的直接原因。

客观事件是我们无法左右的,有些事件是不以人的意志为转移的,但是主观信念是我们可以通过努力加以控制的。虽然我们无法避免所有不合理的信念,但我们应充分认识它的存在,尽量减少其对我们生活的负面影响。

现实生活中,有人因对手强大而退缩,也有人接受挑战而成为巨人;有人因失败而跳楼,也有人因战胜失败而成就一番事业……案例中的教师只要学生不听话或儿子调皮就会生气,如果儿子不肯睡觉,可以看作是儿子跟自己撒娇,想让自己多陪陪他;学生不听话,可以想想是不是这个学生遇到了其他什么不顺心的事而非针对自己,这些认知都有助于消除心中的不良情绪。要知道,自己的问题要在自己身上找原因,自己要为自己的情绪负责任。事情本身不是最重要的,重要的是你如何看待这件事情。

拓展链接

1. 情绪的类型

美国心理学家普拉奇克(Plutchik. R)从生物学的角度,提出了情绪的三维理论。即情绪具有两极性、相似性和强弱性特点。例如喜悦的情绪,从兴奋程度上可表现为舒畅、愉悦、快乐、欢喜、狂喜等不同的心理体验层次;而愤怒的情绪,从紧张度上也可分为不满、气恼、愤懑、恼怒、愤怒、大怒、狂怒等;悲哀的情绪从程度上则可分为忧虑、忧愁、忧郁、哀伤、悲伤、悲痛、痛不欲生;恐惧情绪可分为担心、不安、害怕、恐惧、惊恐、极度惊恐等。见右图。

2. 情绪状态

前苏联心理学家根据情绪发生的强度、持续性、紧张度把情绪状态划分为心境、激情与应激三种形态。① 心境:是指比较微弱、持久地影响人整个精神活动的情绪状态。具有弥散性的特点。比如,当一个人心情舒畅时,他看什么都会觉得乐观积极,而当一个人郁郁寡欢时,则对许多事,都会感到没有兴趣。"忧者见之而忧,喜者见之而喜"就是心境的表现。心境有消极和积极之分。② 激情:是一种强烈的、短暂的、有爆发性的情绪状态,如狂喜、愤怒、绝望等都属于这种情绪状态。在激情状态下,人的理解力、自制力等都有可能降低。激情也有积极和消极之分。积极的激情能增强人的敢为性和魄力,激励人们克服艰险,攻克难关;消极的激情则会导致理智的暂时丧失、情绪和行为的失控。③ 应激:是在出乎意料的紧迫情况下所引起的高度紧张的情绪状态,在人们遇到突如其来的紧急事故时就会出现应激状态,如地震、火灾等。在应激状态下,会使人身体上心律、血压、呼吸和肌肉紧张度等发生显著的变化,从而增加身体的应变能力。在应激状态下,人们往往能做出平时难以做到的事,使人尽快地转危为安。但是人在紧急情境中的应激状态下,也会导致知觉狭窄,行动刻板,注意力被局限;过于强烈的应激情绪,会导致人的临时性休克甚至死亡,还会导致心理创伤。一个人长期或频繁地处于应激状态中,会导致身心疾病和心理障碍。

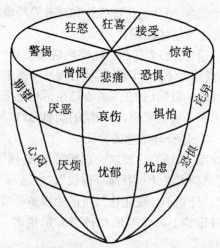

普拉奇克的情绪三维模式(引自阿诺德,1970年)

3. 情绪发生理论

(1)詹姆斯-兰格的情绪外周理论:① 詹姆斯认为,情绪是对身体变化的知觉,即当外界刺激引起身体上的变化时,我们对这些变化的知觉便是情绪。② 兰格强调血液系统的变化和情绪发生的关系。他说植物性神经系统的支配作用加强,血管扩张,结果便产生愉快的情绪;植物性神经系统活动减弱,血管收缩,器官痉挛,结果便产生恐怖的情绪。③ 詹姆斯和兰格都强调情绪与机体变化的关系,强调植物性神经系统在情绪发生中的作用,所以被称作情绪的外周理论。

(2)坎农-巴德的情绪丘脑理论:坎农认为,情绪的生理机制不在外周,而在中枢神经系统的丘脑。外界刺激作用于感觉器官,引起神经冲动,经感觉神经传至丘脑,激发情绪的刺激由丘脑进行加工,丘脑所产生的神经冲动向上传至大脑皮层,引起情绪的主观体验;向下传至交感神经系统,引起机体的生理变化,所以,身体变化和情绪体验是同时发生的。坎农的理论得到巴德的支持和发展,后人将这一理论称为坎农-巴德丘脑情绪理论。

(3) 沙赫的情绪认知理论：美国心理学家沙赫提出,任何一种情绪的产生,都是由外界环境刺激、机体的生理变化和对外界环境刺激的认识过程三者相互作用的结果,而认知过程又起着决定的作用。

(4) 汤姆金斯和伊扎德的情绪动机-分化理论：汤姆金斯和伊扎德20世纪60年代提出,情绪并不是伴随着其他心理活动产生的一种副现象,而是一种独立的心理过程。情绪有其独特的机制,并在人的心理生活中起着适应环境的独特的作用。这种观点构成了情绪理论另一个大的派别,即情绪的动机-分化理论。

4. 不合理信念的特征

第一,绝对化要求。它通常与"必须","应该"这类字眼连在一起。比如："我必须获得成功","别人必须很好地对待我","生活应该是很容易的"等。俗话说,"人生不如意事十之八九","计划不如变化快",生活中很多事情是不以人的意志为转移的,我们每个人不可能在每一件事情上都获得成功;同样,周围的人和事物的表现和发展也不可能以我们的意志为转移。

第二,过分概括化。以一件事的成败来评价整个人(包括自己或他人),这无异于一种理智上的法西斯主义。在这个世界上,没有一个人可以达到完美无缺的境地,所以每个人都应接受自己和他人是有可能犯错误的。

第三,糟糕至极。当一个人讲什么事情都糟透了、糟极了的时候,对他来说往往意味着碰到的是最坏的事情,是一种灭顶之灾。我们当然希望不要发生我们所认为的非常不好的事情,但是我们没有任何理由说这些事情绝对不该发生。当一切已成事实,我们必须努力去接受现实,尽可能地去改变这种状况;实在不可能改变时,则要学会在这种状况下生活下去。

 调适策略

人的愤怒情绪会伤害别人,也会伤害自己,怎样控制自己的愤怒情绪就显得非常有必要。下面几种方法和技巧可以尝试使用：

1. 转移注意力

当遇到不愉快的事情,心情不好的时候,就去做点别的事情,积极有意地转移注意力,是有助于摆脱心理困境的。因为从心理学角度来说,一个人一旦离开原来的生活环境,面对新事物,心理环境往往会逐步开朗,有利于减轻和消除心理问题,走出心理困境。

2. 心理移位

即设身处地站在别人的角度考虑问题,切记"人非圣贤,孰能无过"。在某种意义上讲,学生的错误举止是自然而然的事情,不足为怪。多想想自己曾经是一个孩子,也干过蠢事,说过错话,换位思考,将心比心,说服自己宽容和谅解学生,这样你便会怒气全消,理智地处理问题,赢得学生的尊敬。

3. 合理释放

可以向亲戚朋友说一说,或者自己写一写日记都可以;有的时候,还可以大哭一场,或者找个没人的地方,大声喊一喊,把闷气喊出去,这也是一种较好的释放方式。

4. 放松法

情绪不好的时候,可以做一下深呼吸;慢慢地重复平静的词汇,比如"放松"、"没关系"等;还可以想象自己过去经历过的最美好、最得意的事情;或者做一些瑜伽之类的慢运动,放松肌肉,让自己平静下来。

5. 升华

指把不良的自身能量转化为具有建设性的活动能量。通过自身努力,提高自己的才干,完善自己的人格,成为出类拔萃者,把不良情绪这种能量引到正确的方向上去,把挫折变成力量。

6. 多想愉快的事情

多想愉快的事情是指通过自己的想象性活动,把愤怒的情绪予以排解的方法。多想一些对方的好处,就可能减轻自己的气愤情绪,当想象对方优点越多时,自己的气愤就会越小,这种想象性活动可以使自己的不平衡的心理逐渐得到平复,心胸就会渐渐地冷静下来。

7. 注意工作的节奏

无论工作多么紧张,也不论遇到成功还是失败,都要劳逸结合,要学会享受阶段性的成绩,以坚定的信心激发潜能。特别是当一个人长期致力于某一目标时,往往会感到烦躁、产生烦躁感,这时就必须放松,这不但可以消除不良情绪,还能为下一次冲刺积蓄力量,起到事半功倍的作用。

问题十 放松你的心情

案例呈现

李老师年逾30,有一个5岁上幼儿园的女儿,是一所重点初中两个班的语文老师,同时是其中一个班的班主任。

每天天还没亮,李老师就得起床,准备早餐,然后叫醒女儿,哄她穿衣、梳洗、吃完早饭,自己才能胡乱吃几口。然后骑上自行车飞奔近30分钟把女儿送到幼儿园,再急匆匆赶到学校。

学校里又有一大堆事等着她:学生的早自习需要管理,学生出了问题需要处理,每周16节的教学任务需要完成,堆积如山的作业本、试卷需要批改,还有学校的大大小小的会议需要参加……忙完学校的事回到家还得熬夜备课。

近来她开始变得脆弱、多虑,每晚要两三个小时才能入睡。晚上休息不好,白天昏昏沉沉,工作时注意力不能集中,记忆力和体力明显降低。老是担心讲不好课,担心教学质量上不去……总之,考不完的试,做不完的活,操不完的心,压得她透不过气来,整日心绪不宁!半夜起来的内心独白是:

——"我能提早退休那该多好啊。"

——"这样的生活,何时是尽头。"

 **现象分析**

李老师的问题属于一种"过劳"现象,该现象在中学教师中普遍存在。

让我们看看教师一周的工作时间:我们截取了南方某省某高级中学的作息时间表,从早读 7:10 到第三节晚修 22:05,共计 14 小时 55 分钟,除去午饭与午休 11:45~14:20,以及晚饭 18:05~18:50,看电视 19:00~19:30,计 3 小时 55 分钟,再除去课间休息(55)、眼保健操(10)、早操(25)、课外活动(40)等计 2 小时 10 分钟,学生正常学习时间总计为 8 小时 50 分钟。按照五天半工作时计算,教师一周工作时间是 48 小时 35 分钟(还不算很多把课外活动占用作为课堂教学的众多常见做法)。如果作为班主任,从学生早 6:30 起床到晚 11:00 熄灯,每天至少要多工作 1 小时。另外,如果加上备课、批改作业,甚至个别辅导、家访,等等"边缘"时间与"课外"时间,教师的每周工作时间将远远超过 60 小时!!!除此之外,教师还要完成一些常规性的工作,如听评课、集体教研活动、政治学习、教育理论学习等。对这些工作的基本要求每个学校的规定大同小异:听评课,每人每周至少听课 1 节,必须写好听课笔记以供检查;集体教研活动,每学期若干次,也须同样留下文字记录;政治学习,每周一次并要求做好笔记写出学习体会;理论学习,可以自主学习但必须有每周一次的笔记和学习心得……这么繁重的工作任务将老师们压得喘不过气来,有时还需将工作带回家,周末也无暇休息,令教师身心疲累。

案例中李老师繁重的工作任务和家庭负担的压力让她长时间处于一种紧张的脑力活动中,过度用脑,造成脑部严重缺氧,出现疲劳、反应缓慢、记忆力下降,思维能力受阻。如果这种现象不引起重视,不积极调适,长期这样超负荷地劳动,最终会导致精疲力竭,甚至会引起身体潜藏的疾病急速恶化,继而出现致命的症状,导致"过劳死"的危险。

据国家有关部门专项调查显示,我国知识分子平均寿命为 58 岁,低于全国平均寿命 10 岁左右;北京中关村知识分子平均死亡年龄为 53.34 岁,比 10 年前提前了 5.18 岁。另一份提供的资料显示,中年知识分子死亡率超过老年人的两倍,死亡年龄段多为 45~55 岁;最近 5 年来中国科学院所属的 7 个研究所和北京大学的专家、教授共 135 人谢世,平均年龄 53.3 岁。

 心理解读

需要是个体行为产生的原动力,是行为动机形成的基础。人的一切活动都建立在某种需要的基础上,受需要发展水平的影响。

人本主义心理学家马斯洛将需要分为生理需要、安全需要、爱和归属需要、尊重需要、认知需要、审美需要、自我实现需要、自我超越需要 8 个层次。

合理需要的适当满足是心理健康发展的重要条件,特别是安全、归属、尊重等需要的满足,更是心理健康发展的必要条件。如果满足不充分,可能导致动机缺乏、情绪失调、反应异常、性格偏离等问题。

一个人生存最基本的需求是生理需求,睡眠又是其中最基本的需要。基本需要被剥夺,最终是机体的消亡,被延迟满足个体会紧张不安,持续的不满足会出现心理异常。心理学实验研究证明,人若长期缺乏充足的睡眠,会出现易疲劳、注意力分散、记忆力下降、学习和工作效率降低、脾气暴躁、抑郁等心理异常现象,最严重的可能出现死亡。

拓展链接

1. 职业过劳

职业过劳是指工作上的疲惫、困乏状态。根据1981年美国心理学家玛勒诗等人对职业过劳的描述,职业过劳包括三个核心成分：(1) 情绪衰竭(指个体情绪情感处于极度疲劳状态,工作热情丧失)；(2) 非人性化(指个体以消极、否定或麻木不仁的态度对待来访者)；(3) 低个人成就感(指个体对自己工作的意义与价值的评价降低)。

教师职业过劳是指教师不能适应工作压力的一种反应,是教师在长期压力体验下产生的情绪、态度和行为的衰竭状态,其典型症状是工作满意度低、工作热情和兴趣的丧失,以及情感的疏离和冷漠。

2. "过劳死"

"过劳死"是指由于工作时间过长、劳动强度过重、心理压力过大、长期处于亚健康状态,积重难返突然引发身体潜藏的疾病急速恶化、救治不及继而丧命的一种死亡。

人们发现,"过劳死"是发达国家、发达社会所经历的通病之一。从全世界来看,日本人的研究是比较早的。"过劳死"产生于第二次世界大战结束后,日本当时的就业压力极大。那时,日本人普遍把"鞠躬尽瘁,死而后已"视为工作的最基本要求,工作狂或工作至深夜者成为日本人的代名词,每年有1万多人猝死。日本人出现的"过劳死"明显比西方人多。有学者认为,这与日本人始终有紧迫感、危机感的民族性格以及东方人的文化、体质有关。

3. "过劳"的危险信号

(1) 经常感到疲倦,忘性大；

(2) 酒量突然下降,即使饮酒也感不到有滋味；

(3) 突然觉得有衰老感；

(4) 肩部和颈部发木发僵；

(5) 因为疲劳和苦闷失眠；

(6) 有一点小事也烦躁和生气；

(7) 经常头痛和胸闷；

(8) 发生高血压、糖尿病,心电图测试结果不正常；

(9) 体重突然变化,出现"将军肚"；

(10) 几乎每天晚上聚餐饮酒；

(11) 一天喝5杯以上咖啡；

(12) 经常不吃早饭或吃饭时间不固定；

(13) 喜欢吃油炸食品；

(14) 一天吸烟30支以上；

(15) 晚上10时也不回家或者12时以后回家占一半以上；

(16) 上下班单程占2小时以上；

(17) 最近几年运动也不流汗；

(18) 自我感觉身体良好而不看病；

(19) 一天工作 10 小时以上；

(20) 星期天也上班；

(21) 经常出差,每周只在家住两三天；

(22) 夜班多,工作时间不规则；

(23) 最近有工作调动或工作变化；

(24) 升职或者工作量增多；

(25) 最近以来加班时间突然增加；

(26) 人际关系突然变坏；

(27) 最近工作失误或者发生不和。

研究者认为：在上述 27 项中占 7 项以上即是过度疲劳有危险者,占 10 项以上就可能在任何时间发生过劳死。即使说不占 7 项,在第 1 项到第 9 项中占两项以上或者在第 10 项到第 18 项中占 3 项以上者也要特别注意。

调适策略

对教师而言,应该如何应对"过劳"现象呢？适当放松,充实生活是必要的。放松可以为我们消除身体上的疲劳,缓解心灵的压力,能促进我们的社会交往,身体舒适,智力发展,精神愉悦,心理健康,能让我们以更饱满的精神状态投入到工作中去。

下面有几种放松方法：

1. 保证睡眠

睡眠是最好的放松。人白天从事许多工作或活动,肌肉经常处于紧张状态,无法充分放松。在睡眠时,人体的新陈代谢会变慢,合成代谢大于分解代谢,能量得到储备,第二天你的身体就会充满活力。

2. 经常运动

运动可以增加心、肺功能,增加机体免疫力和机体抗病能力,加快人体的新陈代谢,延缓神经细胞衰老。比如游泳就是一项让人身心都能得到放松的运动。

3. 拥抱阳光

阳光是最廉价的又是最易得的同时又是最有效的强身健心的滋补品。经常到户外走走,哪怕只有课间的十分钟时间,与你的学生一起,去拥抱太阳,享受大自然的恩赐吧。

4. 开怀大笑

笑,可以安定情绪,使大脑皮质、中枢神经系统、血管运动中枢的功能失调得以缓解。笑,可以帮助我们驱走疲劳,减轻烦恼,增添精神。

5. 听音乐

大量的研究表明,音乐可以引起各种生理反应,如使血压降低、呼吸减慢、心跳减慢、皮肤电阻下降、血液中的去甲肾上腺素和肾上腺素含量降低等等,从而减少紧张焦虑,促进身心的放松。

6. 美食调节

美味食物不仅是一种享受,还可以弥补心理的疲劳,帮助人们忘记烦恼,恢复信心。

问题十一　如何摆脱强迫症

案例呈现

赵老师在一所高中担任数学老师,经过多年努力,赵老师成为学校里非常优秀的班主任。开学以后,学校把升学班的代教工作交给了他。可最近一向不服输的他,开始变得脆弱、多虑,"我经常担心教不好课,害怕教学质量上不去"。近日,赵老师出现一个奇怪的症状:每天睡觉前都要把第二天要讲的课程在家里背讲三四遍,出现自己不满意的地方就重新背。就在上周,他每天都在家中重复背课十余次。赵老师的家人说:"他明知道这样做没有必要,还是控制不了自己的行为。我们劝他停下来,他当晚就睡不着觉,还会出现心烦、焦虑,甚至大发脾气,严重影响了自己和家人的休息。"

现象分析

赵老师的这种行为,是一种强迫症的行为。

强迫症又称强迫性神经症,是指在观念、意向、行为上存在着虽自觉却不合理或毫无意义,但又是被迫无奈地出于自己内心的自我强迫为突出症状的一种神经症。具有强迫性、重复性、刻板性和仪式性。患者主观上都感到有一种不可抗拒的强迫无奈的观念和情绪,他也明知这些观念、意向和行为的重复出现是毫无意义和不必要的,主观上却无法摆脱这些强迫症状的纠缠。因而导致情绪紧张、烦恼、焦虑不安,甚至头昏眼花、失眠、记忆力下降、身体衰竭。目前,强迫症发病率约占人口的0.05‰,男性多于女性,脑力劳动者所占比例越来越大。他们所处的工作环境具有压力大、竞争激烈、淘汰率高的特点,在这种环境下,内心脆弱、急躁、自制能力差或具有偏执性人格或完美主义人格的人很容易产生强迫心理,从而引发强迫症。其中完美主义人格者表现得尤为突出,在竞争激烈的环境中,他们会制定一些不切合实际的目标,过度强迫自己和周围的人去达到这个目标,但总会在现实与目标的差距中挣扎。此外,自幼胆小怕事、对自己缺乏信心,遇事谨慎的人在长期的紧张压抑中会焦虑恐惧,为缓解焦虑恐惧就会产生诸如反复洗涤、反复检查等强迫症行为。

需要指出的是这种强迫心理现象在大多数人身上都曾发生过,如果强迫行为只是轻微的或暂时性的,当事人不觉痛苦,也不影响正常生活和工作,就不算病态,也不需要治疗。如果强迫行为每天出现数次,且干扰了正常工作和生活,就可能是患了强迫症,需要治疗了。

心理解读

强迫症是一种病因比较复杂的心理障碍,许多研究者分别从心理学、遗传学以及神经生化等多种途径探讨这一现象的成因。

1. 心理动力学假说：根据心理动力学原理，强迫症是起源于性心理发育的肛门期，即在开始大小便训练的时期。这时，亲子之间，一方面要求对方顺从，另一方面要不受约束，这种不平等的对立引起了儿童的内心冲突和焦虑不安，从而使得性心理发育停留于这一阶段，成为日后心理行为退化的基础。一旦个体遭遇外部压力，便会重现肛门期的冲突与人格特征。

2. 观察学习假设：根据学习理论，观察是导致焦虑的条件性刺激。由于原初的焦虑-诱发刺激联结（无条件反射），经过观察和思维的激发，而获得了实际的焦虑。这样，事实上，个体就已经习得了一个新的驱力。虽然强迫可以基于不同的途径习得，但是，一旦获得之后，个体便发现借助于强迫观念的一些活动可以帮助减少焦虑，每当发生焦虑的时候，采用强迫的方式，个体的焦虑便得到了缓解，这种结果强化了个人的强迫，并且，因为这种有用的方法，成功地驱除了个体的获得性内驱力（焦虑），因而逐渐地稳定下来。

3. 精神分析学说：弗洛伊德认为强迫症是病理的强迫性人格的进一步发展，是由于防御机制不能处理强迫性人格而形成的焦虑，于是产生了强迫性症状。

4. 条件反射：巴甫洛夫以大脑皮层孤立的病理惰性兴奋灶来解释本症的生理机制。

拓展链接

1. 强迫症的类型

临床上根据其表现，大体可将强迫症划分为强迫观念和强迫行为。

（1）强迫观念

即某种疑虑、联想、观念、回忆等顽固地反复出现，难以控制。

① 强迫疑虑：对自己的行动是否正确，产生不必要的疑虑，要反复核实。如出门后疑虑门窗是否确实关好，反复数次回去检查。不然则感焦虑不安。

② 强迫联想：反复回忆一系列不幸事件会发生，虽明知不可能，却不能克制，并激起情绪紧张和恐惧。

③ 强迫性穷思竭虑：对缺乏实际意义的问题或日常琐事无休无止地思索，如反复思考："房子为什么朝南而不朝北"。

④ 强迫回忆：反复回忆曾经做过的无关紧要的事，虽明知无任何意义，却不能克制，非反复回忆不可。

⑤ 强迫对立思维：两种对立的词句或概念反复在脑中相继出现，而感到苦恼和紧张，如想到"拥护"，立即出现"反对"；说到"好人"时即想到"坏蛋"等。

⑥ 强迫情绪：出现某些难以控制的不必要的担心，如担心自己丧失自制会做出违法、不道德行为或精神失常等。

（2）强迫动作

① 强迫洗涤：反复多次洗手或洗物件，心中总摆脱不了"感到脏"，明知已洗干净，却不能自制而非洗不可。

② 强迫检查：通常与强迫疑虑同时出现。患者对明知已做好的事情不放心，反复检查，如反复检查已锁好的门窗，反复核对已写好的账单、信件或文稿等。

③ 强迫计数：不可控制地数台阶、电线杆，做一定次数的某个动作，否则感到不安，若漏掉了要重新数起。

④ 强迫仪式动作：在日常活动之前，先要做一套有一定程序的动作，如睡前要一定程序脱衣、鞋，并按固定的规律放置，否则感到不安，而重新穿好衣、鞋，再按程序脱。

（3）强迫意向：在某种场合下，反复体验到内心里违背自己意愿的冲动，使患者深感紧张、担心和痛苦。如母亲抱小孩走到河边时，突然产生将小孩扔到河里去的想法，虽未发生相应的行动，但患者却十分紧张、恐惧。

2. 强迫症的认知特征

（1）过高估计风险：强迫症患者会夸张负面影响的可能性和严重性。

如：强迫检查的患者，当他离开家时，其实门已经关好了，可是他还是担心万一没关好怎么办。在他第一次关好门之后，这个情境就已经是一个低风险的情境了。只是他过高地估计了这种情境的风险，害怕"万一"的出现，这会引起他强烈的痛苦和焦虑，为了缓解这种痛苦和焦虑，他强烈地想改变情境，于是就要不断反复地检查。通过这种检查可以缓解他的痛苦和焦虑，于是强迫行为得以固着和发展。

（2）责任心过强：强迫症患者对可能降临到自己或别人身上的伤害负有夸张的责任感。

如：说关煤气这件事情，无论是患有强迫症的朋友还是没有强迫症的朋友，其实第一次都已经关好了。同样处在这个低风险的情境中，强迫症朋友因为夸大了的责任感，认为自己对自身和家庭的安全负有极大的责任。所以在明知已经关好了的情况下还要进行检查。如果不进行检查和核对，自己就会感到焦虑和不安。为了降低自己的这种焦虑和不安，他们就会反复地检查煤气是否关好了，为了确保煤气已经关好了，他们会产生反复关煤气的行为。

（3）对不相关的干扰的想法的可控制性

强迫症患者在进行认知加工时，往往会关注不相关的和干扰性的想法，并且试图控制它们。而努力控制的结果会增加干扰性思想中的荒谬成分，随之也带来了一系列的不适感。当患者无法控制这些想法时，他们便会对这些想法极为敏感和警觉，由此逐渐发展成为一种强迫模式。

（4）过分崇尚思想

在强迫症患者看来，产生不愉快的或令人讨厌的思想与卷入不愉快的或令人讨厌的行动，在道德上是同等的，这是一种道德上的"思想-行为融合"。而且，当强迫症患者想象消极的事件时，他们就相信这些事件真的会发生。

（5）无法忍受模棱两可

不能容忍模棱两可是强迫性信念的明显症状，这些强迫性信念包括：苛求确定性，难以处理不可预见的变化，以及不适应模棱两可的情境。如他们会反复地思考"到底有没有外星人"，"一加一为什么等于二"，"人为什么会说话"等问题。如果这些问题不能得出自己满意的确定的答案，就会感到非常不舒服，必须继续思考下去。

（6）完美主义

对亲身经历的真实性表示怀疑和苛求，是强迫症的常见特征。患者之所以产生怀疑，是因为他们相信，任何事情都会有一个最完美的解决办法，如果找不到这种完美的解决办法，患者就会感到不舒服。由于强迫症患者抱着苛求的心态，所以他们会重复去做，试图借此达到想要达到的目标。具有强迫性倾向的人所表现出的优柔寡断，主要就是由这种怀疑引起的。

3. 强迫症的自我心理检测

（1）我常反复洗手而且洗手的时间很长，超过正常所必需；

(2) 我有时不得不毫无理由地重复相同的内容、句子或数字好几次；

(3) 我觉得自己穿衣、脱衣、清洗、走路时要遵循特殊的顺序；

(4) 我常常没有必要地检查门窗、煤气、钱物、文件、信件等；

(5) 不得不反复好几次做某些事情直到我认为自己已经做好了为止；

(6) 我对自己做的大多数事情都要产生怀疑；

(7) 一些不愉快的想法常违背我的意愿进入我的头脑，使我不能摆脱；

(8) 我常常设想自己粗心大意或是细小的差错会引起灾难性的后果；

(9) 我时常无原因地担心自己患了某种疾病；

(10) 我时常无原因地计数；

(11) 在某些场合，我很害怕失去控制，做出尴尬的事；

(12) 我经常迟到，因为我没有必要地花了很多时间重复做某些事情；

(13) 当我看到刀、匕首和其他尖锐物品时，会感到心烦意乱；

(14) 我为要完全记住一些不重要的事情而困扰；

(15) 有时我有毫无原因地想要破坏某些物品或伤害他人的冲动；

(16) 在某些场合，即使当时我生病了，我也想暴食一顿。

当上面一条或一条以上的症状持续存在，并且影响了你的正常生活时，说明你有强迫症。

调适策略

如何改变该教师的强迫症呢？可以有以下几种方法：

1. 不做完美主义者

强迫症有很大部分原因是追求完美的性格引起，因此要改变完美主义做事方式，不做完美主义者。世界上并不存在十全十美的人和事，我们应承认和接受自己和他人有犯错误的可能，我们要宽容自己，同时也要原谅他人的失误和不完美。当然，宽容也得合情合理，宽容自己，不可以原谅自己的不努力，不可以容忍自己的不争气。

2. 学会自我放松

强迫症患者应适当地调整自己的生活状态，学会放松自己，如积极参加各种文体活动，这样不仅使枯燥的日常生活变得丰富多彩，同时也减轻了生活、学习上的压力，进而引发强迫症的恐惧和焦虑情绪也就会逐渐减轻。

3. 做自己更感兴趣的事

当患者反复进行强迫思考和强迫行为时，思维会专注于一点，这时最重要的是想办法转移注意力，尽快脱离现实症状，摆脱痛苦。例如，一旦处于容易使自己产生强迫联想和回忆的环境中时，就开始做自己感兴趣的事，如听音乐、读书、玩计算机等，这时注意力全都集中在音乐或小说上，就可能会忘掉经常联想的事情。

4. 思维阻断法

这种方法是治疗强迫性思维的有效技术。如夜深了，你还在工作，自己觉得十分疲惫，想休息又不愿意改变自己的工作习惯，强迫自己一定要坚持到既定的休息时间。这是一种强迫性内隐行为，当这种想法马上出现时，你默念或朗诵指示语："这是我的强迫症，是自己强迫自己,与其花时间强迫自己,不如马上终止工作,回去休息,等休息好了工作效率会更高。"一遍不行,可以多念几遍,一直使强迫性想法完全中断。

问题十二 新教师如何度过角色适应期

案例呈现

刚从师范大学毕业的青年张某,被分配到广州一所中学教书。由于缺乏经验以及天性腼腆,几堂课下来,学生上课吵闹使他无法安心讲课,学生对他的冷漠与生疏,使他感到深深的恐惧。开始,他还只是不断反省自己的教学,到底该怎么去教学生?经过多次尝试之后,仍无起色。渐渐地,因为工作不顺利而产生的压力使他失去了信心,他开始问自己,自己是不是适合当教师?他变得越来越急躁。走上工作岗位才半年,他就开始打退堂鼓,想离开教师这个职业,经常夜不能寐,精神不济。

现象分析

案例中的张老师反映出的心理问题属于角色适应不良。

新教师角色适应,也叫教师角色社会化,是指新教师在角色学习和角色扮演过程中,形成自己对所扮演的角色的认识、态度和情感,并且按照自己的方式去实践角色。

刚刚步入学校的新教师有着对工作的渴望和无限的热情,但在社会角色转变、人际交往等方面都出现了很多问题。社会环境的影响、工作压力的加大,使不少新教师不能很好地适应自己新的工作岗位。这种不适应主要表现在以下方面:第一,对社会生活环境的不适应,包括对学校居住条件、教学设施设备、健身娱乐场所、待遇等的不适应。第二,对教师社会角色的不适应,包括对当今教师社会作用、地位和价值的正确认知;在学校教学活动中的地位、价值;在学生心目中的形象。第三,对社会活动的不适应,包括各种活动规则的掌握和活动能力的形成,如学习、交往、工作、休闲等能力的形成与发展。

案例中的张老师因为对自己的教师角色不能准确地把握地位,对师生关系过于敏感,过强的成就动机和完美主义倾向导致身体出现了急躁、焦虑等行为,成就感缺失,出现挫折感。

心理解读

社会学认为,人在社会中生存就是在扮演着不同的社会角色。而随着时间、地点的不同,社会角色也在不断发生着转变。而每一次社会角色的转变都会或多或少、或轻或重程度不等地让我们产生一些不适应行为。对于刚刚步入到工作岗位上的新教师们,就面临着由学生向教师的角色转变,而角色转变问题可以说是新教师入职问题中体现得最为突出、最为重要的问题。它体现在诸多方面:

1. 教师角色非常复杂,使新教师难以适应

"教师"是一个庞大的角色集,至少可以分为三个方面的角色:教师与同事交往的角色,教师与学生交往的角色,教师与学生家长交往的角色。与同事交往,教师至少扮演着同行、同伴、朋友、学习者(非学生)、领导(或下属)等角色;与学生交往,教师至少扮演着教育教学组织者、学生学习指导者、课堂管理者、课程评价者、思想品德教育者、学生学习楷模等角色;与学生家长交往,教师至少扮演着学生教育合作者的角色。教师在其工作环境中,不仅要熟练地扮演某种角色,甚至还要很好地同时扮演多重角色,有时更要娴熟地转化于不同角色之间,这势必会导致教师不同角色之间经常出现冲突。面对种种角色冲突,新教师往往因为经验和能力不足,不敢妄做决定,但是在实践中他们又不得不做选择,使得他们不知何去何从。

2. 新教师的角色意识不明确阻碍了角色适应

新教师刚从学校毕业,他们才脱离学生角色不久,行为上还没有完全摆脱学生的习惯,加上其前后的主要生活环境具有同质性——都是培养人的教育机构(学校),使得他们正在扮演的教师角色和还没有确立的教师角色意识与潜意识中的学生角色相冲突,结果是他们的角色意识常常迷失于这种冲突之中。新教师的角色意识不明确使他们不知道应该如何与学生、同事和学生家长交往,或者说导致了他们在这些交往中未能充分扮演教师角色,有效完成交往任务。例如,有的新教师在课外与学生关系如朋友,却不自觉地把这种"朋友关系"带进课堂,使课堂教学效率降低,甚至无法维持课堂的基本秩序;有的新教师忽略学生的身心发展规律,使用不恰当的语言来评价学生,对学生造成心灵上的伤害;有的新教师完全以学生的身份与老教师相处,在听老教师示范课的时候,迷失听课的目的,甚至把学生的学习任务当成自己的学习任务;有的新教师在与学生家长交流的时候不知所措,无法达到预期的交流目的。模糊的角色意识延误了新教师专业成长的进程,也是导致新教师教育工作效率较低的重要原因之一。

3. 新教师的角色认识偏差阻碍了角色适应

新教师决定从事教师职业之前,必然会对这个职业有一些认识和观念。由于没有亲历实践,这些认识和观念都是从他人那里了解的,多限于个人经验层面,与他们入职之后的具体情况存在不相符的地方,于是就产生了教师角色认识的偏差。另外,由于入职时间不长,新教师对教师角色的社会期待、所处群体的实际工作和自身的实践资源状况等因素都不熟悉,难免有主观臆测的认识。当存在偏差的角色认识与实际工作情况相冲突的时候,新教师就容易陷入困境。所以新教师要形成适合工作环境的、自己的教师角色的理解,需要经历一段艰难的"试错"和纠正过程。

拓展链接

1. 关于教师角色的观点

关于教师在教育过程承担的角色,长期以来有许多不同理论派别。

(1)传统教师角色理论

① 道德权威论。法国著名教育家涂尔干指出,教育是一种权威活动,教师作为社会道德代言人,在深刻理解道德的社会意义和权威基础上,将其内化为人格,再通过言行将社会道德规范、意志传递给学生。权威性是教师的职业特征,教师只有具备了这一特征,才能有

效培养学生的自主性和责任感,帮助学生学会用社会道德规范和意志主宰自己行为。

② 文化传播论。美国教育社会学家华勒指出,教师受社会委托传递文化。在传递文化的过程中,教师处于支配地位,学生处于从属地位。这种支配与从属关系必然会导致师生之间的冲突、对抗。教师要有效传递社会文化,就必须具备牺牲精神,善于依据亚文化价值观规范教育学生,形成对学生的支配权。

③ 双重角色论。美国教育社会学家佛劳德认为,道德权威论和文化传播论适用于静态社会。现代社会变迁迅速,教师权威在不断被削弱,而学生同辈团体的影响却日益增大,教师再也不可能运用传统权威来控制学生,必须借助于社会赋予的新选择性权威影响学生,即通过传递知识技能帮助学生实现社会活动。但旧权威尚未消失,新权威又未完全建立,这就使学生在学习和行为上存在不少问题。所以,现代教师必须承担社会工作者和社会文化价值维护者两种角色。

④ 文化协调论。多数教育社会学家认为,道德权威论和文化传播论在强调教师权威的影响作用,而双重角色论则在强调学生团体的影响作用。实质上,任何社会都存在成人文化和儿童文化,这两种文化在价值观念和行为模式上存在分歧。一般来说,成人文化倾向于保守,儿童文化倾向于创新。教师承担着两代人的协调工作:一方面要有选择地将成人文化、价值观念传递给下一代,另一方面又要了解、研究下一代人的亚文化,培养年轻一代的独立能力和创造能力。

(2) 当代教师角色理论

20世纪70年代以来,不同理论流派从不同方面对教师角色进行了深入探讨,提出了有别于传统教师角色理论的观点。

① 建构主义教师角色观。建构主义认为,知识是个体在特定文化情景中建构的经验;知识离不开学习的具体环境,课堂上学习的东西难以迁移和应用于课堂外;学校有必要创造与现实生活相似的真实情境。所以,教师应成为学生学习的"促进者"和"合作者",善于运用相互矛盾的事物引起学生认知不平衡,引导学生解决问题并监测其发现后的反思。同时,教师也是"学习者"和"探究者",善于观察学生、帮助学生解决学习问题。新教师应通过认知工作发展智力、提高认识水平,成为一个"有力量的思想者"。

② 人本主义教师角色观。人本主义关注人的价值、潜力和个别差异,强调情感、兴趣在学习中的作用,重视学习的自主性等。罗杰斯提出的"以学生为中心"的教师角色观认为,教师的作用在于帮助学生明确学习什么,帮助学生安排适当的学习活动和材料,帮助学生发现所学东西的个人价值,建立并维护能促进学习的心理气氛。为此,教师必须从权威角色转变为"促进者"角色。新教师要成为有效的学习"促进者"须具备三个条件:一是诚实,即做一个诚实的人,不把自己的感情与想法强加给学生;二是接受,即无条件接受、信任学生,相信学生有能力自我指导;三是理解,即站在学生立场理解学生。

③ 实用主义教师角色观。杜威认为,实践对个人理解知识的形成具有重大意义。教学不仅要关心教学步骤的技术性问题,更要关注教学的理论问题。而有关教学的技术性和理论性问题,既需要教师学习,也需要教师不断反思,这样才能提高业务能力和水平。所以,教师不仅是"学习者",也是"反思型实践者"。哈特曼认为,人类的适应活动并不是被动的,而是一种克服困难、改造环境的能动的活动。从他对适应概念的解析中,能够延伸出这样的看法:人们之所以需要"适应",是因为个体与环境之间存在不平衡;个体无论是改变自己还是

改变环境,都会遇到困难。适应的困难至少有三种:一是改变自己或改变环境的困难;二是判断怎样改变才对自己的生存最有利的困难;三是适应是一种动态行为,因为环境是动态变化的,改变与改造不能一蹴而就。

调适策略

新教师要实现尽快进入角色与角色适应,都要经历一个惊动—迷惑—释然的过程。因此,新教师进入角色,不仅要从理论上进行深入的探讨,而且要善于实践,刻苦努力,丰富知识,提高教学技能,调好心态,正确处理好各种角色关系。

1. 勤学习,提高专业素质

新教师需要不断学习,吸收现代教育思想及优秀教师的宝贵经验,提高自己的专业素质。首先,新教师要自觉阅读一些有利于教学的书籍和参考资料,不断充实自己,提高专业素养;其次,新教师要有谦虚谨慎的态度,善于向老教师请教,学习他们的教学经验和方法,提高自己的教育教学技能和水平;另外,新教师还要积极参加教研活动和业务培训,积累经验,取人之长,补己之短。

2. 勤实践,提高教学技能

新教师要自觉将现代教育理论及他人的经验运用到教学活动中去,缩小理论与实践之间的差距,同时要多请其他教师听自己的课,敢于承担公开课、实验课、汇报课、调研课等教学任务。新教师还必须提高自身的教学技能,苦练教师技能的基本功,克服教学中的"五关",即语言关、板书关、教态关、教学内容关、方法关。掌握了这些教师职业技能,提高做教师的理论素养和能力素养,可以为顺利地完成教学任务积蓄雄厚的实力。

3. 调整心态,提升心理素质

新教师要有一颗平常心和一股自信心,遇到挫折要不避不让、不烦不恼、不急不躁,从容自若地承受,并坚信"失败乃成功之母",困难肯定会被克服。另外,新教师还需确定适度的期望值,这样能有效避免心理落差过大,造成过重的心理压力。

在课堂教学中,还可以采取一些心理控制法。① 假想成功术。设想自己对将要讲的课经过独立思考和认真准备,对整个教学内容和教学程序了如指掌,有信心、有能力把课上好,这有利于使心理活动维持在正常状态。② 自我暗示法。如用"我准备得十分充分,一定能上好课"、"战胜紧张就是胜利"等暗示自己,以控制紧张。③ 自我松弛法。紧张时,暗作深呼吸,转移视线,变换姿态,或者开自己的玩笑,可以起到自我放松的作用。

4. 把握各种角色,处理好各种关系

良好的师生关系是保证教师教育教学有效性的基础,新教师必须坚持"以爱为本"、"发扬民主"、"注重个性",正确处理好与学生的关系。正确处理与同事的关系是新教师角色转变的基础,新教师应尊重同事、虚心求教、乐于助人,处理好与同事的关系。处理好与学校领导的关系是新教师角色转变的前提,新教师做到:有分工合作意识;因人而异,因人施法;踏实工作、任劳任怨;尽职尽责,不抢"风头"。教师与学生家长的关系是致力于教育学生成才合作关系,新教师做到:共同探讨学生教育问题;虚心听取家长的教育意见和建议;平等公正对待每位家长,在学校和家庭之间架起一座沟通的桥梁,形成教育的"合力"。

问题十三 坦然面对,不再焦虑

案例呈现

杨老师是一名高中数学教师。休完产假后,她又开始上班了。她发现自己不像以前那么容易集中注意力,原本熟悉的教学内容也因为一年没有接触变得生疏起来,在第一次月考中,学生的考试成绩很不理想。杨老师感到紧张和担心,怕自己无法教好学生,耽误学生的前途;怕领导找自己谈话;怕家长对自己有意见……下次月考的时间越来越近了,她的焦虑情绪也越来越严重了,出现担忧、紧张、烦躁、易激动、注意力不集中、身心疲惫、心悸、头痛、失眠等症状。

现象分析

案例中杨老师由于长时间休假后进行高强度的工作有些不适应,担心教学业绩差,得不到领导和学生的认可而产生了焦虑情绪。

教师处于社会的转型期,教师职业的专业化发展,不论自己的适应问题或职业的内涵化,均会感到有异于往常的压力,教师的心理健康问题成为一个值得关注的话题。据一次教师心理健康状况调查显示,经常有焦虑反应的教师占被调查总人数(2 292 人)的 78.6%,这表明焦虑成为教师职业中常见的心理健康问题。

焦虑是人的一种情绪表现,一般称焦虑症、焦虑状态或焦虑反应,是指人在面临当前的或可能出现的某种威胁、危险时产生的紧张、不安、焦急、忧虑、痛苦的情绪体验。焦虑本身并不是一种病态的反应,适当的焦虑反而有利于发挥潜能、解决问题和有效学习。但若反应过于强或持续的时间过长,即过度焦虑,就会使个体丧失其建设性的特质,继续引发身心的症状。

过度焦虑的症状主要体现在以下三个方面:① 心理方面的症状:有焦虑情绪的人会出现紧张、不安、担忧、压力感等主观的不适感觉,表现为心烦意乱,坐卧不宁,看书及备课时无法专注,效率很低;丢三落四,记忆减退;思维迟滞,大脑麻木;容易激怒,爱发无名火。② 生理方面的症状:表现为心悸、心慌气短、胸闷、口干、发抖、尿频等症状,可能还伴有头晕、头疼、厌食、易疲劳等症状。

心理解读

引起教师产生焦虑的原因主要有以下几个方面:
1. 社会因素

社会对教师寄予很高的期望,教师工作的好坏关系到个人的生存、家庭的幸福和国家的前途。教师为这一神圣的职责感到自豪与光荣,但正如社会心理学家威尔逊所说:"所有对他人高度负责的角色,都要经受相当多的内在冲突与不安全感。"任何一个有社会责任感的老师都会感到这一职责所带来的巨大压力。这种社会责任感增加了教师已经很沉重的精神负担,容易滋生焦虑情绪。另外,新的课程和教学理念需要中小学教师不断地去适应新的教学形势,中小学教师会产生如何实施新课程标准下的新教材等一系列的焦虑。

2. 学校因素

在学校日常生活中,工作量太大、工作时间长、升学压力大、评比压力重、学生难教育等成为教师产生过度焦虑的主要原因。首先,中小学教师工作量大,工作时间长,已经是一个不争的事实。其次,中小学教师面临中考、高考的升学压力,学生的学业成绩将作为教师的职称评定、年终考核中重要的权重指标。第三,学校领导把学校的评比、学生的评比和教师的评比联系在一起,这种评比给中小学教师带来了过分的压力和焦虑。第四,新时期的学生特别是城市中小学的学生中独生子女居多,学生家庭背景比较复杂,社会不良风气也对学校教育进行了强烈的冲击。有些学生厌学、迷恋于电子游戏、看黄色影像制品,打架斗殴等,中小学学生越来越难于沟通和教育。中小学生难教,会导致中小学教师思想上的困惑和心理上的焦虑。

3. 个人因素

一些中小学教师缺乏教学工作所必需的能力,如表达能力、反思能力、研究能力、设计能力等某些方面的教学能力,结果一旦面临问题时就会产生焦虑心理。还有一部分教师本身的素质特别是心理素质比较差,他们在走上教师工作岗位之后,更是背上了沉重的心理包袱,难以胜任教育、教学工作的需要,尤其在遇到一些突发事件或不良情绪情感时,有些中小学教师不能进行有效的自我调节,就难免产生心理焦虑的问题。

 拓展链接

1. 焦虑有关的理论研究

较早研究焦虑的是精神分析学派创始人弗洛伊德,他认为焦虑是被压抑的性紧张即利比多的释放。早期观点,焦虑是由被压抑的利比多转化而来的,本我是焦虑的根源。后期则认为焦虑的根源不在本我,而在自我,只有自我才产生焦虑。弗洛伊德的焦虑理论贡献在于认识到内外刺激威胁自我是焦虑产生的根本原因,焦虑是自我受威胁的产物,焦虑的发生有认知的参与。

霍妮批判弗洛伊德的本能决定,强调应从宏观的社会文化环境中去寻找焦虑的根源,把社会环境的作用提高到首要的地位,认为社会矛盾倾向是个体内心冲突的文化基础,也是个体产生焦虑的社会文化基础。提出焦虑的产生与个体能力有关,无能为力是焦虑的特征之一。

沙利文既克服了弗洛伊德的本能决定论,又克服了霍妮将社会文化简单化的倾向,他认为,人是人际关系的社会存在,人的生存既离不开物质环境,也离不开文化环境,而焦虑是人际关系分裂的表现,人际关系分裂是焦虑的根源。其主要贡献在于明确指出焦虑的根源在于社会性刺激的威胁作用,明确了自尊因素在焦虑发生过程中的核心作用。

雅各布森批判地继承了弗洛伊德的本我、自我、超我人格结构说,认为个体的自主性受到损害是焦虑的原因,外部环境也是导致焦虑的因素。

上述精神分析学派的焦虑理论揭示:焦虑是由于个体预料到内外刺激对其自尊产生威胁,而又自感没有能力来应付时产生的情绪体验。而判断内外刺激是否威胁到自尊,以及确定自己是否有能力来应付则是由认知评价决定的。

莫尔用刺激反应理论来解释弗洛伊德的"焦虑"。把焦虑和恐惧看成同义词,并把恐惧定义为产生痛苦反应的条件刺激,由于恐惧反应的是一种强烈的不愉快的体验,因而可看成是激发行为和强迫新习惯获得的内驱力。泰勒重点研究了焦虑对人的学习影响,编制了显性焦虑量表,即把 MAS 测得的焦虑得分看成是一种内驱力强度。

2. 焦虑自评量表(SAS)

(1) 我觉得比平时容易紧张或着急

(2) 我无缘无故感到害怕

(3) 我容易心里烦乱或感到惊恐

(4) 我觉得我可能要发疯

(5) 我觉得一切都很好

(6) 我手脚发抖

(7) 我因头痛、颈痛和背痛而苦恼

(8) 我觉得容易衰弱和疲乏

(9) 我觉得心平气和,容易安静坐着

(10) 我觉得心跳得很快

(11) 我因一阵阵头晕而苦恼

(12) 我晕倒发作过,或觉得要晕倒似的

(13) 我感到呼气吸气都很容易

(14) 我的手脚麻木和刺痛

(15) 我因胃痛和消化不良而苦恼

(16) 我常常要小便

(17) 我的手脚常常是干燥的、温暖的

(18) 我脸红发热

(19) 我容易入睡,并且一夜睡得很好

(20) 我做噩梦

A. 没有或很少时间;B. 少部分时间;C. 相当多时间;D. 绝大多数或全部时间。

根据你最近一星期的实际情况选择字母,正向计分题 A、B、C、D 按 1、2、3、4 计分,反向计分题(5、9、13、17、19 题)按 4、3、2、1 计分。总分乘以 1.25 取整数,即得标准分,分数越小越好,分界值为 50。其中 50～59 分为轻度焦虑,60～69 分为中度焦虑,69 分以上为重度焦虑。

调适策略

焦虑是人类所不可避免的情绪体验,无焦虑状态是不存在的,最理想的状态是不再持续地产生焦虑而将焦虑控制在适度水平。教师怎样才能使焦虑得以缓解呢?可以有以下

几种方法：

1. 提高自身素质，增强自信

教师的焦虑常常来源于对自身能力的不自信，怕自己无法胜任工作，无法应对复杂的情况。因此，教师需不断学习，提升自身素质。首先，提高自身的心理素质，增强承受挫折和失败的能力。只有做好了思想准备，才不至对可能出现或已经出现的不如意感到过度恐慌和不安。其次，教师必须努力学习专业知识技能，学识丰富了，能力提高了，能灵活处理工作中的问题，担心的事情少了，心态自然就积极多了。

2. 客观调整认知偏差

认知心理学派认为，焦虑情绪是由于一些不合理的认知引起的。例如，教师总希望自己能有所成就，并为此而倾心工作，但有的教师过分苛求自己，凡事求"全"求"美"，虽终日忙碌，却难以实现预定目标，由此而烦恼、焦虑不安。又如有的教师认为"有价值的人，应在各方面都比别人强"，这种观念不合乎现实，这是把一个人的价值完全放在能力与成就的天平上。若把此种观念付诸行动，凡事都争第一，则易因无法实现而体验自卑、自责，也易因害怕失败而产生焦虑。教师应该调整这些认知偏差，让焦虑情绪得到改善。

3. 积极心态看待问题

面对已经发生或即将来临的问题，教师之所以感到焦虑不安，是因为他们对已经发生的事情的危害过于担心，对将要发生的事情的不利方面过分担忧。反之，如果我们能够转换视角，更多地从事情的积极方面来思考，焦虑水平就会大大降低。因此，当教师处于焦虑状态时，首先应该客观准确地认识问题情境，全面分析自己和周围环境中的资源，不但要看到事情的不利方面，更要充分认识有利的方面。从积极方面的思考能够有效缓解焦虑。

4. 学会自我放松

当你感到焦虑不安时，可以运用自我放松的方法进行调节，如心理暗示、主观想象、肌肉放松、转移注意力等，降低焦虑水平。这是利用身心相互影响、相互作用的原理，直接针对焦虑症状和表现而采取的应对策略。情绪本身的调整或改变往往比较困难，所以人们通常利用情绪产生或存在的生理基础或行为表现来调整情绪。焦虑往往和身体反应紧密相连，如果身体放松了，那么焦虑就可以降低。因此，教师掌握一定的放松技术是必要的，它有助于教师迅速减少自己的痛苦体验和不安心境。

5. 合理安排生活节奏

教师面对终日的忙碌、超负荷的工作、全方位的竞争、永无止境的学习，等等，不可避免地感到心理压力增加，为使自己摆脱因紧张而引发的焦虑状态，应注意劳逸结合，张弛有道。教师在工作之余，需注意培养自身的业余爱好，比如打球、游泳、唱歌、阅读等。通过业余爱好，丰富自己的生活，消除紧张工作带来的疲劳和烦恼，为高质量高效率的工作创造条件。

问题十四　点燃你工作的热情

案例呈现

钱老师是一位高中教师，刚参加工作时，他充满激情，努力干好每一项工作，教学的每一天对他来说都是新鲜有趣的，他的教学水平也在自己的努力中迅速得到提升。如今工作六年了，却发现自己他对工作毫无积极性，生活懒懒散散的，做事有气无力，每天就是备课、讲课、改作业，家里、学校、讲台老三点。他常年与书店绝缘，教课都是凭一本教科书去应付，对学生一点兴趣也没有，一学期下来竟叫不上几个学生的名字。由于他观念陈旧、方法单调、行为刻板、索然寡味，学生们不喜欢他的课，与学生们关系也非常不融洽。现在的他变得身心疲惫，慢慢地变得漠然了、得过且过了。

现象分析

钱老师出现了消极的职业心态。

随着社会的发展对教育需求的转变，课改的深入，现代教育信息技术的使用，教育教学的创新等，教师不仅是知识的传递者，而且是道德的引领者，思想的启迪者，心灵世界的开拓者，情感、意志、信念的塑造者；教师不仅需要知道传授什么知识，更需要知道怎样传授知识，知道针对不同的学生采取不同的教学策略，关注个体差异，满足不同的需要，注意传授知识与能力培养的关系。面对日新月异的改革与创新，教师们感到了无形的压力，这种压力使教师难以抗衡，形成对职业的厌倦而产生了消极情绪。

在我们身边不乏像钱老师这样缺少工作热情的教师，他们的消极情绪具体表现在以下几个方面：① 对工作的冷漠：对事情无动于衷，对学生热爱不起来，对自己的职业缺乏兴趣，对周围人缺少感情等现象。不愿刻苦钻研自己的教育教学业务，努力提高自己的教育教学水平。对学校交给的任务采取敷衍了事，消极应付的态度。② 在生活中变得消沉：在教育教学过程中，教师表现出态度不认真、课堂组织松散，上课时语言不生动、语调平淡、表情过于严肃甚至呆板、讲解含糊不清、敷衍了事、精神不振，有的甚至采用尖刻、讽刺的语言对学生进行责备等。这种情绪和行为会对教师、学生、和学校发展具有极大的危害，长期受消极情绪困扰的教师还可能产生高血压、冠心病、肠胃功能紊乱、免疫力下降等多种身心性疾病。因此驱除教师职业消极心态，激发与维持教师的工作激情已经成为当前不可忽视的问题。

心理解读

现代社会对教育越来越重视，随之而来的是教师的压力越来越大，导致教师形成了消极的心态,那么,主要是哪方面的压力导致了教师的消极心态呢?

1. 职业认同感产生消极情绪。一般来说,工作十来年的教师,容易产生职业冷漠感,太有规律的工作、按部就班的生活,是很容易熄灭一个人的激情的。一个老师说:同一篇文章讲了无数遍,真的感觉很乏味,几十年就这么过来了,实在无奈得很。对生活富有激情的内心追求与客观情况的差异,往往会引起一个人的矛盾心理,使之产生对职业的反抗情绪,导致拒绝感与平淡感的消极心理发生。

2. 内心原有的对职业的认识与现实新近提出的社会认识产生矛盾而引起的消极抗拒心理。社会在发展,对职业本质属性的认识也在发展,特别是在大力推进课程改革的过程中,许多新的思想观念正在猛烈地冲击着教师们所坚守的那些固有的职业的基本特性,每一个教师在实施新课标的过程中都会遇到许多新问题、新矛盾,产生新的压力。如果不能正确认识和积极适应,则必然会产生抵触情绪,从而导致对职业的反叛。

3. 社会对教师过高的期望值同教育投入与产出的反差之间的矛盾,大大增加了教师的精神压力。独生子女社会加之就业难的现状,使家长们对孩子的期望值特别高,而他们又将这种期望寄托在学校再由学校转嫁到教师身上,教师身上的担子愈发沉重了。沉重负担使不少教师不堪重负,不得不牺牲一个个节假日或者夜晚的休息时间,这更加增添了教师的孤寂感。再加上教育往往是投入与产出极为不相称,教师的付出多,而学生的成效不显著,这又可能导致教师产生对职业的失望感。长期如此,必然会使教师失去工作的热情。

4. 不够完善的评价体系往往造成教师内心的矛盾冲突。在现实生活中,往往存在着素质教育的评价体系与高考实际权重之间的矛盾差异,教育本质属性的规定性与广大家长的客观评价标准之间的矛盾差异,学校管理者对教师的评价与教育本身的价值标准之间的矛盾差异,这些矛盾大多是不可调和的,这势必会极大地扼杀教师的主观能动性和积极的创造性,使教师自我价值丧失,教师的合理个性得不到应有的尊重,自然而然地会产生对所从事职业的厌倦。

5. 部分教师自身的不良性格导致职业消极情绪的产生。责任感与使命感、自信与自卑感、压力与困惑等心理感受,是每一位教师都会遇到的心理现象。但是,这些心理感受又会因人而异,那些整天忙于工作,无暇充实自己的生活,以及性格内向,不愿与人交流,内心焦虑、孤独等无法排遣的教师,则更容易产生对职业的消极情绪。

 拓展链接

1. 激励理论

1) 弗鲁姆的期望理论。北美著名心理学家和行为科学家弗鲁姆认为,人总是渴求满足一定的需要并设法达到一定的目标。这个目标在尚未实现时,表现为一种期望,这时目标反过来对个人的动机又是一种激发的力量,而这个激发力量的大小,取决于目标价值(效价)和期望概率(期望值)的乘积。$M=V\times E$,M 表示激发力量,是指调动一个人的积极性,激发人内部潜力的强度,V 表示目标价值(效价),这是一个心理学概念,是指达到目标对于满足他个人需要的价值。E 是期望值,是人们根据过去经验判断自己达到某种目标的可能性是大还是小,即能够达到目标的概率。目标价值大小直接反映人的需要动机强弱,期望概率反映人实现需要和动机的信心强弱。如果个体相信通过努力肯定会取得优秀成绩,期望值就高。

这个公式说明：假如一个人把某种目标的价值看得很大，估计能实现的概率也很高，那么这个目标激发动机的力量越强烈。

2）马斯洛的需要层次激励理论。这一理论认为人的基本需要可分为五个层次，即生理、安全、归属与爱、尊重和自我实现。同时指出：人类的基本需要是由低级到高级，以层次形式出现的，当某一层次得到相对满足时，其激励作用随之减弱或消失，此时，上一级的较高层次的需要成为新的激励因素。

3）赫茨伯格的双因素激励理论。这一理论假定动机是由两个单独的因素构成，即动机的激励因素和保健因素（或称维持因素），前者能够导致工作的满足，后者在充分具备时可导致激励因素开始起作用，不具备时，则导致工作不满足。这一理论认为，通过维持因素激励人的工作是不可能的，但它是激励因素的先决条件，激励因素才是激发人动机的直接因素。

4）洛克的目标设置激励理论。这一理论认为：目标是人们行为的预期结果和最终目的，是人们预先规定、合乎自己需要的"诱因"，也是激励人们的有形的，可以测量的成功的标准。而设置目标是一种强有力的激励，是完成工作的最直接的动机，也是提高激励水平的重要过程。这一理论还认为：完成艰巨目标的有效方法是把总目标划分为若干阶段目标，即子目标。通过子目标的逐一完成，最后达成总目标。

调适策略

消极情绪不仅会影响人们的工作、学习和生活，而且还会影响人的身体健康。那么，怎样做，才能改变消极情绪，保持良好的心理环境呢？可以有以下几种方法：

1. 正确地评价自己

教师要认同自己的教师身份和工作岗位，既要知道自己的缺点，同时也要了解自己的优点，对自己要有恰当的评价，从而建立良好的自我意象。只有这样才会自尊、自信，自己的潜能才会得到充分的发挥，反之，自卑、焦虑、抱怨、消极，潜能就难发挥。

2. 确定合适的期望值

我们在确定目标、对预期结果进行设想时，不要把期望值订得过高，要把各种不利因素充分考虑进去，要留有一定的余地。这样，经过努力我们就能够实现目标，并有可能超过。这时，我们从心理上就比较容易接受，有时还会产生满意的情绪。如果目标过高会让人觉得高不可攀，丧失信心和希望，使目标失去动力作用。

3. 改变认知

面对教育改革中的新情况，我们脑海里已经形成的比较稳定的一些认知元素，诸如对教育本质、方法、观念等的看法，对学生价值观的评判等，必然存在着不很和谐的成分，如果我们不能及时改变我们原来的认知要素，就必然会产生激烈的矛盾冲突，而引起我们对职业的反抗情绪。所以我们一方面要以开放的心态去学习并认同之，更重要的是要注意改变自己内在固有的认知元素以最大限度地减少不适应心理。

4. 提高业务水平和专业素质

教育是一项专业性比较强的工作，是一种应带有创造性、长期的、紧张的精神劳动，它要求教师必须具有较高的学历水平和职业素养。有部分教师消极的职业心态就是因为自身知识的枯竭而造成的，所以教师必须通过专业知识进修，开展教育教学改革，不断提高教学质量,从而有效地预防止职业厌倦。

5. 学会奖励自己

要学会称赞自己、奖励自己,要多关注自己成功的点点滴滴,哪怕是一丁点的成绩,也要积极地进行自我肯定。为自己喝彩,你就会发现每天的你都是全新的,这样你就会增强工作的效能感。有了工作的效能感,我们就可以体验到工作和生活的快乐。自己是应该获得奖励的、自己是可以得到奖励的,这是一种积极的心理暗示,它可以激起自己昂扬的生活热情。

6. 要培养乐观开朗的性格

要改变消极情绪,最根本的是要培养自己乐观开朗的性格。在现实生活中要豁达洒脱,对生活中的一些矛盾,不要看得过重,不要斤斤计较、耿耿于怀。当遇到忧郁、烦闷的时候,有意识地做一些自己感兴趣的活动,把乐观情绪发动起来,逐渐使它在大脑皮层中处于兴奋中心,这样就会淡化以至消除消极情绪。

7. 加强锻炼

教师工作属于脑力劳动,而且任务繁重,每天都要重复备课、上课和批改作业,长期重复这种单调工作,很容易导致大脑活动转入抑制状态,教师常常会感到心情烦躁,爱发脾气,这就需要教师要调节好自己的工作和生活,多参加体育锻炼活动,消除大脑的疲劳,调节好情绪状态。

当教师出现了消极情绪后,除了上述调适方法外,还可以通过转移法、意控法、清醒法、宣泄法、补偿法、理喻法等方法来摆脱消极情绪困扰,调整心态,维护身心健康。

问题十五 如何处理角色冲突

孙老师,在一所中学任教12年了,对工作一向尽心尽力,兢兢业业,各方面都取得了不错的成绩。由于学校工作忙,她每天回家后都感到很疲劳,就很少做家务,对孩子也很少关心。后来随着孩子慢慢长大,她觉得应该对孩子多加管教,但总是很严厉很急躁,经常以老师对学生的口吻和态度对待他,命令式的语气,对事情一遍一遍地解释,于是亲子关系经常发生冲突,为此她丈夫经常抱怨。孙老师很委屈,说在学校里拼命工作,回家后身心俱疲,但又得不到理解,她很痛苦。

孙老师的这种情况属于角色冲突现象。

所谓角色冲突,是指个人经常被要求扮演与他们的价值系统不一致的角色或同时扮演两种相互矛盾的角色时所产生的内心冲突。在现实社会生活中,由于社会地位的特点和社会生活的多元化,处于一定社会地位的个体通常都不是扮演一个角色,而是要同时扮演好几个角色。一方面,一个人往往同时具有多种不同的社会身份,而对应这些身份,他也被要求履行不同的角色。另一方面,对应于同一特定社会身份,不同的人或社会群体所持有的角色期望也不尽一致,他可能因此被要求按照不同的角色模式去行事,这样,当一个人受时间、精力及自身价值倾向制约,不能同时满足外在社会不同的角色期望而履行不同角色,而这些角色又都对其具有意义,不履行任何角色都会出现消极后果的时候,就出现了角色冲突。

人们普遍认为,教师这一职业是角色冲突的一种典型情境。这种角色冲突主要表现在以下两个方面:① 角色内冲突。角色内冲突是指两个或两个以上的角色伙伴对同一个角色抱有矛盾的角色期望所引起的冲突。例如:校长和学生期望教师管理的态度不同;学生家长与教育行政部门对教师的期望也有差异,这时容易造成角色冲突。② 角色间冲突。角色间冲突是指教师必须同时扮演不同的角色,由于缺乏充分的时间和精力,无法满足这些角色提出的期望而产生的冲突。比如,教师在学校扮演着教师角色,在家庭中又扮演着妻子、母亲等角色,如果这两类角色不能灵活地转换就容易产生冲突。

案例中的孙老师就是因为在家里仍然习惯性地以教师的身份来定位自己,使用工作中的角色和交流方式,导致亲子交往障碍,家人不理解,最终造成身心俱疲。

 心理解读

教师的角色冲突主要有外在和内在两个方面的原因。

1. 外在原因

不同角色期望引起的角色冲突

教师在实际的教育教学活动中,角色频频转换,常常扮演不同的角色。教师既是班集体的组织者和管理者,又是学生的知心朋友;教师既是被领导者,又是班级管理者;教师既是社会和学校的代言人,又是学生和家长的代理人。各种期望交织,常常使教师陷入无所适从的苦恼之中。比如,社会代言人身份要求教师以社会的价值标准进行判断,站在社会的立场发言;而学生和家长代理人身份则要求教师站在学生和家长的角度看问题。社会、家长经常对工作中的教师同时提出不同的角色期待,这种不同甚至是相反的角色期待引起的左右为难感,是教师在工作中普遍遇到的角色冲突。

2. 内部原因

1) 教师个人价值观与角色职责要求不同引起的冲突

随着社会的发展,价值观念的多元化,教师作为社会的一分子,个人价值观念和教学过程中传递给学生的价值观念不可避免地会发生冲突,但教师的角色职责又强调正面的指导和灌输。教师在面对不同价值观念或对新旧价值观念冲突而进行调适时,必然出现心理冲突而导致自身压抑和痛苦。

2) 教师的个人能力与角色需求不符引起的冲突

教师角色要求教师有较高的能力水平和多方面的才能。但是,每个教师个体总有力不从心的时候。如面对一个班风很差的集体,面对调皮捣蛋的学生,这需要教师有较强的组织管理能力和较高的教育艺术,有足够的耐力。不少教师虽然主观上很努力,工作也积极热情,但常带不好班,这种个人能力与角色需求之间的冲突导致教师内心的冲突和不安。

3) 教师个人成就需要与职业成果模糊引起的冲突

教师的劳动成果具有隐含性和延时性,教师为工作付出的精力与汗水、创造的价值需要很长时间才见分晓。比如,教师在改变学生兴趣、行为习惯、人生态度和思维能力等方面的教育成果都不是立竿见影的。这样,教师就陷入角色成果模糊与自我价值难以实现的矛盾冲突中。

拓展链接

1. 古代对教师的角色及作用的论述

学记篇说:"君子既知教之所由兴;又知教之所由废,然后可以为师。"

孔子说:"温故而知新,可以为师矣。"

韩愈在《师说》中说:"师者,所以传道授业解惑者也。"邵瑞珍在其《教育心理学》(1988)中把教师角色分为:① 知识的传授者;② 父母形象;③ 课堂纪律管理员;④ 教师——一个榜样;⑤ 心理治疗家;⑥ 朋友与知己;⑦ 替罪羊;⑧ 人际关系的艺术家。

2. 教师的角色冲突类型

1) 蔡笑岳把教师的角色冲突分为以下几个方面:

(1) 角色职能与角色期望的冲突;

(2) 社会角色定势与个体角色行为的冲突;

(3) 角色活动性质与角色活动成果的冲突;

(4) 角色的责任要求与个人事业成就的冲突;

(5) 角色职责与不同价值间的冲突;

(6) 群体组织性与教师个人自我形象维护的冲突;

(7) 职业劳动价值与职业劳动报酬的冲突。

2) 董泽芳(1996)从不同角度对社会转型期教师角色冲突进行了分类:

(1) 在教师角色追求的目标上,有表现型角色与功利型角色的冲突;

(2) 在教师角色规范的程度上,有规定型角色与开放型角色的冲突;

(3) 在角色行为的态度上,有执著型角色与自由型角色的冲突;

(4) 在教师角色的适应倾向上,有社会中心型角色和学生中心型角色的冲突;

(5) 在教师角色功能的形态上,有专一型角色与复合型角色的冲突;

(6) 在教师角色情感的反应上,有自尊型角色与自卑型角色的冲突;

(7) 在角色认可的标准上,有务实型角色与符号型角色的冲突;

(8) 在角色关系的平衡上,在学校内,有教育者角色与同事角色的冲突;在家庭中,有教师角色与家庭成员角色的冲突;在社会上,有社会"楷模角色"与普通人角色的冲突,等等。

调适策略

教师需加强学习,加强道德修养,增强角色意识,灵活处理角色转换问题。

1. 学会转换角色,适时分离

教师要教师应学会分配情感、精力和时间,扮演好各种角色,学会角色转换,要避免因过分强化工作角色,模糊学校与家庭的角色关系,使教书育人的角色干涉其他角色,引发多种角色冲突。在不同的时间、空间里,选择主要的角色来担当。比如,在教学管理和课堂教学中,教师需要保持一定的权威地位和角色,而在课外活动时,教师就要扮演学生的朋友的角色。在学校里尽力扮演好教书育人的教师角色,在家中努力扮演好做父母或做子女等家庭角色,在社会上极力扮演好社会公民角色。

2. 加强角色学习,提升角色认知水平

所谓的角色认知,既包括对自我角色的认知,也包括对他人角色的认知和对角色期待的认知。通过加强角色学习,可以使教师了解和掌握角色的行为规范、权利和义务、态度和情感、必要的知识和技能,可以更加明确自己在社会生活中所扮演的角色以及承担的任务,从而更清楚自己应该做什么、不应该做什么,也更容易让个体在完成角色的过程中找到成就感、认同感。教师不能因为社会上有些人对教师不理解、不尊重,就不尊重自己。越是别人不理解,教师就越应该自尊、自信、自强。

3. 培养健全的人格,增强应对冲突的能力

健全的人格是教师正确应对角色冲突的主要保障。首先,要有宽广的胸襟。作为新时代的女领导干部,必须具有健康的心理,要善于容人、容事、容言,豁达大度、虚怀若谷,不要太苛求于人、计较于人,要有宽阔的胸怀,给人以宽松的环境,这样才能将自己更好地融入集体中去。其次,要善于自我反省、自我剖析、自我提高。

话题二 职位晋升

问题一 如何促进专业成长

案例呈现

张华，一位教龄九年的高中物理教师，自走上工作岗位，学校就为其安排了一位师傅——物理教研组组长王老师。在王老师的帮带下，张华进校三年就成为教坛新秀。通过学校青年教师研修班的学习，又逐渐成长为校优秀青年教师。在近几年里，张华经常参加校、区、市级教研活动，在教学过程中，教学方式灵活、教学方法多变，善于总结思考，撰写的论文、教育案例频频获奖。所教班级的成绩在年级中一直名列前茅，并且近三年一直担任毕业班的教学工作。他还在工作之余进行学历提升，考取了在职教育硕士。由于喜欢航模，张华还组织学生成立航模社团，并利用暑假对学生进行航模制作培训，作品也在市航模比赛中获奖。虽然教学工作很繁重，但他还是不断激励自己，坚信凡事只要认真做好、努力做到，就一定能取得成绩。

现象分析

张华是一个由新教师逐渐成长为骨干教师的典范，也是很多优秀教师的成长缩影。我们可以看到，在他的专业成长过程中离不开老教师的帮带，学校的团队培训，自身的努力提升，以及理想与信念。张华在教育教学过程中主动学习、积极反思、认真研究、勇于创新。教师专业成长是一个持续不断的过程，是一个奋斗的过程，是一个终身学习、不断更新的发展过程。教师要成长首先要确立热爱教育的信念，要对教育富有激情。热爱教育是教师专业成长的原动力。案例中的张华就有着自己的理想与信念。其次，教师要注重修炼学样，练好内功。张华参加了学校教师研究班培训，经常参与各级教研活动，提升学历，在教学中反思、总结，为自身发展汲取了充分的养料。再次，教师的专业发展还要重视教学研究，张华撰写论文、所教班级成绩优异、所带学生社团屡获成绩，将教育教学过程转化成为教育教学成果。

心理解读

通常人们按教师专业发展的水平,将教师的成长划分为四个阶段:第一阶段是刚登上讲台的新教师。处于此阶段的教师,初出茅庐,缺乏教育教学经验,对学生不够了解,对教育教学环境不够熟悉,尚不能独当一面地开展工作,非常需要富有经验的老教师的传帮带。案例中的张华第一阶段的成长就得益于师徒结对。第二阶段是经过一段时间的实际工作,已逐渐适应了教育教学环境的适应型教师。处于此阶段的教师,经一番磨炼摔打,已尝到了工作的酸甜苦辣,积累了一定的经验,也摸到了搞好教育教学的一些门道,独立性大为增强。第三阶段是经过多年专业工作实践,积累了丰富教育教学经验的经验型教师。处在此阶段的教师,对教育教学工作已是得心应手,他们熟知学生心理,熟悉教学环境,能够灵活地运用各种方法技巧,不断增强教育教学的效果。第四阶段是将教育教学经验通过研究反思转化为教育教学的理性认识的研究型教师。张华可以说已经处于第三阶段,正向第四阶段发展。

作为专业发展高级阶段的研究型教师,应该是有较强的科研意识、问题意识和探究精神,善于对教学实践活动进行反思性思考和研究,将现代教学理论运用于教学实践,以先进的教学理念指导教学实践,将教学实践的经验上升转化为教学理论的教师。研究型教师有别于传统的经验型教师,他们具有强烈的问题意识和探究意识;研究型教师也有别于专业理论研究者,他们是教育教学一线的实践者。

拓展链接

1. 教师专业化

在美国,教师的专业化标准被定义为:① 具有相应的实际教学能力;② 具有教学设计的独创性,能有效地组织课堂教学;③ 能在教学实践中不断地反思、总结和开展教学研究。美国卡内基财团组织"全美教师专业标准委员会"制定的《教师专业化标准大纲》对教师提出了五项要求,概括起来是:学生—知识—管理—研究—合作。

我国学者在分析国外有关教师专业发展的各种界定后指出,教师专业化是使教师从普通职业转化为专门职业并获得相应专业地位的过程;或是教师这一职业群体的专业水平成熟和发展的状况。其基本含义是:第一,教师专业既包括学科专业性,也包括教育专业性,国家对教师任职既有规定的学历标准,也有必要的教育知识、教育能力和职业道德的要求;第二,国家有教师教育的专门机构、专门教育的内容和措施;第三,国家有对教师资格和教师教育机构的认定制度和管理制度;第四,教师专业发展是一个持续不断的过程,教师专业化也是一个发展的概念,既是一种状态,又是一个不断深入的过程。教师职业的专门化既是一种认识,更是一个奋斗过程,既是一种职业资格的认定,更是一个终身学习、不断更新的自觉追求。

2. 教师专业成长的特点

1) 专业发展的自主性

教师的专业自主性是教师专业发展的前提和基础,教师在设计课程、规划教学活动以及选择教材时,应有充分的自主性,教师本人必须把外在的影响转化为自身专业发展过程中的动力,具有自我专业发展的意识,也就是强调"我想"、"我要"。教师自我专业发展的意识可增强教师对自己专业发展的责任感,使教师不断寻求自我发展的机会,逐渐获得自我发展的能力。教师专业发展要通过各种相关的制度激发教师的自我控制、自我引导和自我成长。

2)专业发展的阶段性和连续性

教师的专业发展过程呈现出明显的阶段性,有发展、有停滞、有低潮。研究教师专业发展阶段性有助于教师选择、确定个人的专业发展计划和目标。教师专业发展又具有连续性。知识的换代更新是与时俱进的。教师只有不断地进修和研究,以终生学习为基本理念,才能不断促进自身的发展,以确保教学的知识和能力符合时代的需求。

3)专业发展的情景性

美国学者Travers说过:"教师角色的最终塑造必须在实践环境中进行。"教师的许多知识和能力是依靠个人经验和对教学的感悟而获得的。教师应该依据自己的教学实践,不断反思自己的教育教学理念与行为,不断自我调整、自我建构,从而获得持续不断的专业发展。另外,教学情境具有不确定性,也具有挑战性。备课可以预设教学过程中可能出现的一些问题,可是课堂上的生成性问题也需要教师运用智慧恰当把握。教师的专业发展必须与教学实践、教学情境相联系,并与同事、专家、家长合作,在学校中建立一种相互合作的文化,以促进教师的成长。

4)专业发展内涵的多样性

教学工作的复杂性决定了教师专业结构的复杂性,从而决定了教师专业发展的多样性。教师工作包括观察学生、创设学习情境、组织教学活动、训练学生、评价学生学习等多种活动,教师专业发展体现在这些不同的活动中。教学既是对知识、技能的传授,更是师生之间的情感交流。教师专业发展应注重教育知识、技能层面的发展,也应兼顾认知、技能、情意各方面的成长。

调适策略

教师专业化成长离不开学校、教师团队、教师自身三方面。在学校层面,要实行人本化管理,让教师成为幸福的人,让教师体验到职业的幸福感与成就感。学校通常会成立青年教师研修班,组成学习团队,校本培训、或是进行老教师传帮带活动,让有教育教学经验丰富的"老"教师帮带新教师,促使其在教育教学上迅速成熟成长。在教师团队层面,教师主要通过教研组活动、集体备课等提升教育教学能力。而教师的专业成长更关键的是教师自身,教师要有成长的愿望、发展的意识,锻炼的行动。

附:中小学教师专业发展调查问卷
一、您的基本情况:
(　　)1. 您目前主要从教的学段:
A. 学前教育　　　B. 小学　　　　C. 初中　　　　D. 高中
(　　)2. 您任教的学科:
A. 语文　　　　　B. 数学　　　　C. 英语　　　　D. 物理
E. 化学　　　　　F. 生物(科学、自然)　　　　　G. 政治(思品)
H. 历史　　　　　I. 地理　　　　J. 信息劳技

K. 体育、音乐、美术　L. 其他

(　　)3. 您的教师专业技术职称(注：小学高级相当于中级职称)：

A. 未评　　　　B. 初级　　　　C. 中级　　　　D. 高级

(　　)4. 您的学历：

A. 大专　　　　B. 本科　　　　C. 硕士及以上

(　　)5. 您的年龄：

A. 30周岁及以下　　　　　　　B. 31—40周岁

C. 41—50周岁　　　　　　　　D. 51周岁及以上

(　　)6. 您的教龄：

A. 1—3年　　　B. 3—5年　　　C. 6—10年　　　D. 11—20年

E. 21—30年　　F. 30年以上

(　　)7. 您现在校内的兼职：

A. 班主任　　　B. 年级组长　　C. 教研组长　　D. 团队干部

E. 处室主任　　F. 校级干部

(　　)8. 您任教班级数：

A. 1个　　　　 B. 2个　　　　 C. 3个　　　　 D. 4个

E. 5个及以上

(　　)9. 您每周课堂教学课时数(课表内的课时，不含兼职工作量)

A. 1—5　　　　B. 6—10　　　 C. 11—15　　　 D. 16—20

E. 21节及以上

(　　)10. 您觉得自己的教学工作量：

A. 超，我工作很吃力感觉疲惫　　B. 满，虽然很辛苦但是我喜欢我的教学工作

C. 不是很大，正好，有学习、发展的时空　D. 不多，工作很轻松，还可适当增加

(　　)11. 您获得的称号：

A. 特级教师　　B. 市级名师　　C. 市学科带头人　　D. 市骨干教师

E. 县骨干教师　F. 县教育教学单项标兵、能手　　G. 无

H. 其他

(　　)12. 您对从事教师这一职业的态度：

A. 非常满意　　B. 满意　　　　C. 一般　　　　D. 不满意

E. 很不满意

(　　)13. 您是否愿意担任班主任：

A. 非常愿意　　B. 愿意　　　　C. 一般　　　　D. 不愿意

E. 很不愿意

(　　)14. 对学习困难的学生您愿意为他们进行义务补课吗：

A. 非常愿意　　B. 愿意　　　　C. 一般　　　　D. 不愿意

E. 很不愿意

二、您的学习进修情况：

(　　)1. 您的主要阅读方式：

A. 网络　　　　B. 书籍

(　　)2. 您的主要阅读动因：
A. 为备课　　　　B. 为完成任务　　　C. 提高素养　　　　D. 爱好消遣
(　　)3. 您每天业余时间的阅读：
A. 不足半小时　　B. 0.5—1 小时　　　C. 1 小时以上
(　　)4. 您每年购买书籍的支出：
A. 不足 100 元　　B. 100—300 元　　　C. 300 元以上
(　　)5. 您购买新书的最主要渠道：
A. 常逛书店　　　B. 同事推荐　　　　C. 报刊网络介绍
(　　)6. 您的专业教学类报刊订阅：
A. 不订　　　　　B. 1—2 种　　　　　C. 3 种以上
(　　)7. 您的个人藏书：
A. 不足 100 册　　B. 100—300 册　　　C. 300 册以上
(　　)8. 您的主要阅读内容：(可多选，请按频率高低排列)
A. 教学参考　　　B. 小说　　　　　　C. 教育理论　　　　D. 文史哲
E. 时政经济金融　F. 休闲消遣
(　　)9. 您对学校图书馆的利用与评价：
A. 新书刊较多、经常借阅　　　　　　B. 新书刊较多、无暇借阅
C. 需要的书刊很少、基本不去借阅　　D. 很少去
(　　)10. 您目前正在参加的培训进修有：
A. 硕士在职研读　　　　　　　　　　B. 研究生课程班研读
C. 教师继续教育 240 培训　　　　　　D. 业余时间学科专业知识培训
E. 业余时间其他证书考证培训　　　　F. 其他
(　　)11. 您未来准备参加的培训进修有：
A. 硕士在职研读　　　　　　　　　　B. 研究生课程班研读
C. 教师继续教育 240 培训　　　　　　D. 业余时间学科专业知识培训
E. 业余时间其他证书考证培训　　　　F. 其他
12. 您对教师阅读现状的意见和建议：_____

三、您的教学与科研情况：
(　　)1. 您最近三年以来开设公开课(研究课、示范课)的情况是：
A. 无　　　　　　B. 1 次　　　　　　C. 2 次　　　　　　D. 3 次
E. 4 次　　　　　F. 5 次以上
(　　)2. 您的备课方式用得最多的是：
A. 集体备课　　　　　　　　　　　　B. 广泛参考，博采众长
C. 根据学生实际，自己设计　　　　　D. 基本按教参组织教学
(　　)3. 一堂课结束后，您通常采取的后续策略是：
A. 在其他班以同样的方式实施教学　　B. 以教后记的方式提出一些问题并思考
C. 征求学生对本节课的意见　　　　　D. 在反思和思考的基础上就本堂课重新设计
(　　)4. 您最近三年以来发表的论文：
A. 无　　　　　　B. 1 篇　　　　　　C. 2 篇　　　　　　D. 3 篇

E. 4—5 篇　　　　　　F. 6 篇及以上
(　)5. 您的获奖论文最高等次：
A. 全国级　　　　B. 省级　　　　C. 市级　　　　D. 区级
(　)6. 您主编或参与编写的书籍：
A. 无　　　　　　B. 1 种　　　　C. 2 种　　　　D. 3 种
E. 4 种及以上
(　)7. 您最近三年以来负责或参与课题：
A. 国家级　　　　B. 市级　　　　C. 区级　　　　D. 校级
E. 未参加
8. 关于公开课、撰写论文以及课题研究对教师专业发展的作用，您有意见和建议是：
_____

四、您的教研及培训情况：
(　)1. 教研组（备课组）每月组织研究活动的次数是：
A. 无　　　　　　B. 1 次　　　　C. 2 次　　　　D. 3 次
E. 4 次　　　　　F. 5 次以上
(　)2. 您的师徒结对情况是：
A. 无　　　　　　　　　　　　　B. 相互听课交流频繁
C. 较少听课交流　　　　　　　　D. 形同虚设
(　)3. 教研活动后的评课情况：
A. 无　　　　　B. 比较笼统、基本无帮助　　　　C. 人人评课、有帮助
(　)4. 您每学期参加县级及以上教研活动次数：
A. 无　　　　　　B. 1—2 次　　　C. 3—4 次　　　D. 5—6 次
(　)5. 您每学期参加县级及以上培训的次数：
A. 无　　　　　　B. 1—2 次　　　C. 3—4 次　　　D. 5—6 次
(　)6. 县教师进修学校课研训研修对您专业成长的帮助：
A. 很大　　　　　B. 一般　　　　C. 无作用　　　D. 没参加不清楚
(　)7. 您对参加县级以上学科教研活动的态度是：
A. 希望多参加　　　　　　　　　B. 是领导要求参加
C. 尽量不参加　　　　　　　　　D. 无所谓
8. 关于校内的备课组活动、师徒结对以及校外的各类教研与培训对教师专业发展的作用，您的意见和建议是：_____

五、您的专业成长
(　)1. 您平时的主要专业学习手段：（可多选，请按主次排列）
A. 阅览期刊报纸　　　　　　　　B. 参加进修活动
C. 参加教研活动　　　　　　　　D. 上网搜索信息
E. 学校组织的业务学习　　　　　F. 其他
(　)2. 您认为影响教师专业发展的不利条件主要是：（可多选，请按主次排列）
A. 主观不努力　　　　　　　　　B. 教师间缺乏合作、交流的氛围
C. 参加教研进修机会少　　　　　D. 领导不重视

E. 学生基础差　　　F. 缺少专家指点　　G. 其他
(　)3. 请选择两项您认为自己最需要进一步提高的专业素养：
A. 教育理论素养　　　　　　　　B. 学科专业知识
C. 学科专业技能　　　　　　　　D. 科研能力
E. 信息技术实用能力　　　　　　F. 外语能力
G. 其他
(　)4. 您认为，促进教师专业成长的最有利的形式是：
A. 教师间的及时交流　　　　　　B. 向师傅请教
C. 外出培训　　　　　　　　　　D. 专家指导
E. 专题研讨　　　　　　　　　　F. 自我反思
(　)5. 您认为提高自己专业能力的最好途径是：
A. 多看业务书　　　　　　　　　B. 多参加教研活动
C. 多承担教学任务　　　　　　　D. 多请前辈或名师指点
(　)6. 您认为要成长为一个专家教师，以下各项依据重要性，起作用的因素是：
A. 很大　　　　B. 较大　　　　C. 一般　　　　D. 较小
E. 很小
(　)6-1. 教育观念　　(　)6-2. 教学经验　　(　)6-3. 专业知识
(　)6-4. 教学反思　　(　)6-5. 教学技能　　(　)6-6. 学历层次
(　)6-7. 教学研究　　(　)6-8. 职称层次　　(　)6-9. 人际交往
(　)6-10. 其他(请注明)
(　)7. 您认为要成长为一个专家教师，以上因素中最重要的3项是
8. 您认为，以下校本研修的具体方式，对促进教师专业发展的有效程度如何，
(　)8-1 集体备课、听课和评课：
A. 非常有效　　B. 有效　　　　C. 一般　　　　D. 不太有效
E. 无效

(　)8-2 专家报告、辅导讲座：
A. 非常有效　　B. 有效　　　　C. 一般　　　　D. 不太有效
E. 无效

(　)8-3 同伴互助：
A. 非常有效　　B. 有效　　　　C. 一般　　　　D. 不太有效
E. 无效

(　)8-4 导师带教：
A. 非常有效　　B. 有效　　　　C. 一般　　　　D. 不太有效
E. 无效

(　)8-5 课题项目研究：
A. 非常有效　　B. 有效　　　　C. 一般　　　　D. 不太有效
E. 无效

(　)8-6 其他(请填写)：_____

六、您的意见与建议

（　　）1. 您认为，教育部门已经实施的以下促进教师专业发展的途径，其有效程度如何

　　A. 非常有效　　　　B. 有效　　　　C. 一般　　　　D. 不太有效
　　E. 无效

（　　）6-1 县级教育教学评优活动，如"优秀教师奖"、"优秀班主任评选""科研成果评选"等

（　　）6-2 县骨干教师培养，如"骨干教训"、"名师工程"、"学科组"、"实验课题"等

（　　）6-3 学历进修

（　　）6-4 县教进修学校课研训一体化培训课程

（　　）2. 学校对您教学工作的评价：
　　A. 主要看考试成绩　　　　　　　　B. 重点看日常工作表现
　　C. 通过教师自评、处室评价、学生评价、家长评价等多种渠道进行评价
　　D. 很少评价

（　　）3. 学校的评价方式对您的专业发展促进作用：
　　A. 大　　　　B. 较大　　　　C. 无　　　　D. 有负作用

（　　）4. 学校校长对本校教师专业发展的关注
　　A. 非常关注　　　　　　　　B. 一般，说说而已
　　C. 不太关注　　　　　　　　D. 一点不关注

（　　）5. 学校校长对本校教师队伍建设的重视
　　A. 非常重视　　　　　　　　B. 一般，说说而已
　　C. 不太重视　　　　　　　　D. 一点不重视

（　　）6. 有关教师的专业发展，对下面几个部门说一句您最想说的话：
说给教育局领导的话：
说给学校校长的话：
说给进修学校培训部门的话：
说给讲授教师专业发展课老师的话：

问题二　如何正确看待职称评定，促进自己专业发展

王老师从教近30年了，专业素养、教学技能等各方面工作都得到领导认可、同事称赞、学生好评，王老师也为自己身为一名教师而欣慰。但欣慰的同时，也有一件事让他很闹心。年近五十的人，至今还是个老中级，同学聚会自己都感到低人一等，谈到职称问题就难以启齿，很没面子。心情甚是郁闷的他，工作也没劲了，感到生活都是灰暗的。

原来,职称评定有一项外语考试,是个硬杠杠,王老师对外语是相当的感冒,考了若干次,就是考不及格,后来干脆放弃了,心想等过了外语不作要求的年龄,自己总可以评了吧,终于熬到年龄了,没有了外语要求,却发现论文要求提高了,三等奖的论文不予通过,王老师咬紧牙关,终于获得了省二等奖,却发现二等奖又不行了,要有发表论文,好不容易发表了篇论文,心想这下差不多了吧,结果还是不通过,因不是核心期刊,发表了也不算,不知不觉,3年时间耽误了,王老师感觉进步永远赶不上要求,就像存款速度永远赶不上房价上涨一样,真不知来年又出什么新要求,自己哪年才能实现人生并不算太高的目标——被评为高级教师。

现象分析

王老师郁闷的主要原因是自己评不上高级职称,一项外语要求耽误了若干年,等外语不是问题时,论文的问题又出现了,其他的问题也是层出不穷,搞的自己极为被动,几年过去了,职称评定还是没有成功。

心理解读

职称问题是作为专业技能人员非常关心的问题,评上高级职称不仅是为了待遇的改善,更重要的是体现自己的专业能力,代表了资质、能力、地位被认可,还关乎知识分子的面子问题。

所以,每年职称评定可谓竞争激烈,而评定的要求每年都有新变化,而且一年比一年要求高,老是跟在要求的后面,永远也是慢时代半拍,只有失败等着自己。更何况还有职数限定、比较淘汰等游戏规则和走后门、打招呼等潜规则,所以,满足职称评定条件的也可能被刷下来就不是什么稀奇事了。

对于论文要求的越来越高,众多教师也表示很不理解,教师的本职工作:育人教书,如果对此高要求严标准,教师都能接受,比如:数学教师就要评测解题能力,语文教师就要测评写作功底等等。如果将这些能力素质都通过论文来加以体现,不准确、也不合适,在某种程度上打击某些教师的积极性,导致教得好不如写得好,干得好不如写得好。

另外,教师的发展路数相对较窄,走行政路机会不多,当特级教师难度很大,剩下的这也就是职称评定真实可感,这也是高级职称魅力之所在。

拓展链接

1. 正确认识职称问题

职称最初源于职务名称,在理论上职称是指专业技术人员的专业技术水平、能力,以及成就的等级称号,反映专业技术人员的学术和技术水平、工作能力的工作成就。就学术而言,它具有学衔的性质;就专业技术水平而言,它具有岗位的性质。专业技术人员拥有何种专业技术职称,表明他具有何种学术水平或从事何种工作岗位,象征着一定的身份。

所以对一个人来说,职称在某种程度上是一种身份、地位的象征。现阶段,技术职称是人们领取工资、享受待遇的依据。可以这样说,职称评定的最初目的是体现能者多劳、多劳多得的主要体现。

当然,任何事情都不能一概而论,职称的评定工作也不是绝对公平、透明、准确的,存在一些不合理的地方。但是,自从开展职称评定工作以后,也的确改变了过去的吃大锅饭的绝对平均主义的局面。展望未来,职称评定不但不会取消,反而会更加注重公平、公正,力求能尽量准确地反映出专业人员的水平与能力,以尽量地体现公平、公正的分配制度。

2. 职称评定中的弊病

外语考试,无用之砖:评职称必须考外语,"考职称"成了"考外语"的同义词。不管你是汉语言专业,还是中医、西医,一刀切。

论文两篇,机械教条:甚至有为评职称而自己花钱出书,为评职称而求人发"论文"的,已经是公开的秘密。在出版界的一个新词儿:"职称书"。不是为了做学问而写书,而是为了评职称去拼凑书。

文凭门槛,设置障碍:没有文凭,就没有职称,至于文凭从哪来,怎么来,不是问题的关键。

论资排辈,排队等待:在不少评职称的规定中,就限定了在下一职级必须要有的任职时间。除了文件规定之外,也心照不宣地等着资历、辈分高的人。

你抢我夺,争先恐后:每年到了评职称的时候,各单位的领导也很为难,手里名额有限,要掂量来掂量去,如何摆平,如何不露痕迹,等等。

调适策略

理解现行的职称评定政策

虽然,现行的职称评定有弊端,但也不能一棍子打死,就像高考制度,虽然有瑕疵,但不愧是一种相对公平的人才选拔机制,如果取消它,不设定分数门槛,滋生的不公平现象可能更加是无忌惮,大学将变成特权人物的私人会所。

对职称中的每一个设定,也可以从不同的角度来理解,文凭门槛,杜绝没读过书的人或非专业人员钻空子;资历限制,防止了莫名其妙的突击提拔;论文限制,让没有思想的人好好反思;你抢我夺,也形成一定的竞争压力;职数限制,防止了相当部分的滥竽充数等等。

专业技术人员在职称问题上必须树立的两个理念:1. 职称不代表称职,学历不代表能力;2. 虚心的人拿职称鞭策自己,心虚的人拿职称炫耀自己。

有了此两个心态,职称评定前懂得如何善待自己,职称评定后知道怎样教育自己。

案例分享:

戴老师,一位即将退休却没有高级职称的老教师,工作接近四十年,他丝毫不为自己没有职称而苦恼过,因为历史原因,他学历不达标,在历届的职称评定中,都被一票否决了,但戴老师是一个专业技能很强的人,在专业领域内也是名人,他常有一句话,讲的自己信心倍增:哪个有高级职称的人,愿意和我比比专业水平或专业成就?戴老师还常用一句俏皮话很自豪的描述自己,行政干部像丝瓜,越老越枯,专业人员像南瓜,越老越红;鲁迅先生成功的秘密是将别人喝咖啡的时间用来写作,我成功的秘密是将别人用来准备职称材料的时间用来创作。虽然有点自我解嘲,但也看出他的从容与大度。

经过几十年的坚持,戴老师不仅在专业领域可以自成一派,桃李也是遍满天下,同事们都用学富五车、学贯中西来描述他,他也从不因自己是老中级而郁闷,而是向真正的大专家而努力前行。

问题三　怎么做有利于自我的提升

案例呈现

高老师是一名将近三十岁的人民教师,经过几年的努力,事业上小有成就,目前已是区优秀青年教师、学科带头人,学校领导对她的期望很高,希望高老师能多参加省、市级的培训,成为市级的学科骨干。高老师自感工作和家庭的压力很大,而且最近她的睡眠不是很好,睡到床上总想些事情,这样想的事情越来越多,因此也越来越清醒,到凌晨两点……

现象分析

从这个案例中可以看出,当教师遇到压力时,在心理方面可能出现:焦虑、紧张、做噩梦、失眠;做事退缩和注意力分散。

老师,人类灵魂的工程师。辛勤的园丁,多么耀眼的光环啊,可是谁又知道老师的辛酸之泪流了多少呢?

面对科学技术日新月异发展的今天,教师产生了强烈的危机感,并希望尽快参加个人能力方面的培训进行自我的提升,主要是更新知识,提高学历,以免被淘汰。但教师承担着繁重的教学任务,许多教师进修愿望难以实现,有些教师即使参加进修,也是一边教学一边学习,两者难以很好地兼顾。可见,教师自我发展压力是随着社会发展而产生的新的职业压力。

在如今现实生活中,在学校提升教师素质,奋力促发展的关键时期,大力弘扬争先创优精神,有其特别重要的意义。争先创优是发展教育的必然要求。争先创优要求教师坚持勤奋学习,在实际工作中,就是要增强改革创新意识,立足本职工作,兢兢业业,争先创优,创造一流业绩。但长期以来,不少教师,一讲到为教师提升能力素质,如参加研修班、进行某方面的业务培训、定期的教研活动等就吐苦水,情绪很大,很多教师没有时间也没有精力,关键是很多教师认为参加培训后感觉作用不大,培训内容不实在。

记者采访了不少在中小学任教的老师,让他们现身说法来阐述他们眼中教师的压力。老师们都表示压力主要源于以下四点:第一,学校过多强调升学率,使得教师的压力倍增;第二,不少家长一味地以学生分数与升学率作为评价教师的唯一标准,但同时却又不配合教师的工作。教师与家长在沟通上出现的问题也使教师的压力增大;第三,如今学生大多都是独生子女,对于教师的批评和学业的困难没有足够的思想准备,容易发生抵触排斥的情绪,长期以来学生的学业问题、行为问题、心理问题和思想问题等都给教师带来了难以排解的职业压力;第四,教师自身的成长。学生们的知识面越来越广,这就注定了如今教师是一份终身学习的职业,他们时刻需要为自己充电。不仅是自己本专业的,还包括与他人交往和沟通等。

教师的心理压力和疲惫感大于教师的实际工作压力。其中中师毕业、后续学历、在实践中形成骨干的教师承受的工作压力和心理压力最大。

心理解读

一方面,在学术研究上,教师们也经常会感受到成就挫折的心理压力。作为知识分子,教师一般都受过某专业的系统的教育和训练,有一定的专业知识基础,长期的教学又使他们积累了本专业的知识和经验,他们希望自己能够在学术上有所成就和建树。但由于教师的日常工作是教育教学,工作量大,工作难度大,课余自学钻研业务的时间和精力有限,又没有机会参加在职业务进修。因此,业务水平和业务素质难以提高到一个新的层次。同时,由于社会上发表论文和出版论著过程中不正之风,使一些教师的学术研究成果难以发表或出版等,还有其他多种因素,使得教师要承受由于学术研究成就挫折而带来的心理压力。

另外,随着社会竞争的日益激烈,人们对子女的教育更加重视,全社会对教师的要求也越来越高。中小学教师正在超负荷地工作,主要表现在如下方面:

1. 日常教学工作量过大

目前虽大力提倡素质教育,但仍然存在看重分数的现象,这样一来,由分数带来的压力,让教师不堪重负。一个教师平均每天三节课,剩下的时间既要备课,又要批改大量的作业,组织学生参加课外活动,还要完成每学期的课时计划和业务学习笔记、政治学习笔记、参加各种教研活动以及学校安排的其他工作等等。现在学生的安全问题得到了各方面的高度重视,为了学生的安全,还要对学生进行全天候监管。因为工作量太大、经常需要加班,几乎没有什么闲余时间。为了教学质量,教师还会牺牲了很多晚上和节假日的业余时间。根据有关调查显示,教师每天工作时间基本在 9—10 小时以上。当教师长时间不断从事力不从心的脑力劳动后,感到精神压力大,教学效率就会有所下降。莫名的焦虑、抑郁,教师工作压力过大产生的一系列的负面影响。

很多教师还担任了班主任工作,仅此一项便又增加了许多连带性工作,如负责早自习、早操、主题班会、课间眼睛保健操、打扫卫生等;组织出黑板报、班队活动、社会实践、庆"六一""国庆"等组织工作;学生的思想工作,如个别教育、培养班干部、与家长交流联系(家访、家长会等);其他,如写品德评估、填写成绩单以及各种收费,等等。教师的工作可谓名目繁多! 这无疑给教师带来了心理上的紧张感和压力感。

2. 承受压力过大

(1)来自学校和社会的压力。学校和社会对教师业务能力要求越来越高,各种考核检查种类繁多,使教师的工作量无形中再次增加,这样教师忙于应付各类考核,造成心理方面的压力。

(2)来自自身的压力。由于中小学教师整天忙于日常教学工作,使自身的自我提高学习的时间大为减少,就必然引起自身修养素质的相对下降,现代教学对教师素质的要求越来越高,而教师没有多余时间给自己充电。

(3) 来自教师家庭的压力。教师在学校里扮演着多重角色,肩负着多方面的重任。教师不仅仅为学生而存在,作为社会个体,他们分散和生活在其他社会群体中,无疑扮演着其他各种社会角色。一般说来,教师是重要的家庭成员,这便决定了他们对家庭负有不可推卸的责任和义务,诸如琐碎繁重的家务劳动、家庭的管理和家庭的发展目标、家庭成员关系的协调、子女的就业安排及与社会关系的联系等等,无一不在他们的考虑范围内,成为他们精神负担的一部分。尤其是在作为尚不富裕的"工薪"族,面对购买住房、积累子女教育基金等等大宗开支,他们不得不承受着日益沉重的经济压力。教师家庭角色带来的心理压力,仅仅是问题的一个方面;另一方面,由于多重角色与角色间的冲突,更导致他们心理冲突的加剧和心理压力的加重。从教师访谈中发现,大多数教师的收入主要用于还贷、衣食和基本生活、子女上学及生活费用和赡养老人。另外,相当一部分教师贷款买房,经济压力过大,这也造成教师对职业安全感的强烈需求。

3. 精神负担过重

主要原因:学校按教学成绩排队,以学生分数高低论教师成败,使得一些教师有时心急,对差生采取一些过激的手法,造成不良后果,从而产生精神负担。

教师认为,增加工作负担的主要是他们所不自愿参加的活动,特别是一些徒有形式、没有实质收获的活动,例如:按照规定的要求写教案、听课笔记,频繁的计划和总结,学校频繁召开的务虚性会议,没有兴趣又不得不占用双休日的学历提高,没有针对性的大规模讲座等。

培训机构和教育管理部门对中小学教师提高的途径和方法的研究还不够。有些没有取得实际效果,反而成为教师的沉重负担,一些不实事求是的做法引起教师反感。

综上所述,造成教师心理压力的因素很多,心理压力过重已经严重影响了我们教师的生活和工作,也希望各位教师在巨大沉重的心理压力面前,要学会自我心理调节,减轻心理压力。

拓展链接

压力就在我们身边,在现实的生活中,没有人能逃避压力,也没有人能不受压力的影响,压力就如同我们的心脏一样,维持着我们正常的心跳,维持着我们正常的血液循环。压力使我们强健,使我们的生活更加有目标。压力给我们带来的是力量、智慧、勇气、成功和荣耀。著名的心理学家罗伯尔说过:压力如同一把刀,它可以为我们所用,也可以把我们割伤,那要看你握住的是刀刃还是刀柄。

美国著名整形外科医生麦克斯威尔.马兹博士发现:许多到他诊所去要求整形的人,其实不但要求外貌的整形,更渴望抚平其心灵上的创伤。心理疲劳同生理疲劳一样,本身是一种阻遏性机制,迫使机体进入休息状态,从而避免受到继续伤害,对机体起着一定的保护作用。但如果此时人们未能正视这一点,不及时采取措施恢复人体常态,而任其一再发展下去,过度的心理疲劳便会影响身体健康,甚至成为心脏病、高血压、肠胃病乃至癌症等疾病的致病因素。

美国学者所罗门教授说:"在个体人格发展方面,教师的影响仅次于父母。一个孩子如果拥有甜蜜的家庭,享受父母的爱,又得到一个身心健康的教师,那是无比幸福的。相反,如果他既不能由父母那边得到足够的关怀与爱护,又受到情绪不稳定教师的无端困扰,必将造成许多身心发展的问题。"如果教师经常为不良的情绪所困扰,就会把烦恼、怨愤迁移到学生身上。如长期患病、人际关系不合、长期工作压力大等,都可能是教师工作无精打采。

美国心理学家马洛斯把人的需要由低到高分为五个层次:生理需要、安全需要、社交需要、尊重需要、自我实现需要。人在某一个时期往往有一种占主导地位的"优势需要"。这一理论启发我们:在学校管理中,领导要善于抓住不同年龄教师的"优势需要"。如青年教师的发展需要,中年教师的成就需要,老年教师的尊重需要等等。领导者若能抓住不同年龄教师的"优势需要",则能激发教师的工作热情和创造性。

调适策略

学校要加强群体建设,营造和谐人际氛围。学校一方面要给教师一个和谐、温馨、祥和,适合教师特定工作,并能方便与学生沟通的生存环境,这有利于培养良好的职业心态;另一方面学校要开展形式多样的校园文化活动,丰富教师生活情趣,充分激发教师的个性特长和潜能,创设各种舞台,使教师体验到自己的价值和职业的愉悦感,从而拥有一份美好的心态来面对生活与工作。

教师不是十全十美的人,也应通过相应的补偿,提高自己的进取心与工作积极性,从而使事业有成。对学校管理的几点建议如下:

1. 要营造一种相对宽松的社会氛围,改变教育评价机制,尽快建立符合现代化教育理念的新评价标准,不要以分数作为衡量素质高低的唯一标准。全社会通过各种渠道形成关心、理解和支持教师工作的氛围,以减轻教师的工作压力。

2. 教育主管部门与学校应引起足够的重视,要采取强有力的措施来提升教师对自身工作的满意度。应当采取措施来帮助教师治疗与预防工作倦怠,以进一步提高教学的质量与水平。

3. 采取有效措施,减少教师工作量。现在的现状是学生减负,教师加负。希望有关的部门领导和管理者转变观念,确实在减轻教师工作量过大的工作中有所作为。该检查的工作检查,不该检查的工作尽量避免检查,做到科学管理,以人为本。

4. 教育部门要重视教师自身素质的提高,多组织一些切合实际的有益于教师身心发展的各类活动,让教师有更多机会学习,不断提升自我。同时,教师也要重视自身心理的保健工作,注意劳逸结合,坚持运动,培养多种兴趣,学会放松和调节自己的情绪。

教师面对教育教学工作中的压力,可以从如下四个方面进行疏解。

第一,正确地认识压力。教师在从事教学工作时,难免有工作压力。在注重业务学习的同时,掌握一些心理保健方面的知识,通过放松训练、转移注意、与人交谈等方法来减轻工作压力。教师要不断提高个人修养,砺练自己的意志品质,增强抵抗工作压力的能力。

第二,正确认识自己。只有对自己有着正确深刻的认识,如明白自身的个性、兴趣、优缺点、工作能力及所担负的角色等,才能树立正确的人生观、价值观。一个人是否有进取心,并不取决于其是否有宏大的人生理想追求,不切实际理想更容易导致心理失衡。

第三,保持良好的人际沟通。良好的人际关系,是教师缓解工作压力的重要途径,是教师顺利工作的基础。以积极的人生态度与他人和谐相处,减轻压力,提高人际交往能力,有利于保持一颗年轻、快乐、充满活力的心。

第四，给自己的心灵放假。无论怎么忙，都要给自己留下一点空间。娱乐、散步、体育锻炼，尽量让精神上绷紧的弦有松弛的机会。发展一些兴趣爱好，无论唱歌弹琴，写作绘画，都会使你进入一种新的境界，产生新的追求，在你的爱好中寻求乐趣。

教师要勤学教学理论，博览课外书，注重平时的反思和积累。简言之，我们要有效开展校本研究，就要使教研活动为提高教育教学质量服务，为提升教师自身素质服务，要上好每节课，着眼小问题，要勤学教学理论，博览课外书，注重平时的反思和积累。

问题四　如何衡量付出与所得

秦老师在一所重点中学任教，工作尽心尽力，兢兢业业，可是近几年来，她的心理有些不平衡。首先是去年学校新换了校长，新校长对她似乎不怎么关注，更别谈器重了；其次是近两年招进来的学生比以前的学生难管多了，辛辛苦苦为他们操劳，却还落得学生和家长的抱怨。老同学相聚，每当别的女同学谈什么服装、美容时，她便感觉自己像个山里来的女人，什么都不懂。上大学时，自己被公认为班上的才女，成绩好，人长得漂亮，大家都认为她以后会是最有出息的，可是现在天天为学校、为学生忙碌，不能给老公做饭、不能辅导孩子功课，跟"白领丽人"的女同学相比，自己都不像个女人了……秦老师觉得，自己又苦又累的，却得不到任何人的认可，连收入也比别人低，真是不值得啊！

"备课、上课、批改作业、辅导学生、解决纠纷……有时我是消防队长，有时我是派出所所长，有时我是领导，有时我是保姆；一天到晚都疲于奔命，每天都是口干舌燥，累得腰酸背痛，有时还要面对学生、家长的无理取闹；有时还要面临社会的不理解。然而，我却没有公务员羡慕的权利，也没有商人富有的物质，更没有普通农民平平凡凡的幸福。"这是一个中学教师真实的内心独白。

在教师的成长生涯中，确实常常要遭遇很多困境，这些困境常常会让教师们苦恼和迷惘，这时候他们环顾四周，发现很多人都比自己过得实惠，唯有自己付出却得不到相应的回报。其实，这是一种错觉，或者说是错误认知。今天的教师，比之过去，确实更具专业性，有更高的要求，但同样的社会条件下，其他职业也存在着他们的困境，公务员有他们的烦恼和紧张，商人有他们的压力和焦虑，农民更有自己的苦处和无奈。我们不能用自己职业的所短，去比对其他人群之所长，这样比下去，无论如何，你都是最不堪的那一个！

同时，在我们的教育领域中，或者说，在同一所学校里，也一定会有自得其乐、过得滋润的教师，他们能轻松地应对学生，能得到领导的赞赏，也能跟上时代的步伐过有质有量的生活……如何平衡好生活与工作,也是一门学问,这需要我们去思考和研究,寻找其中的智慧,而不是消极地抱怨。

心理解读

1. 渴望关注

秦老师是一个对待工作很认真负责的人,这类人往往很"真",讲究精神层面的公平,在长期的勤恳付出之后,他们渴望一定的关注和认可来鼓励他们继续的相似行为,如果得不到相应的关注,讲究精神公平的他们就会心理失衡,觉得付出没有得到相应的回报。

2. 心理失衡

在渴望关注的心理没有得以实现之后,教师的失衡心理会进一步迁移到其他方面,比如案例中的秦老师,进一步认为在与学生的交互行为中,她也是被不公平对待的一方,失衡心理会做出一种暗示,引导她放大自己的付出,而缩小了自己的收获,这种暗示也被她进一步运用于跟同学的比较之中。

3. 攀比心理

攀比心理是一种消极的认知偏差,它会进一步恶化思维者的内心失衡,当人的外在表现和过去有所不同时(大家认同的好的方面),个体往往最容易出现攀比心理,秦老师在失衡心理的支配下,出现了的认知偏差,以前她的学习成绩很好,大家都认为她能够有一番作为,在社会上有一个很好的地位。可因为种种原因,多年过去了,自己只是一个普通的中学教师,而身边过去各方面都不如自己的同学朋友,却干得比自己出色,过得比自己滋润,这种比较进一步恶化了她的失衡心理,给她带来痛苦。

拓展链接

心念的力量

有一位心理学家,为了研究心念对行为所产生的影响,做了一个很有名的实验。

首先,他布置了这样一间房子:房子底部挖有水池,里面养有鳄鱼,水池上方有一张结实的网,网的上方有一条很宽的木板桥,房间里有十盏灯,每一盏都不太亮,但全打开会看清房内的一切。关掉房子里的灯,就在这间黑暗的房子里,实验开始了。

在他的引导下,他先让十个人跟着他,成功穿过这间房子。然后,打开其中一盏灯,由于灯光不太亮,人们只能看到底下的池子里养着好多条凶猛的鳄鱼,池子上方是一个模糊的木板桥。十个人一下子出了一身冷汗,心想,太惊险了,要是刚才不小心掉下去,那就喂了鳄鱼了。这时,心理学家问他们:"现在,还有人愿意再通过这个木板桥从这头走回去呢?"此时,没有人敢站出来回答。

过了一段时间,有三个胆子大的想要试一试。其中一个极其小心地走了过去,但速度比第一次慢很多。第二个人则心惊胆战地走到一半,趴在木板桥上一点一点爬了过去。而第三个则在走了几步后就害怕得再也走不动了,没有成功。

看到这里,心理学家把房间里其他的灯都打开了,这时房间内的一切尽收眼底。那十个人此时才看到，桥与水池的中间还有一张网。此时心理学家问刚才剩下的七个人，有人愿意再次从木板桥上走过去，这回有五个人走了出来。心理学家就问另外两个人为什么此时仍不愿意，这两个人看着心理学家，不放心地问："万一掉下去，这网结实吗？"

很多时候，成败就和通过这座木板桥一样，失败并不是因为力量不足或者缺少了必要条件，而是在周围环境和其他人的影响下，很多人开始在心里产生消极的自我暗示，从而打乱了内心的平静而无从下手。

暗示的力量是不可小瞧的，它不光影响你的心理，还会对你的生理产生影响。这种事情在现实生活中也是屡见不鲜。比如早上起床，有人发现自己气色不对，就开始乱怀疑，从而破坏了一天的好心情。既然暗示可以让人觉得自己得病，甚至由于过于忧虑而真的生病，那么暗示也可以给人治病。现在就有医生专门研究一种叫做"内视想象疗法"的治疗方法。比如对于患了癌症的人，医生会引导病人通过想象自己的癌细胞在一点点减少，从而对病人产生积极的暗示，有了这样一种充满希望的心情，会让药物发挥最大的疗效，甚至不需要药物就可以把病治好。

人的一生，常常会受情绪的左右，而很多人因为心态消极，对自己和他人产生了不好的影响。所以人们应该学会控制自己的情绪，保持积极良好的心态，而不能让消极的暗示影响自己的人生。身处逆境或遭受挫折时，告诉自己：这只是暂时的，没有什么困难能打倒我。这样强有力的积极暗示会增强你战胜困难的信心。

一篇题为《握住自己快乐的钥匙》的文章中写到：

一个成熟的人，握住自己快乐的钥匙，他不期待别人使他快乐，反而能将幸福与快乐带给别人。

每一个人心中都有一把快乐的钥匙，但是我们却常在不知不觉中把它交给别人来掌管。

有一位女士抱怨说，我活得很不快乐，因为先生常出差不在家。她把快乐的钥匙放在了先生的手里。

有一位妈妈说，我的孩子不听话，叫我很生气。她把钥匙又交到了孩子的手里。

有一位婆婆说，我的媳妇很不孝顺，我可真命苦。她把钥匙又交到了媳妇的手中。

有一位年轻人从文具店里走出来说，那位老板服务态度恶劣，都把我给气炸了。他又把钥匙交到了老板的手里。

这些人都做了一个相同的决定，就是让别人来掌控他自己的心情。

当我们允许别人掌控我们的情绪时，我们便觉得自己是一个受害者，对现况无能为力，抱怨与愤怒？成为我们唯一的选择。我们开始怪罪他人，并且传达着这样一个信息：我这样痛苦都是你造成的，你要为我的痛苦负责。

一个成熟的人，握住自己快乐的钥匙，他不期待别人使他快乐，反而能将幸福与快乐带给别人。他的情绪稳定，为自己负责。和这样的人在一起是一种享受，而不是压力。

 调适策略

1. 认清教师职业的角色地位

有的教师认为教师的社会地位看似高，其实经济地位低下，工作辛苦费力，对自己的职业评价不高；有的教师觉得自己所做的一切都是为了学生的发展与未来，是教师的使命感使然,从而自愿为学生付出,乐于奉献;还有的教师则站在更高的角度,把教育工作与传承人类文明,推动历史发展联系起来,教育是为了更好的未来。显然,后两种类型的教师观才是我们所期望的。

把学生送到求知的彼岸,教师本来就是个摆渡人。29年来,绥中县背阴嶂小学校长齐玉民撑着一只小船,在大水库上早晚无偿摆渡学生的故事感动了无数人,80后的最美乡村女教师李灵为了学生做起了最卑微的"破烂王"……他们不但在知识的汪洋里摆渡,也在学生上学的路上摆渡,他们用精神榜样和身体力行书写了"教师"两个字的含义。

2. 树立正确的成长观

一棵苹果树终于结果了。

第一年它结了10个果子,9个被拿走,自己得到1个。对此,苹果树愤愤不平,于是自断经脉,拒绝成长。第二年,它结了5个果子,4个被拿走,自己得到1个。"哈哈,去年我得到了10%,今年得到20%!翻了一番。"这棵苹果树心理平衡了。

但是,它还可以这样:继续成长。譬如,第二年,它结了100个果子,被拿走90个,自己得到10个。很可能,它被拿走99个,自己得到1个。但没关系,它还可以继续成长,第三年结了1 000个果子……

其实,得到多少果子不是最重要的。最重要的是,苹果树在成长!等苹果树长成参天大树的时候,那些曾阻碍它成长的力量都会微弱到可以忽略。真的,不要太在乎果子,成长是最重要的。

我们的生命是一个历程,是一个整体,我们觉得自己已经成长过了,现在是到该结果子的时候了。我们太过于在乎一时的得失,而忘记了成长才是最重要的。我们要树立正确的成长观,时刻提醒自己,千万不要因为激愤和满腹牢骚而自断经脉,苹果树自断经脉,放弃成长,很快他会一颗果子都得不到。不论遇到什么事情,都要做一棵永远成长的苹果树,因为你的成长永远比每个月拿多少钱、得到多少赞美重要,只有成长你才会源源不绝地收获。

3. 学会与领导沟通,展现自己的优点

心理学告诉我们,每个人都有自己的需要,并渴望自己的需要得到满足,教师想要得到领导的赏识和认可是非常积极的心态,但同时教师要学会智慧地与领导沟通,让领导了解你,认识到你的长处,从而给予关注与支持。

首先,在做好自己的本职工作,要不断学习,有所创新,作出成绩。容易引起领导重视、得到领导支持的通常都是那些爱岗敬业、积极进取、事业心强、成绩卓著的教师,领导的精力毕竟有限,就像我们做教师、当班主任,也常常只会对优秀的学生留下深刻的好印象,所以想要得到认可,自己得有脱颖而出的资本。

其次,主动汇报,积极建议。要想获得领导认可与支持,就要让领导了解你的情况,因此,在必要的情况下,积极向领导汇报自己的工作情况与需要解决的问题,或者把自己的一些具体建议或解决方案提供给领导,这样便于领导了解下情,做出决策。在这里要注意,对领导一时没能给予关注和支持的事情要有耐心,等待时机再去争取,不要立即表示不满,背后随便议论,或者发牢骚、说坏话,这样容易造成误会,影响上下级的关系和团结。

话题三　工作效能

问题一　如何愉悦地走进课堂

案例呈现1

　　夏老师，为一普通学校的外语教师，参加工作20余年，处在正是发挥骨干作用的时候，这次，学校分给她一个班级，为全校最糟糕的班级。要求她提高班级的外语成绩，不拖总分的后腿。可是，由于班级男生不服从管教，捣蛋的，睡觉的大有人在，夏老师也是"按住了葫芦，浮起了瓢"，导致她的很多教学设想得不到落实，教学任务也不能完成。加上学校常规管理很严，还有"推门听课"、教育行政部门督导、在教学中科研等任务。夏老师觉得心力交瘁，每次，走进课堂前，总是头皮发麻，捱着日子，恨不得学期马上结束，但也没有什么好的方法或措施，就这样拖了一学期，结果，在期末考试中，班级的外语成绩确实很糟。夏老师受到校长的严厉批评，夏老师感到也很委屈，这么差的班级谁能教得好呢？

案例呈现2

　　成老师是参加工作不久的老师，名牌大学毕业，文质彬彬，成了学生欺软怕硬的对象，学生也是摸准了他的脾气，常常"欺负"他，直呼其名他也毫不生气，学生还经常提一些古怪的问题捉弄他，因回答不出引起全班哄堂大笑。私下里，学生还给他起了个绰号"小绵羊"。

　　后来，成老师想让学生看看自己的厉害，想借机发发威，结果是：不发威学生欺负他；发小威，学生不买账；发大威，学生说老师大惊小怪，有一次，就因为学生的穿着礼仪而"发威"，结果搞得师生关系非常对立，成老师也感到很是难过，从此每次都背着沉重的包袱走进课堂。

 现象分析

从心态方面分析，夏老师是典型的工作中遇到困难导致的工作效果不佳，只能疲于奔命，忙于应付型；成老师是想改变以前的师生关系，却因方法不当而事与愿违。

从工作技巧方面看，夏老师在工作中遇到压力与困难，但是没有突破与解决的办法，听天由命；成老师是一开始就与学生建立了某种教育模式，后来发现这种模式存在问题，于是想改变却感到力不从心。

 心理解读

学生的基础差，厌学、捣乱等现象容易导致教师自身的消极的教育教学心态，尤其是曾经的尝试失败，教师付出的心血不被学生理解与尊重，教师在潜意识中就会产生逃避心态。案例中的情形也是教育教学中常见的现象，尤其是这样的现象容易导致"恶性循环"，"教学相长"是教育中的普遍规律，学生在教师的发展中成长，教师在学生的成长中发展，当学生造成的课堂秩序混乱时，教师一定要想方设法改变这一状况。

另一方面，当我们面临逆境时，不能气馁或放任，重复着无效的方法，只能得到一样无效的结果，需要我们的灵活与改变，以积极的心态改变现状，才会得到我们想要的结果。

在师生的交往过程中，在任何一种交往中都会形成模式，改变模式是很痛苦的过程，尽管也不容易成功，但不断尝试新的方法永远比坚持被证明无效的方法要强得多。

 拓展链接

1. NLP心理学告诫我们的几个理念：① 重复旧的行为，只会得到旧的结果；② 凡事都有三种以上的解决方法；③ 不要总试图改变别人，首先要改变自己；④ 没有人能伤害你，除非你允许他这样做，是你教会了别人怎样对待你。

2. 课堂管理技巧

课堂是教师的主阵地，每个老师有每个老师的个性特点，所以也就有了不同的教学风格。但每个老师都要面对的是如何管理课堂，怎样有效地管理课堂从而保证自己有效的备课的实施，保证学生最大限度的有效学习，这是一门学问，更是一门艺术，这一点从那些值得尊敬的特师、名师的课堂体现得更加明显。

课堂管理不仅是"控制"。课堂的"控制"，是指能让课堂组织严密、卓有成效地运作起来的过程。在这样的课堂上，每一个学生都能获得相应的机会培养自身各方面的能力，而教师能够完满地起到促进学习的作用，学生还应当学到实质而饶有趣味的方法，这样他们就能自我表现监督、指导自己的行为了。教师对课堂的控制越严谨，维持该活动顺利运行的几率越高。课堂控制的目的并非要把教师的个人权威和地位施加于学生身上，而是为教师未来工作中逐渐不必如此操纵课堂奠定基础。

捷克教育家夸美纽斯说过："找出一种教育方法，使教师因此可以少教，但是学生多学。"这一教学策略，力图解决"以学生为中心"的主体参与、自主学习为主体地位的问题，变"被动

学习"为主动学习。使学生能够通过课前自学、课堂提高、课后链接等环节的调控,降低学习难度。而教师则借助这一策略,能够将教材有机整合,精心设计,合理调控课堂教学中"教"与"学",学生通过自主、合作、探究、交流、展示、反馈,等学习活动,使学生真正成为学习的主人,从而极大地提高课堂教学效率。优化时间安排,努力创建学习型课堂。课堂管理技巧有很多,如:

① 转变教学观念,实现师生互动。

关注学生,尊重学生的主体地位,让师生在课堂教学中充分、高效互动是从根本上克服传统课堂弊端的出路。课堂教学中的单调(听→讲)、单项(师→生)、单一(教材)、滞后(反馈不及时)、被动(老师逼迫学生学习)的境况限制了学生的手脚,扼杀了学生的思维。教师要秉承"通过学生、为了学生、围绕学生、激发学生、服务学生"的宗旨,通过一个转变(师生角色的转变)、两个前置(问题前置、学习前置)、三种方法(自主、合作、探索)、四种形态(展示进行交流、点拨实现提升、纠错进行落实、开放实现拓展),实现教师真正地关注学生,与学生互动共成长。

② 明确教学目标,落实"堂堂清"。

教师的课堂教学要做到一切以学生为中心、以目标达成为核心。由注重课堂环节、程序的编制到更加关注学情、氛围和师生、生生关系。从最后一名学生抓起,人人学会是目标。懂得用一种思路做十道题,不如一道题找出十种思路。揪住一个知识点"无限"放大,四处出击,形成上挂下联,左顾右盼。每个老师都要致力于学生学习能力的培养,不断培养学生的思维力、生成力、表达力,解放学生,解放自己,降低课堂精力流失率,提高学习效率。让课堂的高效率、高效益、高效果,学生的身动、心动、神动和肯学、想学、会学成为课堂的基本元素。围绕课堂教学目标,落实"堂堂清"。该掌握的要当时掌握;该会运用的,要当堂运用;该检测的要当堂检测。

③ 改进教学方法,打造"生本课堂"。

教师在课堂教学中要积极改变学生学习行为,转变学生学习方式,重在引导学生小组学习,做到独学,对学,群学,鼓励学生独自思考,合作探究,相互质疑。通过展示实现交流、通过纠错实现落实、通过点拨实现提升、通过开放实现拓展,教师在教学互动中,要充分实现师生之间的预习交流、分配任务、合作探究,展现拔高、穿插巩固、达标测评。教师课堂教学中要一看学生在课堂上参与的人数,保证绝大多数学生参与;二看学生参与的质量,语言表达是否通顺,态度是否积极认真,情感是否投入,精神是否饱满,板演书写是否整齐工整,词、句符号、公式的使用是否正确;三看学生的预习笔记,检查"预习"情况,以便教师可以根据学情适时导入下一个环节,准确做好课堂决策。通过"三看",关注学生的自主程度、合作效度和探究深度,致力于高效课堂。

④ 加强课堂管理,拓展"课堂空间"。

高效课堂中,教师是引导着、策划者、合作者、服务者、开发者,加强教学管理特别是课堂管理是实现有效教学,进而达到高效教学的基本前提。课前教师要认真备课,编制导学案和改写导学案,让教学案成为学生学习的路线图和方向盘;学生课前要进行充分的预习,师生由此构成相同的经历,有备而来。课中教师要重申目标,达到具体、明晰,老师要进行学情调查、问题汇总,解决互动的针对性问题,根据问题在讲解,直击问题,精讲点拨,在关键时刻点关键问题,要当堂检测。课后教师要做好课后反思,实现自己的专业发展,学生要做到课堂问题的堂堂清。对解决不了的问题、疑惑，首先要求教于同学，其次求教于老师，落实学习目标，完成堂堂清任务。

调适策略

1. NLP心理技巧：意义换框法训练

因为学生太糟糕，所以我的工作积极性不高。

我的工作积极性很高，因为我_____。

比如：我的积极性很高，因为我<u>可以改变这些学生</u>。

我的积极性很高，因为我<u>要用我的状态去影响学生</u>。

……

通过因果的意义转换，可以将消极的情绪、心态、信念转变为积极的，从而有利于自己的工作与生活，帮助人们树立正向的思维，从而拥有正见、正念、正精进。

2. 案例分享Ⅰ：据著名的简快心理治疗大师李中莹老师介绍，自己想拥有什么样的心情或心态，完全是自己可以决定的事。他回忆他的童年的经历（很多人都有过），因为语文默写成绩不佳，老师要求罚抄10篇课文。这似乎是一件痛苦的事，但李中莹老师反而从中找到乐趣。

方法很简单，抄写之前定好时，计算完成一篇抄写所花费的时间，然后，在抄写第二篇之前，给自己更少一点的时间，后面，一次次递减，写完后，计算比较。一个完成罚抄的作业，变成自我不断挑战、不断超越的工作。到第10篇，用很短的时间完成时，自己露出满意的笑容，还觉得很有趣，明天还要继续自我挑战，像挑战吉尼斯纪录一样，真有趣。

案例分享Ⅱ：每天帮学生进步一点点。

魏书生常得到的是多科成绩都不及格的最差生，但魏书生常说，不要神化差生，不要希冀他能在骤然间就转变好，就提高了成绩。他说"大凡一个淘气的学生，都是经历了无数次内心良知与邪恶的斗争，才具有了今日之现状的，这样决定了他们的转变不可能是一朝一夕、几朝几夕的事。"因而奢求是无用的，令人失望的，让人呕气的。关键是让学生找准自己最可能通过努力而达到的最切近目标，比如每一节课上，要差生也达到优生获取的知识量显然是妄想的，因而让差生（实际上是每一个学生）为自己定向，差生能记住一个词句（针对自己而言）那就是他的巨大成功。魏书生说，我这个人从来不难为任何人，这也包括对待差生。最差生写不来作文，怎么办？从最低目标开始，他的以日记代作文的训练方式，要求是呈各种层次的，如对最差生，第一次日记可以写一句话，实在写不来就照着老师说的"今天，我来到了某年级某班，成了魏老师的学生。"最差生果然是这样写的。然后第二天的日记又在老师指导下可以只写两句，第三天三句，第四天四句……然后在老师或优生的辅导下分专题训练写，如写人物的训练，先写妈妈，第一天写"勤劳的妈妈"，方法是开篇点题，第二段详写一件事，第三段略写一件事，表现妈妈的"勤劳"，结尾再点题；第二天写"朴素的妈妈"，方法同上，第三天……最差生可以依葫芦画瓢（优生则自由发挥），写完人物，再专门写景物……一点一点儿地来，最差生也不难，日积月累，都能作文了，还能显示点"别出心裁"的花样，差生从中获得了成功的喜悦，获得自信心。老师的教学也没有以前那么痛苦了。

问题二 如何提高工作的成就感

 **案例呈现**

王老师参加工作5年了,虽然处于身强体壮的年龄,但工作的热情不高,激情难以燃烧,教的班级是普通班,学生的基础很一般,子曰:不愤不启,不悱不发。可苦恼的是老师一厢情愿——学生启而不发。所以每次考试成绩一般,"推进率"不明显。每天就是备课、上课、说课、评课、听课。工作内容单调,但还是要坚持。

5年来,王老师没有经历什么惊天动地的事情,就是送走一批一批的学生,日复一日重复着同样的动作,王老师感到从来没有体验到成功的快乐或很有成就的感觉,总感觉自己的职业生涯缺少点什么,应该是精神层面的追求没有满足。

 **现象分析**

王老师第一感觉是每天的工作都十分的相似,没有特别需要创意的地方,也没有挑战,所以不能激发自己的激情与潜能。第二感觉自己做的都是十分唏嘘平常的事,没有轰轰烈烈,也没有惊天动地,所以难以体验成就感。

 心理解读

自我成就感是自己对工作是否成功和满意的一种主观体验。能够对自己的工作结果产生成功、成就的感受,是使自己不断受到鼓舞、保持乐观的工作态度的重要基础。

成就感,高层次的心理需求,马斯洛的需要层次理论告诉我们人类的需要是分层次的,由低到高。它们是:生理的需要、安全的需要、社交的需要、尊重的需要、自我实现的需要,其中,成就感属于最高层次的需要——自我实现的需要是最高等级的需要。满足这种需要就要求完成与自己能力相称的工作,最充分地发挥自己的潜在能力,成为所期望的人物。这是一种创造的需要。有自我实现需要的人,似乎在竭尽所能,使自己趋于完美。自我实现意味着充分地、活跃地、忘我地、集中全力全神贯注地体验生活。追求一定的理想,把工作当一种创作活动而绝不是谋生的手段,希望为人们解决重大课题,从而完全实现自己的抱负。

很显然,王老师是一个有追求的教师,追求的是作为一个知识分子所需要的精神层面的满足,工作不是为了生活,而应该是生活的一部分。当然,王老师在现有的工作中没有满足的这部分情感,工作的对象可能不能赋予,但是自己是可以寻找的。正所谓"世界是不完美的,我们可以在不完美的世界里寻找到自己的快乐"。

 拓展链接

　　高峰体验,美国的心理学家马斯洛在调查一批有相当成就的人士时,发现他们常常提到生命中曾有过的一种特殊经历,"感受到一种发至心灵深处的战栗、欣快、满足、超然的情绪体验,"由此获得的人性解放,心灵自由,照亮了他们的一生。马斯洛把这种感受称之为高峰体验(peak experience)。一种从未体验过的兴奋与欢愉的感觉,那种感觉犹如站在高山之巅,那种愉悦虽然短暂,但却可能尤其深刻,那种感觉是语言无法表达的。

　　增强自我成就感的方法主要有以下几点:第一,要学会称赞自己、奖励自己,要多关注自己成功的点点滴滴,哪怕是小小的成绩、滴点进步,也要积极地自我肯定;第二,重新调整期望值,确定适合于自己的工作目标,避免因目标过高而产生不必要的挫败感。第三,注意和同事、朋友分享自己成功的乐趣与果实,让自己对工作、学习充满自信。

　　职业七年之痒与职业发展停滞：

　　"七年之痒"是个舶来词,原本的意思是说许多事情发展到第七个年头都会不以人的意志出现一些问题,感情如此,婚姻如此,生活如此,工作也是如此。出现"七年之痒"的关键在于人有厌倦心理,在同一个环境中待得久了,难免会觉得很烦、很没劲,难免会生出一些别的想法。

　　"七年之痒"未必就一定是七年,它可能是九年、十年,也可能是两年、三年。工作久了,因为对工作环境、工作任务已经太过于熟悉,站在一起"就像左手握右手",一切都已经习以为常了,因此,便不自觉地忽视了很多东西。当个人的职业生涯发展到一定程度,如果不懂得好好地规划与经营,确实很容易出现问题。最可怕的不是因为太熟悉而厌倦,而是因为失去了挑战性和冲劲导致发展停滞。

　　职业发展停滞未必是指失业,而是指职业核心竞争力不再获得积累或者积累地很慢。职业顾问告诫,在一个人职业生涯开始的10年中,这是最容易发生这种情况。职业发展停滞,很大一部分是由职业规划问题所引起的,不良的职业规划导致不良的职业心态以及目标错位,或者职业路线选择上本身存在瑕疵。在这类停滞发生时,首先要检查自己的心态、职业目标是否正确,也可以找专业的职业顾问机构咨询,度身定制职业规划方案。但放任这样的职业"七年之痒"是不明智的,最终只能导致职业竞争力的低下。

 调适策略

1. 树立正确的职业信念

　　(1) 只是一份工作：你重视的主要是金钱利益,你不会关心工作的性质,只有钱最重要,找到薪水更高的工作就会随之而去。

　　(2) 视为一种事业：你想要提升自己的职位,尽可能爬到这一行最高的位置,或是成为该行业中最受重视的专业人士。工作动机来自于事业所附带的地位、声望和奖例。

　　(3) 视为一种志业：你重视的是工作本身,而不是金钱或职位上的提升,想在工作中实现自我。

　　这三种态度并无好坏之分,可能都很重要。如果对工作不满意,想一想你为何工作,一

开始时吸引你投入这份工作的原因是什么,对工作不满的原因是否与此有关。

2. 提升成就感的策略

针对造成缺乏成就感的原因,你可以采取下列方法:

(1) 创造新挑战

执行一项你能掌控的任务,先从简单的开始,如工作上的庆祝活动,再执行较复杂的任务。做你喜欢的工作可以提升自信心及成就感。

(2) 辅导一位同事

一旦你对工作十分熟悉,会觉得了无新意。带领新进同事或实习生,帮助他们进入情况,可以让你重温挑战,产生成就感。

(3) 打破单调的局面

如果工作很无聊或没有挑占性,与上司讨论交叉培训的可行性。也许你可接手新任务或承担额外工作;如果公司要推新计划,主动报名参加。

(4) 寻找曙光

以正面思考重塑对工作的看法,发现自己对工作有负面想法时要立刻停止。记住,职场上每个人都有高潮和低潮期。

假设你的绩效考评不甚耀眼,不要情绪化或开始另寻工作。要往好处看,也许可获得进修机会,或和绩效辅导人员一起工作。欣赏自己的能力,回馈到工作表现上。

(5) 从错误中学习

不要让失败击垮你,或削弱了成就感。工作上犯了错,从中学习再尝试,也许最后会获致重大成功。

(6) 怀抱感恩心

感谢的心态能让你专注于工作的积极面。自问:"今天在工作上有什么可以感谢的?"即使只是和一个友善的同事共进午餐也可以。至少找出一项值得感谢的事情,细细体会。

(7) 培养热情

如果工作成就感已经消退,但又不能换工作,你或许可以把目前的工作当作经济来源,支持你培养工作之外的重要嗜好。有时工作只是个工具,帮助你享受真正感兴趣的事物。

3. 成就感越高　压力越小

无论这是一份工作、事业或志业,你都可以赋予其意义。尽量用积极态度从工作困境中受益,用创意去改变环境,或是去改变面对环境的态度。如此一来,有助你体验工作带来的回报。

4. 分享案例

如何在平常的工作中体验成就感

小陆老师是一位普通的初中班主任,她对学生的关怀关心都是发自肺腑的,对学生也是了如指掌,概括学生的特征一语中的,家长也甚是佩服她对学生的敏锐的洞察力,愿意与她交流学生的点点滴滴,如:学生上网成瘾的问题,早恋的问题,她总是与家长一起探讨解决问题的法子。因为她对学生了解深入,所以这些法子也是对症下药,颇有疗效,尤其是那些调皮的学生被调教的妥妥当当,进步明显,都考入自己的理想中学。陆老师也是很有成就感,很满足。

今年夏天,三年前带的同学高考结束了,一帮同学来到家里为陆老师庆祝生日,陆老师感到由衷的激动。因为不是整岁生日,她自己都没当回事,她再也没有想到三年前的学生会为她庆祝生日。

当同学唱着生日快乐歌时,陆老师泪流满面,她感到自己作为一名老师,真的真的很幸福,很满足,这种幸福是多少金钱也换不回来的。

问题三 如何在纷繁复杂的事务中有条不紊地开展工作

案例呈现

陈老师是学校的骨干教师,最近却相当郁闷,唯一的感觉一天24小时实在是不够用,没有一点休闲放松时间不说,压力还很大,工作生活使他应接不暇,真有想逃避、放弃的感觉,有时候自己急得直想哭。

原来,由于职称评定在即,而且有竞争激烈,本想自己好好准备一下自己的评职称材料,可是,学校的其他工作也是蜂拥而至,德育主任叫他准备下周的班级验收材料,8个盒子一定要填满,要"特色不够数量凑",教务主任让他准备下周全市开公开课,教案要有特色,课件要制作精美,还要教研组内说课、试讲,做到万无一失,人事秘书叫他上交职称评定材料,说要有积极的态度,因为职称评定不仅是个人的大事,也关系到学校的管理水平与学术水平;导师还要审查他的硕士毕业论文,导师强调文责要自负,还要优化理论框架,润色文字,确保通过。家里的那些琐事已经忽略不计了,就是同时要完成这些工作,着实让他忙的昏天黑地,连吃饭、睡觉的时间都被挤占了,还是一头雾水。

现象分析

陈老师同一时间段面临众多的工作,真是目不暇接,纷繁复杂。而且所有工作还都很重要,一项也不能怠慢,每天的时间是一定的,工作量却如此之大,多项工作齐头并进,确实很有挑战。

心理解读

导致陈老师这种焦头烂额状态的原因有:工作效率低,做每件事都耗费太多时间,造成大量工作的积压;众多事情相互混杂导致理不清头绪,无从下手,事情太多导致"虱多不痒、债多不愁",是一种消极应对,实质逃避的心理状态。

"面糊手"性格,是一种形象的比喻,指处理事情像面糊沾手一样,怎么也不能摆脱,自己被沾的脱不了身,永远有干不完的活,永远不能及时干脆的完成任务,永远手掌上是面面的一团。

1. 时间管理

时间管理方法就是用技巧、技术和工具帮助我们完成工作,实现目标。时间管理方法并不是要把所有事情做完,而是更有效的运用时间。时间管理方法的目的除了要决定你该做些什么事情之外,另一个很重要的目的也是决定什么事情不应该做;时间管理方法不是完全的掌控,而是降低变动性。

浪费时间的原因有主观和客观两大方面。这里,我们来分析一下浪费时间的主观原因,因为,这是一切的根源。

(1) 做事目标不明确。

(2) 作风拖拉。

(3) 缺乏优先顺序,抓不住重点。

(4) 过于注重细节。

(5) 做事有头无尾。

(6) 没有条理,不简洁,简单的事情复杂化。

(7) 事必躬亲,不懂得授权。

(8) 不会拒绝别人的请求。

(9) 消极思考。

2. ABC 排序系统

在确立工作次序的时候,我推荐你使用 ABC 系统:列出清单之后,在那些你最为重视的条目左侧写上 A;在那些一般重要的条目左侧写上 B;在那些最不重要的条目左侧写上 C。在这个过程当中,你只是在进行猜测——因为你并不确定自己现在的判断是否正确。然后将不同的条目进行对比,通过这种方式,你可以将清单上的所有条目次序完全标记出来。

A 级条目应该是那些最为重要的活动。所以你应该把大部分时间花在 A 级活动上,然后才是 B 级和 C 级活动。考虑到你每天的时间有限,而且不同条目的紧迫性也不相同,所以你可以对所有级别的条目做进一步细分,比如说你可以把 A 级活动分解为 A-1,A-2,A-3,A-4……

记住,这里的 ABC 只是相对的,它们完全取决于你的价值标准(记住,你是最终做出决定的人)。你可能会因为某件工作所带来的结果而把这件工作列为 A 级活动,但如果在完成工作的过程当中,你发现自己并不喜欢这件工作,你很可能就会将其改变为 B 级活动。即便如此,你仍然可能会对自己的判断产生怀疑。谁能为你做出更好的决定呢?正像我前面说过的那样,你是最好的决定者,如果你对事情的进展状况不满意的话,就需要做出一些改变,把精力放在那些你觉得真正重要的事情上。

你还可以根据清单上的内容来调整你的次序安排。A 级活动通常是那些明显比 B 级和 C 级活动重要的活动。在艺术作品当中,那些引人注目的元素,比如说明快的色彩和前景细节,往往能够在背景的衬托下立即抓住观众的注意力。

优先次序还会跟着时间的推移而变化。今天的 A 级活动很可能会成为明天的 C 级活动,而今天的 C 级活动到了明天也可能会成为 A 级活动。你需要不断调整自己的次序安排,以便最有效地利用当前的时间。

调适策略

1. 统筹方法

是一种安排工作进程的数学方法。它的实用范围极广泛,在企业管理和基本建设中,以及关系复杂的科研项目的组织与管理中,都非常实用,其实,在我们的生活中,只要我们用心去做,同样可以节省时间,比如:想泡茶时,利用烧开水的时间做好洗杯子、洗茶壶、拿茶叶的事(华罗庚统筹方法),现实生活中还有:利用开电脑的时间,泡茶或换衣服;利用等电话的时间发邮件;养成这种习惯,节省每个不经意的五分钟,累计起来还是很可观的。

2. 学会拒绝

有些时候,很多事情是自己可以拒绝的,我们如果超越自己的能力承担过多的工作,结果导致事情不能完成还影响自己的心情,往往得不偿失,所以,生活中说"不"不愧也是人生中的大智慧。不过,生活中说"不"也有一些技巧与方法。如:

(1)试着先同意。如:"没问题,但是我现在的任务多的像山一样。你能不能过一个月左右再来找我?除非我真能干的非常出色我是不会这么打包票的。"在真心想要但是实在抽不开身的情况下这样说,帮你解决了直接拒绝带来的压力。

(2)了解你曾做出的承诺。为了知道什么时候用得着说"不",你得了解你现在已经揽了哪些活了。你得给你现在所有的项目和任务建一张流动的列表,同时也为你在一个星期左右时间内的不属于那些项目的活动列一张活动任务表。有了这两张列得满满的表你就可以决定眼前这个任务能不能挤进去,小心保管这张表,只有在事出必要的情况下才在上面添加项目。

(3)珍惜你的时间。学会通过拒绝那些用不着你亲自做的事来告诉别人,你有多珍惜自己的时间。

(4)礼貌,但要坚决。很多人容易犯的一个错就是优柔寡断。他们可能虽然拒绝了别人但是他们的拒绝听上去有些动摇,如果你这样回应别人的话,会有更强的人来向你施压,直到你点头答应为止,这是因为他们觉得事情还有商量的余地。因此如果你要拒绝的话,你就得让别人清楚地知道你不会再改变主意了。但是别表现的粗鲁,一句简单的"不,我现在实在无能为力"就够了。

(5)抢先一步。如果你觉得将有人会有求于你,你可以主动告诉他你很忙。如果你与那人碰面,你可以说"话说在前头,我得让你知道我的日程表里这一个月里都排得满满的,所以我们别谈关于 30 天内的什么新计划。"这相当于对那个将有求于你的人做了一次警告,因此事后他们也无法怪罪你拒绝他们的请求。

(6)"我很乐意,但是……"。类似于第一个方法,这招表现出你对这项计划很感兴趣,但是你因为日程安排或者有其他的任务而实在无能为力。如果这个计划听上去真的很有趣的话,可以说些如"这听上去确实很棒,我多希望自己能加入进来啊。"如果可能的话,你可以推荐一些其他的适当人选或者可行想法。一些人实际上觉得这种被拒绝的方式还不错,至少你也帮他解决了难题。

3. 分享案例

特级教师魏书生教书令人惊讶：他担任实验中学校长与书记兼任两个班的班主任，承担两个班的语文教学，一年平均外出开会达4个月之久，却从不请人代上一节语文课，他学期之初即进行期末考试，一学期教材他用30多课时就讲完了；他不批作业，不改作文，但他的学生约升学成绩却能比重点中学平均高7.8分，面对这一切，人们不禁要问：魏书生究竟依靠什么获得教学的成功？

在认真研究了魏书生一系列教学经验后，不难发现这样一个事实，那就是：高效率的班级管理，是魏书生教学成功的一个不容忽视的重要因素。甚至可以这样说，魏书生的教学离不开管理，没有他成功的班级管理就没有他今天的教学奇迹魏书生班级管理中体现出来的"人本"与"法制"管理思想以及具体措施值得我们深入探讨。

不仅是从班级管理教学的角度，而是：同样的时间却作出了几个人的工作更值得我们思考。

问题四　如何扭转后进生

案例呈现

戴某，一个让班主任极为上火的男生，坐没坐相，站没站相，做操像得了小儿麻痹症，其实就是态度不认真，是历届任课教师与班主任头疼的后进生，上次为加深对他的了解，向他以前的班主任了解情况，班主任只是摇摇头，不愿多说一句话。

上课大部分时间睡觉，有时候兴奋就是乱插话，老师说："与人交往的技巧"，他就改成了"与女人交往的技巧"，引起班上同学哄堂大笑，说话脏字连篇，还经常宣扬一些反社会言论。迟到早退那是小菜一碟，从不完成值日任务，在他眼里那根本算不上错误，老师批评他，他一嘴歪理。

经常旷课，不履行任何请假手续，睡过了就说自己病了，更糟糕的是，每次班主任追究此事，他母亲还为他证明，确实病了，主动承担不请假的错误。

考试几乎全部不及格，知道补考时间也不来，面对老师的批评与教育，坚持"三不"原则：不承认、不顶撞、不改正。

班主任老师觉得实在无从下手，只好听之任之，结果，班主任很痛苦，学生犯错更是变本加厉。

现象分析

1. 戴某同学在有些学校还不是少数，学习固然糟糕透顶，品行也存在很大的缺陷，是所谓的"双差生"。对待老师的批评教育，软硬不吃，从不往心里去。
2. 习惯差，不遵守校纪校规，没有权威意识，受社会不良影响深。
3. 家庭教育存在很大的问题，父母忙于自己的事业，监护关怀不够。

心理解读

提起后进生，不少班主任就觉头疼——不知多少次被他们在课堂上的种种让人啼笑皆非的行为气得发晕，也不知多少次面对着他们那令人羞于启齿、难见天日的学习成绩而苦笑不已。后进生身上虽然暂时存在某些不足，似乎是一个"难看的孩子"，但只要我们班主任不离不弃，找到突破的契机，他们也可以变成"漂亮的孩子"。

 拓展链接

教育词典对"后进生"是这样定义的：在班级中经常违反道德原则，或者犯有严重过错的学生。他们常常表现为思想觉悟低，不遵守纪律，不能完成学习任务。

后进生通常表现为以下四个特点：

（1）思想品德不高尚。大都没有什么理想，生活无目标，没有正确的人生观和价值观，不懂礼貌，缺乏爱心，只顾自己，不管别人，没有责任感和任务感。

（2）心理健康不全。同学之间过于重感情，讲义气，在日常的行为中表现为言行不一，感情用事，有的叛逆性强，存在着不正常的反抗心理和逆反心理。

（3）行为习惯不良。生活上自由散漫，无纪律观念，劳动观念淡漠，意志薄弱，自控能力差，懒惰、贪玩，经常迟到或早退，甚至旷课，大错不犯，小错不断。

（4）学习成绩不佳。最普遍的特点就是对学习没有兴趣，有的理解能力差，有的反应迟钝，有的缺乏自信心，自卑感强，学习无目标，态度不端正，无心读书。

 调适策略

扭转后进生的方法：

1. 关爱心灵，消除戒备

后进生由于学习成绩差，身上的毛病多、缺点多，很少得到关爱和温暖，经常被父母、老师有意或无意责备和批评，被同学嘲笑甚至于歧视，心灵受到伤害，普遍地存在自卑心理。他们要么自暴自弃，回避现实，以消极的态度对待生活、学习、班集体，要么玩世不恭，"破罐子破摔"。后进生对自己周围人们的态度和言行极其敏感，抱有"敌意"。他们常以各种捣乱行为来引起别人的"重视"。其实，这正是他们内心情感脆弱、敏感、多疑和自我保护意识强的表现，和渴望得到尊重与爱抚的心理需要。因此，做好后进生转化工作的最首要的前提条件是班主任真诚地关心、爱护后进生。"亲其师，信其道"，班主任要真正走进弱势心灵，必须从建立感情入手，尊重、信任他们，将严格的要求渗透于爱中，以师生之情、朋友之情、亲人之情来对待他们学生，消除他们的戒备心理，才能使他们逐渐向好的方向转化发展。

2. 深入了解，对症下药

对后进生，不能因为他们缺点多，就冷淡、疏远他们，要抱着一颗爱心去走进他们的世界。如同医生治病先要切脉问诊一样，教育转化后进生，也要首先深入细致地作调查研究工作，具体而全面地了解和掌握他们的情况——不仅要了解其自身原因还要了解家庭和社会影响;不仅了解生理原因还要了解心理原因;不仅了解心理特征;不仅要了解表面现象,还要掌握"庐山真面目",这样才能做到心中有数,有的放矢,对症下药。

3. 扬长避短,挖掘亮点

"人无完人,金无足赤","尺有所短,寸有所长"。后进生并不是一切都差,也有自己的闪光点。在转化后进生工作中,闪光点是施教的支点,表扬激励的运用相当重要。美国心理学家威廉·詹姆斯发现:一个没有受过激励的人仅能发挥其能力的20%—30%,而当他受到激励后,其能力可以发挥80%—90%。因此,班主任要时时细心观察,挖掘后进生的闪光点。哪怕是一丁点的亮点,及时给予当面鼓励与肯定。大至一个方面,如书法、体育、唱歌、跳舞;小至一句话、一个动作都可以成为激励学生的素材,不断地赞赏,反复地激励,使其有一种被发现、被认可、被重视的感觉,从而迸发出改过自新、奋发向上的决心和力量。挖掘后进生的亮点,扬长避短,引导他们发挥长处,在获得成就感后,再转移到学习上面来,这样转化工作才能由治"标"转向治"本",真正实现转化的目的。

4. 集体力量,不可忽略

赞可夫说:"个性的发展,在孤独和隔绝中是不可能的,只有在儿童集体的内容丰富而形式多样的生活中才有可能。"班主任只有帮助"后进生"融入集体中去,才能让他们的心灵充满明媚的阳光。班主任要善于利用集体的力量来教育转化后进生。发挥集体的教育作用,班主任可以采取一些有效的方式。如:(1)建立一个团结友爱的班集体和真诚无私的同学关系,引导全班学生不要对后进生歧视、嘲讽,而是关心帮助他们,为后进生的转化创造良好的环境。(2)开展丰富多彩的班队活动,让他们在活动中发挥才干,发扬其长处,提高其自信心。(3)采取后进生与优秀生结对子,"一帮一"等措施,促其转化。(4)与任课老师配合,发挥教师集体的力量。帮助后进生总结学习,指导他们改进学习方法,提高学习效果。(5)给后进生创造为集体服务的机会,消除后进生与集体的对立情绪,培养其进取意识和集体意识,促进转化。

5. 目标适当,进步有望

要激发后进生的学习欲望和兴趣,给他们提出的目标必须适当。目标过高忽视循序渐进的原则,会让后进生感到高不可攀,望而生畏,产生恐惧心理;目标过低,有难以实现转化的目的。班主任要善于依据教育教学整体目标,确定不同的时段目标,再逐层分解出不同层次、不同等级的短期目标,并从中抽出能与后进生现有的学习基础相匹配的最近发展目标。然后,采取有效措施,为后进生创造成功的机遇和条件,帮助他们通过自身的努力实现目标。同时,注意对他们学习行为本身要给予积极的肯定和评价,使他们真切地感受到老师的注意和关心,体验成功的快乐,重塑良好的自我形象,燃起奋进的火花,从而产生"不令而行"的内在学习动力。学习目标确定后,一旦发现某个学生出现点滴进步,要及时、适时地给予表扬,创设激励氛围,促成更大的进步。

6. 持之以恒,扭转乾坤

班主任必须认识到后进生转化工作具有长期性、艰巨性、挑战性。因为后进生的思想行为复杂多样,转化工作不可能一蹴而就,一劳永逸。单单考一次教育活动,一项措施是不大可能收不到明显的教育效果。有些后进生虽一时有所进步,但如果没有真正找到他们存在的问题根源,只要后续强化巩固工作没跟上,又会使他们重新成为后进生。还有,由于后进生学习和纪律上的长期放纵,且缺乏自觉性和自制能力,使其不能约束自己。所以,在转化过程中,会常常遇到他们发生动摇、故态复萌的现象。班主任一定要正确看待后进生的反复现象,决不能因为他们动摇、反复,就放弃教育。当后进生再次出现不良行为时,客观冷静地分析反复的原因,不断调整转化的策略,耐心细致对他们加以正确引导,给他们常敲警钟,不断鼓舞他们进行自我反省、自我教育,在"反复抓,抓反复"的过程中把后进生引上前进之路。让他们在失败中崛起,在曲折中走向成熟。"精诚所至,金石为开"。只要找准后进生之所以后进的原因,采取灵活多样、因人而异的教育方式,并借助教育的合力,就一定能扭转"乾坤"——"难看的孩子"也会变成"漂亮的孩子"。

案例分享:

梁某,某职业学校的一位女生,从入校的后进生成长为班级的尖子生,班主任王老师每谈及此事,都非常的引以为自豪。

梁某入校成绩全班倒数第一,中考成绩200分,属于根本不学习的那种,初中绰号"鬼见愁",来我校一年后,初中老师谈到她,还心有余悸。

那么,梁某为何改变如此之大?班主任到底有何妙招促使她的天壤之别呢?

概括起来有以下几点:

(1) 不带有成见看待人:尽管梁某过去是很糟糕,但毕竟还是初中学生,年龄小,可塑性大,所以不一下子形成刻板印象,而是深入的谈了几次心,拉近师生的距离,让她感觉到班主任对她的关注;

(2) 抓住她的两大闪光点:个子高挑、热爱劳动。班主任不经意的透露给她一个信息:个子高将来找工作有优势,可以选择更好的岗位,让她确确实实看到自己的优势,确立优越感,但是人毕竟不是花瓶,不能光靠长相,要有真才实学,或胜人一筹的地方,梁某每次打扫教室卫生都非常认真,将教室的地拖得雪亮。班主任叫来校长参观视察,向校长介绍这位模范功臣,让她很有成就感,以后每次打扫的越来越认真,瓷砖真的可以当镜子。

(3) 抓住点滴进步,乘胜追击:班主任发现梁某最大特点,就是不爱学习,成绩太差,基础太薄弱,考试拖后腿,班主任没有半点责怪的意思,告诉她学习方法,英语基础太差了,就先提高一点语文成绩等。

一年的时间,梁某真的判若两人,连她过去的老师都感到不可思议。

问题五　如何提高课堂的有效性

案例呈现1

孙老师是一个非常认真的数学老师,备课、教课等都满足"教学五认真"的要求,上课声音洪亮,板书美观流畅,不仅每堂课40分钟充分利用,为多讲一道题,还经常拖课5分钟,上课容量大,孙老师还利用自习课等时间,无偿为学生补课,付出很多,可是,每次统考成绩都不理想,孙老师感到自己的付出与汇报非常不成比例,常常对学生大发雷霆"我牺牲那么多自己的时间为你们,你们竟然考出这样的成绩,气死我了"。

 案例呈现2

班上已经有超过60%的学生掌握了已学知识,但教师仍不得不继续深入讲解,因为教师要对全体学生负责。可是,课堂有效性却打了折扣,尽管刚开始时,那些已经掌握的学生会兴致勃勃地参与其中,以显示自己的学习能力,但很快,厌倦情绪就上来了。而那些40%的学生,经过很多遍都没有听懂的学生,似乎越来越困惑了。一堂课下来,听懂的学生累了,没听懂的学生也累了,教师则更累,身心俱累。

 现象分析

案例1中的孙老师是一个工作态度认真,成果不佳的老师,愿意付出,但没有关注行为的结果,换句话说,课堂的有效性不够。

案例2是一个困扰课堂有效性的重要问题,关于学生掌握的比例问题,在大课教学的今天,这一矛盾必然存在。

 心理解读

教师宁可放心自己也不放心学生,担心学生的学习能力,所以经常越俎代庖,该学生需要自己完成的工作,也由老师代劳,结果使得其反,学生的能力没有得到锻炼。所以,有效课堂的方法问题是最重要的问题。

关于掌握知识、能力的学生比例问题,也困扰教师实施教学有效性的评估,只能说满足大部分的学生,永远是相对的问题。

 拓展链接

处理好课堂教学的十大关系:

1. 活与实的关系。课堂气氛浓厚,师生情绪高涨,学生能够言之有物,达之有序,书之规范,言之精彩,作之有情,述之有感,评之有度,改之到位。活是条件,实是根本。

2. 静与动的关系。静为独立思考,自我梳理,搜集信息,咀嚼体味,形成主见,动为相互交流、切磋、碰撞、借鉴、去伪存真,合作共赢,或先静,或后动,或静中有动,动中有静,相互依存,相互促进,有机结合,共鸣共振。

3. 主导与主体的关系。主导为主体服务,当主体遇到障碍时,疑惑不解时,走偏失向时,无从着手时,茫然无助时,心猿意马时,教师适时去引导、点拨、激发、唤醒,教师是参谋,是催化剂,是风向标,但绝不是主角,学生是课堂的主人,把学习的权利、机会、快乐还给学生。

4. 教材与生活的关系。教材是生活经验的反映与总结,是生活实践的一个范例,是其中的一个侧面,教学过程中,要从教材出发,到生活实践中涉猎、体验、感受,课堂即生活,教材是纲要,生活实践是素材,要做好结合的文章,力求做中学。

5. 举一与反三的关系。"一"是基础,"三"是升华,没有"一"便谈不上"三",学习过程中,要对现有的知识分析透,注意拓展与延伸,达到纵横左右,东西南北中,上接下联,左顾右盼,在"一"上狠下工夫,把握要害实质,使学生心胸开阔,高瞻远瞩,游刃有余,夯实根基,以不变应万变,才能反"三",反"五"。"三""五"是水到渠成,理所当然,瓜熟蒂落,桃李不言,下自成蹊。

6. 知识与智力的关系。学知识,长智慧。知识是一个基础,是形成智慧必不可缺少的组成部分,但它不是目的。智慧、能力、技巧、方法才是培养人才的最终追求。知识是很容易被忘掉的,可是人的技能是不会轻易丢掉的,课堂上看似让学生记忆、理解知识,实质上是通过学习而挖掘学生的创造能力和潜在智慧。

7. 保底与提升的关系。使每一个学生都能成功,不让一名掉队。课堂上要分层次教学,使同学们都能找到支点,感受成功,享受快乐。尽可能多地给予薄弱学生机会,让其展示自我,体验自我价值,树立信心,勇敢面对挑战,把握机遇。优生可以触及一些难度大的,挑战性的问题,做薄弱学生的小老师,兵帮兵,兵练兵,兵强兵,共进共赢。

8. 理解与应用的关系。理解只是对知识有所把握,从某种意义上讲,还是狭义的、浅层的,在此基础上要学以致用。实际上学知识就是为了走向社会后,做一个有贡献、有价值的人,学是手段,用是目的。千万要杜绝理解知识是为考试准备的,这样的话只能应付,达不到深刻、全面、彻底、娴熟、高超、精湛的程度。

9. 记忆与表达的关系。大脑内在的记忆是短暂的,也许课堂上会做题,可事后便忘却了,由卷面做题到讲解是一个飞跃,由讲解到表演(唱、舞、画、作、模型、实物等)是高层次的飞跃,所以课堂中集写、背、说、议、评、讲、析、辨、观、唱、作、画等于一体。既有抽象的理解,又有直观的演示,还有艺术表达的享受,快乐课堂,享受人生。

10. 把握与生成的关系。对知识的理解、体验、感悟要拓展到有新的生成,生成便是创新,生成便是应用,生成便是开发智力,生成便是举一反三、一题多解、变式训练,知识与实践的联系延伸,小发明、小制作、独特的思维见解,甚至异想天开,漫无边际,教师都要给予关注。思考的独特性、思维的反常性、思想的创造性才是最为珍贵的。

调适策略

1. 提高课堂教学有效性的策略

有效教学本质上取决于教师建立能够实现预期教育教学成果的学习经验的能力,而每个学生都参与教学活动是实施有效教学的前提。这就需要教师教学有方,寓教于乐,"开窍"有术,让每个学生都参与教学活动。

提高课堂教学的有效性应该从有效教学所要解决的主要矛盾——教与学的关系入手。课堂上教师要能使学生能够根据教师教的风格或特点主动调节自己的学习方法、策略和步骤,同时教师也要适时地调整自己的教的特点,去面对各类学生的特点。策略如下:

策略一:改革备课思路是有效教学的重要保证

众所周知,要上好课,首先要备好课。而传统的备课重点是备教师的"教",忽略了学生的"学",是从教师讲的角度,而不是从学生学的角度来考虑备课。这也是导致课堂教学质量低下的重要原因之一。备课时首先要考虑这节课准备安排几个学生的活动,每个活动怎安排;其次要考虑在活动中教师怎样指导,怎样与学生互动;第三要考虑在活动过程中,学生可能出现或遇到哪些问题,老师怎样进行调控,怎样评价等;然后把以上安排写出来,作为教师课堂上临场发挥,随机应变的一个基础准备。即使如此,教师在课堂上一定还会遇到这样或那样意想不到的问题,这就需要我们教师课后进行教学反思,再进行补充备课,写出自己执教的体会和疏漏失误,记下学生学习活动中的闪光点或困惑。这样的备课才是有效教学的保证,是改进课堂教学,提高课堂教学效率的前提。

策略二:创造积极有效、开放互动的课堂氛围

1. 创设积极有效的课堂学习氛围

教育家第斯多惠曾说过:"教学的艺术不在于传授的本领,而在于激励、唤醒、鼓舞。"轻松和谐的课堂气氛能唤起学生学习的热情,愉快的情感体验会使人精神焕发、思维活跃。课堂上,教师的一个手势、一个眼神、一个微笑、一句话,都可能在师生间产生强烈的情感共鸣,可以使课堂的氛围既轻松又和谐。教师的语言要亲切,运用商量的口吻,充分体现师生间民主平等的关系,不给学生造成不必要的心理压力。

2. 师生互动,共同参与的创造性活动

积极的相互支持和配合,特别是面对面的促进性互动,是合作学习的基本要素之一。良好的教学效果取决于师生间良好的交往。交往与沟通,是教学的核心。学生构建知识的过程,就是师生双方思想交互、碰撞的历程。在课堂上,他们彼此不断捕捉对方的想法,从而产生交流、渗透,使学生通过动手、思考、表达,把抽象的知识转化为可感知的内容。

策略三:精练的教学语言设计

苏霍姆林斯基指出:"教师的语言修养,在很大程度上决定着学生在课堂上脑力劳动的效率。"精心设计的语言,能把模糊的事情讲得清晰、有条理,能把枯燥无味的数学内容讲得生动、活泼,启发学生去追问、去探寻,使学生的思维处于活跃状态,从而大大提高课堂学习的有效性。

策略四:善于把握挖掘教材,突出教学重点

教师要抓住教材中本质的、主要的东西,对其进行加工处理,然后在教学活动中突出出来,把学生的注意力集中到这方面上去,同时引导学生举一反三。对于课本中相对次要或起辅助作用的教学内容,可根据教学的实际需要作适当调整,以适应教学的需要,提高教学效率。教学中就应把很少一部分是全新的知识。教学中就应把这"新"的一点突出出来,作为教学的重点。突出重点不是只抓住重点而舍弃非重点,教学中把教材重点孤立起来的做法是不恰当的。教学新知识就必须注意提用生的已有的旧知识,引导学生认识新知识的生长点、新旧知识的衔接点和转化点,只有这样才能真正地突出重点。

当然"教学永远是一门遗憾的艺术"。的确,新课程改革形势下的课堂教学也不能例外。任何一堂课,哪怕是千锤百炼的示范课,当我们课后静静反思时,总会觉得有一些小小的不足和遗憾。然而,正是在不断找寻策略、解决不足、弥补遗憾的过程中我们的课堂教学的有效性才有了一次又一次的提升和飞跃。

3. 案例分享:洋思模式的教学策略

(1)每堂课规定,教师讲课时间最多不超过10分钟,一般在7分钟左右,有的课4分钟。保证学生每节课有30分钟连续自学时间。

(2)灵活运用"先学后教,当堂训练"的教学模式。不同年级,不同学科,不同内容,不同

基础,适当调整。该少讲的不多讲,但必须保证学生足够的自学时间。

（3）学生自谋自学策略。教师给学生自学的锦囊妙计,为学生谋划自学策略,每个学生都有自己的自学方略,开始是自控的,逐渐地形成了习惯,养成了良好的自学习惯是教学成功的主要因素之一。

（4）合作精神与合作能力是自学的力量源泉"兵教兵",精诚合作,在兵教兵中,差生弄懂了教学内容的疑难,优生增强了对知识理解的能力,合作互相提高。

（5）教师精心备课,教师的形象、气质、基本功,教学艺术,潜移默化地影响学生。文化课是以理解知识培养能力为主要目标,其他的情感、态度、价值观在教学中去渗透实施。

话题四　职业倦怠

问题一　如何在重复、单调的工作中保持热情

案例呈现

7年前,怀揣着"教书育人"的理想,丽丽从师范院校毕业,进入北京一所中学当语文老师,每天加班加点,从不懈怠。但不知从何时起,丽丽开始出现头疼、失眠、情绪低落的症状,对工作越来越心不在焉。"一走进课堂我就感到很烦躁,特别是看着学生卷子上那一个个刺眼的不及格,我觉得自己所做的一切都是在浪费时间。"最近,30岁的高中教师丽丽将一份辞职报告递交校长,准备一放寒假就走人。"当老师太没有成就感了。以前我干什么都要争个第一,但当了老师以后,我学会了混日子。"像丽丽这样,选择离开"三尺讲台"的老师不在少数。四川成都一位优秀教师辞职借钱经商、广东某大学老师弃教卖菜……近年来,与教师辞职有关的新闻事件屡见报端,而教师们"离开"的原因都很相似——"这样的日子缺少激情"。

现象分析

一个人长期从事某种职业,在日复一日重复机械的作业中,渐渐会产生一种疲惫、困乏,甚至厌倦的心理,在工作中难以提起兴致,打不起精神,只是依仗着一种惯性来工作。教师工作具有较强的稳定性,不少教师都认为教师生涯是重复昨天的故事,一个有五年工作经验的教师开始对自己的职业生涯有一点失落,这并不是一件奇怪的事情。

教师职业生涯一般可分为职业初期、成长期、挫折期、稳定期、消退期和离岗期。由于学校系统的相对封闭性,与外界之间的信息对流相对较少,年轻教师在职业挫折期感到自己对日复一日的教育教学事务已无新鲜感,工作激情降低,乐趣减少,工作热情远不如前,工作仅仅作为谋生手段的情绪体验十分固定,职业倦怠易于发生。

心理解读

1. 职业认同感产生高原反应

一般来说,工作5年以上的教师,就会产生职业冷漠感,太有规律的工作、按部就班的生活,是很容易熄灭一个人的激情的。一位老师说:同一篇文章讲了无数遍,真的感觉很乏味,几十年就这么过来了,实在无奈得很。对生活富有激情的内心追求与客观情况的差异,往往会引起一个人的矛盾心理,使之产生对职业的反抗情绪,导致拒绝感与平淡感的消极心理发生。

2. 生理耗竭带来情绪衰竭

案例中的丽丽从怀揣理想,到工作之初,每天都加班加点,从不懈怠,以致体力透支,后来出现了头疼、失眠、情绪低落的症状,进而对工作越来越心不在焉,一走进课堂就感到烦躁,最后辞职,经历了一个职业倦怠的阶段发展过程。

丽丽的职业倦怠从"蜜月期"开始,怀揣着"教书育人"的理想参加工作,热情是非常高涨的,过了一段时间,就开始逐渐到第二个时期"能量耗尽期",也就是说持续地这样一种工作热情的时候,这个热情不可能是永远这么保持着,那么随着这种能量的消耗呢,逐渐的这种工作的乐趣会减退,而且会出现一些筋疲力尽的这样一种感觉,然后会出现一些比如说失眠身体不适这样一些症状。第三个时期就叫做"慢性症状期",由于过度地工作,导致身体出现频繁的生病或者不适,而且情绪上会出现易怒啊,情绪很暴躁,然后变得非常地忧郁等等这样一些特征。

3. 失效感

丽丽一开始是怀揣着"教书育人"理想的,她对于自己的教育工作是有相当的期待的,之后才觉得:当老师太没有成就感了,当了老师以后,学会了混日子。对教师工作的价值失落,也是丽丽辞职的原因。

拓展链接

职 业 锚

Oerr 在 1986 年提出,一个人的职业生涯可分为内、外两种,外职业(externa careers)指由组织对特定职位的限制和给予的机会来定义。内职业(internacareers)则是指个体对工作的知觉和个人成功的定义(即主观职业成功)。对于教师的职业生涯来说,外职业生涯实是枝叶和花果,职业生涯才是支撑职业之树常青的根基,即内职业生涯的发展程度决定了我们外职业生涯的发展程度。显而易见,职业倦怠是内职业的衰竭,那么究竟是什么原因导致内职业生涯的枯竭呢? 职业倦怠的成因非常复杂,但若剪去纠错的旁枝末节,究其本质就是没有找到职业锚,即没有树立正确的职业观念。我可通过分析这方面的原因找到应对策略。

职业锚(careeranchor)是内职业中最重要的成分,它的概念 Schein 在 20 世纪七八十年代提出来的,是从斯隆管理研究院毕业的纵向研究中形成的。简而言之,职业锚是一种从早期工作经历中逐步发展形成的职业自我观,它是自我意向的一个习得部分。个人进入早期工作情境后,由习得的实际工作经验所决定,与在经验中自省的动机、需要、价值观、才干相符合,达到自我满足和补偿的一种稳定的职业定位。职业锚的功能体现在指导个体未来的职业方向和决策上,可被看作是个体永不放弃的动机和价值观,即使是在被迫作出选择的时候。故职业锚是人们选择和发展自己的职业时所围绕的中心,它对个体的工作满意和工作稳定性有着显著的影响。

由于职业锚是个人生涯早期个性特征工作情景相互作用的产物,所以对大多数人而言,职业锚的形成要经历一系列探索过程。研究指出,个体只有在工作了3—5年的时间,从具体工作实践中搜集和获取了对工作的价值观、需要和自省的才干等相关信息之后,他们的职业锚才慢慢地形成。当然,也有一些教师在接受专业训练如接受师范教育的时候就形成了比较确定的职业锚,这种明确的职业方向标成为其矢志不渝奋斗的强大动力,即使历经坎坷,依然以饱满的热情和全部的精力寻求事业上的长足发展。但也有相当一部分教师在工作一段时间后仍没有确定的工作锚,缺乏明确的职业定位,当其面对工作的重负和压力时便缺少足够的热情和工作干劲,容易产生失望和郁闷情绪,放弃高质量的工作参与,从而决定平平庸庸走完自己的职业生命周期,因而对待职业工作便多是平平淡淡予以应付了。故首先是教师职业锚的不确定性导致了职业倦怠问题的出现。其次,职业锚与工作环境的不匹配性进一步加剧了职业倦怠的高发。施恩认为职业锚有不同的种类,经多年研究后他将其划分为八种类型:管理能力型、技术职能型、自由自主型、安全稳定型、生活型、服务型、挑战型和企业创新型。

管理能力型:管理能力型的人追求并致力于工作晋升,倾心于全面管理,独自负责一个部分,可以跨部门整合其他人的努力成果,他们想去承担整个部分的责任,并将公司的成功与否看成自己的工作。具体的技术、功能工作仅仅被看作是通向更高、更全面管理层的必经之路。

技术职能型:技术职能型的人,追求在技术职能领域的成长和技能的不断提高,以及应用这种技术职能的机会。他们对自己的认可来自他们的专业水平,他们喜欢面对来自专业领域的挑战。他们一般不喜欢从事一般的管理工作,因为这将意味着他们放弃在技术职能领域的成就。

自主型:自主型的人希望随心所欲安排自己的工作方式、工作习惯和生活方式。追求能施展个人能力的工作环境,最大限度地摆脱组织的限制和制约。他们愿意放弃提升的工作扩展机会,也不愿意放弃自由与独立。

安全稳定型:安全稳定型的人追求工作中的安全与稳定感。他们可以预测将来的成功从而感到放松。他们关心财务安全,例如:退休金和退休计划。稳定感包括诚言、忠诚,以及完成老板交代的工作。尽管有时他们可以达到一个高的职位,但他们并不关心具体的职位和具体的工作内容。

生活型:生活型的人喜欢允许他们平衡并结合个人的需要、家庭的需要和职业的需要的工作环境。他们希望将生活的各个主要方面整合为一个整体。正因为如此,他们需要一个能够提供足够的弹性让他们实现这一目标的职业环境。甚至可以牺牲他们职业的一些方面,如:提升带来的职业转换,他门将成功定义得比职业成功更广泛。他们认为自己在如何去生活,在哪里居住,以及如何处理家庭事务,及在组织中的发展道路是与众不同的。

服务型:服务型的人指那些一直追求他们认可的核心价值,例如:帮助他人,改善人们的安全,通过新的产品消除疾病。他们一直追寻这种机会,即使这意味着变换公司,他们也不会接受不允许他们实现这种价值的工作。

挑战型:挑战型的人喜欢解决看上去无法解决的问题,战胜强硬的对手,克服无法克服的困难障碍等。对他们而言,参加工作的原因是工作允许他们去战胜各种不可能。新奇、变化和困难是他们的终极目标。如果事情非常容易,他马上变得非常令人厌烦。

企业创业型:企业创业型的人希望使用自己的能力去创建属于自己的公司,并创建完全属于自己的产品(或服务),而且愿意去冒风险,并克服面临的障碍。他们想向世界证明公司是他们靠自己的努力创建的。他们可能正在别人的公司工作,但同时他们在学习并评估将来的机会。一旦他们感觉时机到了,他们便会自己走出去创建自己的事业。

有学者指出当个体的这些职业锚类型与工作环境不一致时会导致不满情绪的产生,而当个体在内部职业锚和外部环境中达到一致的时候,最有可能在工作中取得积极的结果。最近研究结果显示八种锚型在教师中都存在,比较突出的锚型是:生活型 38.13%,服务型 25.63%,安全型 30.63%。陈孝玲撰文指出,教师中属于管理锚型、自由锚型、生活锚型的人感受到较低的工作满意度,工作稳定性也较低,可以设想在相同的工作与社会环境下,这些人更易产生职业倦怠;教师中属于技能锚型、安全锚型、服务锚型和挑战锚型的人感受到的工作满意感较高,工作稳定性也较高,可以设想这一群体能更好地面对工作压力和社会问题,达到教师个体与职业之间的和谐发展。上文统计数据显示生活锚型的教师在全体教师中的比例最高,而这一锚型与教师职业匹配度不高,所以,可以从某种程度上解释教师职业倦怠的成因。

因此,要避免职业倦怠,做好教师职业生涯的开发与管理是一项重要的保障。而在职业生涯的开发与管理的这个系统问题中,首要解决的就是职业锚问题,在职业生涯中,一旦找到职业锚,你就一定能摆脱职业倦怠。职业锚明确的人一旦找到最佳贡献区,则会"下锚"生根,努力创新发展。故笔者认为从事教师职业的每一个个体,都应在选择专业之前接受一定的职业锚方面的标准化心理测试,并接受适当的职业实践训练,就像医学院学生一样进行为期一到两年的实际工作,从而真正明确你的职业锚,并选择与职业锚相匹配的工作环境,确定你的职业发展方向,实现自己职业生涯的蓬勃发展。此外,学校的管理者应考虑教师不同的职业锚型创造弹性的职业发展道路,通过激励和奖赏制度,多样化的培训计划来满足不同锚型教师的内部心理需要,真正实现人力资本的增值。可以相信,在教师与管理者的共同努力下,我们的教师一定会突破职业心理极限,促进职业生涯发展,使内职业根基坚如磐石,外职业枝繁叶茂,内外职业和谐发展,在长度有限的职业生涯中不断拓展职业发展的高度和宽度,真正避免职业倦怠。①

 调适策略

1. 坚持正确的信念和职业理想

"教师的信念和职业理想是教师在压力下维持心理健康的重要保证"。有人曾比喻,对某一事业的信念和理想是职业倦怠的最好解毒剂。坚定正确的教育观念和积极的教师信

---

① 吴艺,廖欣星.从职业规划角度看教师职业倦怠[J].职业时空,2007(22).

念,培养对学生无私理智的爱与宽容精神,对防止教师职业倦怠是至关重要的。

职业倦怠来自于个人、组织与社会等方面。作为教师本人,更应清醒地认识到倦怠是源于自己所遇到的压力。故应努力提高自己的耐压能力,一个具有自信和耐压能力强的人是不容易倦怠的。再有以开放的态度来学习新的策略以便应对将来可能遇到的压力,培养良好的个性特征。

2. 形成自己的职业锚,加深职业情感

有追求才有劲头。无论是班级管理还是教学工作,教师都要有一个大追求和小目标,通过一个个小目标的实现,完成自己的大追求。而每一次的成功,都会带给你快乐、喜悦和成就感。教师正是在一次次成功的愉悦中,不断培养和加深对职业的情感。试想,一位热爱自己职业的教师,他还会感到职业倦怠吗?

职业锚是人们选择和发展自己的职业时所围绕的中心,它对个体的工作满意和工作稳定性有着显著的影响。形成比较确定的职业锚,这种明确的职业方向标会成为教师矢志不渝奋斗的强大动力,即使历经坎坷,依然以饱满的热情和全部的精力寻求事业上的长足发展。如果在工作一段时间后仍没有确定的工作锚,缺乏明确的职业定位,当其面对工作的重负和压力时便缺少足够的热情和工作干劲,容易产生失望和郁闷情绪,放弃高质量的工作参与,从而决定平平庸庸走完自己的职业生命周期,因而对待职业工作便多是平平淡淡予以应付了。

3. 平衡好工作与生活

教师在日常的工作与生活中要学会平衡,不应把所有的精力都用于工作,把工作当作生活的全部很容易让生活变得单调、枯燥,而且长时间的工作而没有放松,会带来生理耗竭,加速倦怠,缩短职业寿命。平衡好工作与生活,可以通过丰富多彩的业余生活,冲淡工作的压力,让工作与生活松弛有度,从而使自己的职业热忱始终得以维持,延长自己的职业寿命。除了日常的游泳、散步、做操、洗热水澡、听音乐,和家人或朋友聊聊天,去美容院换个发型,或给肌肤补充一些水分等松弛方法外(还可以学习放松训练技术来应付压力),在一旦出现焦虑性的心理障碍或抑郁性心理障碍时,不妨想办法休假几天,外出旅游,亲近自然。新鲜的空气、悦目的景色、鸟虫的鸣叫,将把心头的阴云一扫而光。

问题二　如何抵御疲惫的侵蚀

案例呈现1

马丽是一名中学教师。几年前,她还是充满活力的,可是现在的她看上去神态疲惫,脸色枯黄,她说每天学生、家长、校长、计划、考试、检查让她无休止地忙碌着。她从前最喜欢的逛街、游泳、唱卡拉OK也都渐渐远离了她的生活。忙碌而疲惫的生活让她对一切失去了热情,她像一把因风吹、日晒、雨淋而褪色、破旧的遮阳伞,疲倦、无力地支撑着。她说:"你知道吗?这就像一个人在窄窄的楼道里爬楼梯,疲惫、压抑、无趣可又无法停止。日复一日,年复一年。"

 **案例呈现 2**

李老师任教于北京海淀区一所重点中学。连续多年被学校和区里评为优秀教师、教学骨干。新学期开学,校教导主任找到她,让她连任年级组长。在很多人看来这是学校对年轻教师的信任和工作的认可,没想到,闻讯后的李老师竟然号啕大哭。她冲着教导主任大喊:"我不想干了,太累了。""我觉得自己都有心理疾病了,经常处于焦虑、敏感、紧张的状态,而且容易疲劳、烦躁、情绪失控。"感觉到自己心理状况不对劲,李老师曾经偷偷做过一个用于入学新生的心理测试,结果让她很忧虑——抑郁倾向严重。

 **案例呈现 3**

在同事眼里,赵强是一位十分敬业的老师,为了做一个课件,他可以熬上一整夜。但这个学期开学后,他脸上总挂着疲倦的神色,变得越来越不爱说话,因为他带了个高中差班:"我每天早晨 6 点起床,但不到 5 点钟就会醒,脑子里想的全都是今天的课怎么上,哪几个学生的成绩又掉下来了,如何完成这个学期的教学任务……"赵老师形容自己每天的生活就像上足了弦的陀螺,高速运转着。赵强每天早上 7 点开始带学生上早自习,下午 5 点正课结束了,还要再上至少两个小时的晚自习。除了上课,他经常利用业余时间给成绩不好的学生"开小灶"。"但学生和家长并不领情,成绩没长进不说,竟然还向学校告状,说我占用了学生的休息时间。"赵强感到很委屈……

 **现象分析**

教师这一职业工作烦琐、细腻,只要肯做就无休无止。有做不完的事,讲不完的课,教不完的学生。一项针对部分城市中小学的调查显示,教师每天在校的工作时间平均在 10 小时以上,人均日劳动时间量比其他岗位一般职业超出 1.67 小时,睡眠时间平均少 1 小时。如果再加上教师下班后的备课、批改作业、家访、个人进修学习、辅导学生课外活动等,平均每天工作时间在 12 小时以上,而且双休日和寒暑假的休息也往往没有保证。教学成绩排队,职称评聘竞争激烈,日趋复杂的师生关系、教师与家长关系,工作强度不断增大,无一不让教师们身心疲惫。为什么教师的工作会那么辛苦?为什么教师的工作量会那么多?多到影响了大部分人的生活平衡?主要有以下几个原因:

首先,在师生比例方面,大多数学校都存在不合理的现象。新华网最新发表的社论指出:我国高等教育师资总量严重不足,结构性短缺更为突出,教学水平有待提高。目前我国全日制普通高校的生师比已近 20∶1,大大超过了美国 14.2∶1 和国际经合组织国家 14.4∶1 的水平,专任教师缺口达 20 多万人。事实上,按照规定,一所学校的每个班级的学生数不应超过 45 人。但由于存在扩招、借读、旁听等因素,一些学校每个班的学生数接近 60 人,有的甚至超过 60 人,但是教师的工作量依然按照每班 45 人计算。这在无形中就为已经力量不足的教师队伍又增添了沉重的负担。

其次,在教学方面,多数的学校依旧是围着一个"考"字来转。学生为考试吃苦,教师也跟着受累。单方面地追求成绩使得教师和学生的"双休日"、节假日被无休止的补课所代替。待到考试来临,教师们更是牵肠挂肚、寝食不安。学生考好了当然皆大欢喜,万一考"砸"了,教师的日子可不太好过:上级的领导不满意,家长更是不乐意,甚至还会将一腔怒火转到教师身上。

与此同时,不仅仅有一份又一份的考卷等待教师批改,还有一个接一个的工作报告、总结、教案等着教师完成。单就每学期开学和期末规定应上交的形形色色、名目繁多的计划和总结之类来看,教师的负担就够重了。举个例子来看,某学校规定的上交计划有:学科教学工作计划、教研计划、尖子生辅导计划、后进生辅导计划、课外兴趣小组计划,外加电化教学计划、教学改革计划等等。除此之外,属于检查验收的还有听课记录、政治学习笔记、教育理论学习笔记等。假如教师担任了班主任工作,还有班主任工作计划、周会德育课教案、家访安排、家长会安排计划等一大堆。自然而然,有计划和安排,期末结束的总结也是少不了的。

于是教师不得不延长工作时间,超负荷工作。一位教师无奈地说:"我每周所有的课时加起来有20多节,几乎没有双休日、'五一'长假、国庆'黄金周'等概念,寒暑假也只能休息一两周。想要去书店看看书,根本没有时间;想要培养些爱好放松一下,根本没有多余的精力。总觉得像个陀螺似的从早转到晚,一口气都喘不上,脑袋里天天有根弦绷得紧紧的。"

 心理解读

1. 角色超载

案例中的教师不断尽力去满足超出自己能力范围的"角色"的要求,牺牲自己的休息时间,使生活失去应有的平衡,导致身心疲惫,进而对工作散失热情。

大量研究表明,如果出现工作任务繁重,完成任务的时间太紧,所带班级学生数量过多,需要完成的文案工作过多,或者是所交付任务超出教师的能力和范围等情况,都会给教师造成过大的工作压力,从而形成"角色超载"现象。一项对美国教师的调查表明,一些没必要的文本工作(比如各种各样的计划、总结)不仅没有为他们的工作提供有效的帮助,反而浪费了大量宝贵的教育教学时间。

美国学者萨顿指出,"角色超载"现象可能引发两种反应:一种是教师的工作质量下降或根本不去完成工作,这会直接导致教师的焦虑和低自尊。另一种反应则是教师继续不断尽力去满足已经超出自己能力范围的"角色"的要求,这会导致教师更加缺乏休息时间,于是身心疲惫,更有可能出现家庭问题(这是由于他们无暇关注家人所致)。这两种反应都极可能导致教师产生职业倦怠。目前国内研究也发现,工作量过大本身对教师职业倦怠的直接影响可能并非很大,但超额的工作量却可以通过影响教师的职业角色定位及其个人方面的种种因素而间接加剧职业倦怠。

2. 疏离

压力让教师变得越来越疏离学生,不愿意深入到学生的问题中去。他们对学生不再深入去关心,讥讽学生所犯的错误,稍不如意的事情都令他们难以忍耐。有些教师甚至会把怒气发泄到学生身上去,没来由地惩罚学生们,使师生关系非常紧张,彼此产生很深的隔阂。

身心疲惫使教师在教学水平下降的同时,他们对学生的情感付出也在减少。也许他们还是喜欢学生的,不过他们已经不能把这种感情表达出来了。当他们看见学生们的时候,等于眼前晃动着无数麻烦,或者是显现的,或者是潜在的。这让他们笑不出来,也没心思笑。他们上课的时候没精打采,讲的课不生动,也不有趣,只是枯燥的讲解,然后做练习。学生们对这样的课兴趣缺乏,也不动脑筋思考,他们坐在那里发呆、溜号,或者偷偷地看其他书,或者干脆就睡觉。学生这样的学习状态自然是不能令教师满意的,老师们感到失望、气愤,觉得不被尊重,他们会急躁,会批评训斥学生,态度强硬,不讲方法。

拓展链接

工作不匹配理论

职业倦怠因工作而起,直接影响到工作准备状态,然后又反作用于工作,导致工作状态恶化,职业倦怠进一步加深。它是一种恶性循环的、对工作具有极强破坏力的因素。因此,如何有效地消除职业倦怠,对于稳定员工队伍、提高工作绩效有着重要的意义。

主要内容:

Maslach 和 Leiter 于 1997 年提出了职业倦怠的工作匹配理论。他们认为,员工与工作在以下六方面越不匹配,就越容易出现职业倦怠,包括:

工作负荷:如工作过量;

控制:控制中的不匹配与职业倦怠中的无力感有关,通常表明个体对工作中所需的资源没有足够的控制,或者指个体对使用他们认为最有效工作方式上没有足够的权威;

报酬:可以指经济报酬,更多的指生活报酬;

社交:比如员工和周围的同事没有积极的联系(有可能由于工作把个体隔离或者缺乏社会联系,但同时工作中与他人的冲突影响严重);

公平:由工作量或报酬的不公平所引起,评价和升迁的不公平则容易带来情感衰竭;价值观冲突:员工和周围的同事或上司价值观不一致。

个体的干预强调:

工作不匹配理论提倡对职业倦怠的干预训练项目,应该放在对工作不匹配的转变上。这就不仅需要对员工个体进行训练,更强调在管理上的训练。管理上的训练,是指改变上述六个工作不匹配中的一个或多个,这就非常需要组织的配合。只有员工个体和组织干预双管齐下,才可能收到满意的效果。该理论对目前组织干预具有指导作用。

虽然对职业倦怠的有效干预,目前还没有明确的答案,但该领域的专家们还是根据已有的研究和自己的经验,给出了一些建议,希望能够帮助正处于职业倦怠困境中的个体和组织。其中指向个体的干预强调:

认知改变:要求个体更清楚的认识自己的能力和机会,不会因为不恰当的期望和努力失败产生职业倦怠;

积极面对问题:采取更积极的应对手段,而不是逃避;

归因训练:把问题的原因归结为个体可以控制的因素,如能力和努力等,将帮助你成为更加内控的人;

另外,更积极地表达自己的意见,尽最大努力地去改变环境,以及合理的饮食和锻炼,都有助于你逃离职业倦怠的困扰。

 调适策略

1. 正视工作压力与倦怠的存在,建立合理的专业期望

作为教师不能一味地强调专业的自主性和为社会培养人才的重大责任,应了解到自己事业发展的可能性及其受限性,承认自己首先是一个平凡的生理个体,会有七情六欲,喜怒哀乐。只有正视自己的优点、缺点,才能做一个真实的人,而不是古书中的圣贤。师资培训机构应通过教学参观、学习、讨论等活动,让教师认清他们真实的工作世界,甚至提供各种辩论的情境,以帮助他们正确认识其从事教育工作的动机与职责所在。

2. 学会放松自己

放松是指身体或精神由紧张状态向松弛状态过渡。当压力事件不断出现时,持续数分钟的放松,往往比一小时睡眠的效果还好。除了日常的游泳、做操、散步、洗热水澡、听音乐等松弛方法外,教师还可以学习一种叫"放松训练"的应付压力技术。这是一种通过机体的主动放松来增强自我控制能力的方法。在一个安静的环境中按一定的要求完成某种特定的动作程序,通过反复的练习学会有意识地控制自身的心理生理活动,可以降低机体唤醒水平,增强适应能力,调节因紧张反应而造成紊乱的心理生理功能。由于这种松弛是持久的、有益的、是由自身努力形成的,所以容易形成对环境的控制感,而这种控制感对减少环境压力所造成的紧张是非常重要的。

3. 寻求社会支持

研究表明,当其他威胁健康的因素发生时,缺乏社会支持的人比那些经常有朋友交往,有较多社会支持的人更可能生病甚或死亡。当教师受到压力威胁时,不妨与家人或亲友同事一起讨论目前面临的压力情境,在他们的帮助下确立更现实的目标,以及对压力的情境进行重新审视。另外,一些消极情感如愤怒、恐惧、挫折等也可以借此得到一定程度的宣泄,这对舒缓压力和紧张的情绪有非常重要的意义。

问题三 对待这群学生,你该怎么办

 案例呈现

小吴是一名职业学校的老师,当了几年中专班主任的他,做梦都渴望哪天能不当班主任、不教书。曾经怀揣的一些教育理想,在那群中专学生那里摔得粉碎。这些学生真的是太难管理了,几年下来,他在班级管理和教学工作中都投入了很多感情和精力,可是结果令他伤心、寒心,尽管他苦口婆心,还是有那么多学生不遵守课堂纪律、不写作业、考试作弊……对待他的教导,学生也常常是无动于衷,有的学生甚至还和他叫板,现在他走进教室的步子越来越迟疑,以前对待学生的那份热情也在渐渐消逝,小吴知道自己还年轻,后面的若干年里他还得上课,可能还会担任班主任,他很焦灼:现在的职校学生,到底该怎么教育?

 **现象分析**

众所周知,职业学校生源不佳,学生素质整体偏低,大多数学生在学习习惯、学习品质、秩序感以及教养方面都存在一些问题,相当一部分学生还存在不良性格特征,使教师感到非常棘手。他们中很多人都存在着这样或那样的问题,有些原来就是初中时代,甚至是小学时代的"捣蛋王",组织纪律淡薄,缺乏责任感,自控能力差,破坏性强,对学习漫不经心,浑身沾染不良习气,有相当部分顽劣至极,屡教不改,软硬不吃,就像定时炸弹一样随时可能发生重大违纪甚至违法行为,还有的性格怪异、偏执,听不进老师的教导,动辄顶撞老师,对老师动手者也屡见不鲜。可以说是一群又一群的"问题"学生,"先天不足"的生源是引发师生矛盾、造成师生关系不和谐的最主要原因之一,课堂是师生产生对立与冲突的主要场所。学生的难教育成为职业学校教师倦怠的主要影响因素,学生对学习的淡漠、抵触,教育难度的日益增加,与教师"教书育人"的职业愿望和要求直接冲突,构成了职业学校教师所特有的、特殊的压力。这种持续的压力使教师感到失望和无奈,身心疲惫不堪,长此以往,心理的疲劳与精力的衰竭必然会导致教师的职业倦怠。

案例中的小吴是一位年轻的、对教育曾经怀有梦想的老师,来到职业学校,对待现在的中专学生其实并没有相应的了解,他的教育理想只是一个虚幻的职业期待,是独立于教育对象之外的,这必然会是无根之木、无本之花,一旦教育对象以一种不合期待的姿态闯将出来,他的理想必然幻灭。可以说,这位小吴老师一开始并未做好担任中专生班主任的相关信息和策略储备,所以几次和"难教育"的中专生交锋失败之后,也就热情渐失、心灰意懒了。

 心理解读

1. 不能驾驭

教师是与人打交道的职业,和其他一些也需要长期与人密切接触的职业,如医生、警察、销售人员等一样,是比普通人群更容易产生较大心理压力的。教师的工作性质本身对于情感投入的强调以及工作负荷的强度都是巨大的,尤其是班主任。从事职业教育的教师受众对象是异常复杂的,这本身就是对教师身心的极大考验,从身体到心理,从知识到思维方式,当面对的人或事物过于复杂,自己不能从容应对的时候,也会变得身心疲惫。教师职业面对的学生实际上是一个不断变化着的生命体,学生的学习意愿和学习能力的开发对教师来说其实是一个黑箱。有智慧的教师往往容易猜透里面的奥秘,从而应付自如,体验到职业的成功所带来的快乐。但是对另一些教师来说,职业的适应性和驾驭能力如果不是很强大的话,只能疲于应付,一段时间下来,身心疲惫的现实感受把原有的职业期待和热情渐渐冲淡了,就会对学生失望,对教学失去憧憬,感觉无能为力,从而对自己的职业前景产生了怀疑,对工作丧失了信心,甚至产生恐慌和抗拒的心理。这个时候,教师的幽默感减少甚至消失,灵活的教育智慧变少,没有生命活力的话语与动作变多,师生之间不必要的冲突增多,在教师职业中的乐趣越来越少。

2. 成就感低

职业学校一直被认为是"三流学校"、"杂牌军",在家长和社会各界的眼中地位很低,职业学校的教师都不如普通高中的教师被认可和尊重,教师常常感到工作不被理解、不被重视,工作成绩不被肯定。普通高中每年考取的大学生看得见、摸得着,政府又是表扬又是奖励,晋升渠道也通畅,而职业学校的教师培养出来的是社会地位不高的实用性人才,即便付出了很多心力,但成绩无法像普通高中那样方便衡量,得不到相应的社会认可。普通高中教师即便辛苦,也常常有"桃李满天下"的精神慰藉,而职校教师辛辛苦苦地耕耘却不一定能换来学生感恩之心……

很多年轻教师工作之初往往社会期望值和自我期望值都比较高,但是社会偏见、理想与现实的巨大反差挫伤了他们,特别是一些自我要求高的教师的工作热情,使有些职校教师认为投入再大的也不会被社会认可,因而心生倦怠。

3. 缺乏支持

职业学校生源不佳,通常德育工作比普通中学要投入更多的精力,但学校很少给予教师(尤其是班主任)系统的相关知识与能力的培训,加之本身的进修渠道非常有限,在科室制组织结构的体制下,教育水平成长的阶梯相对减少,教育工作成了无源之水。另外,有些职业学校除繁重的教育教学任务外,教师还要承担部分管理、科研及其他社会工作,教师自主学习的时间较少,学校气氛趋向于紧张忙碌,青年教师参加工作时间不长,不善于控制自己的情绪和自我调节,久而久之,便易产生倦怠、消极应付、对所教学生冷淡厌恶等情绪和行为。

此外,教育工作往往需要家校合力才能取得一定的效果,职业学校的学生家长对教育的理解往往都还有欠缺,教师(尤其是班主任)在教育的过程中很难得到家长的大力支持,家长不配合学校管理,不认可教师的一些做法,甚至找教师麻烦,此类情况时有发生。教育界所谓的"5+2=0"的现象在职业学校很普遍,这让很多教师感觉到自己在做无用功,工作的热情便渐渐消逝了。

拓展链接

职 业 期 待

期待理论是由美国心理学家弗鲁姆(Vloom)于1964年在他的《工作与激发》一书中提出来的。这一理论的基本观点是:人们只有在预期其行动有助于达到某种目标的情况下,才会被充分激励起来,从而采取行动,以达到这一目标。弗鲁姆认为,激励的力量来自于目标的期待,而激励则是选择的过程。如果个人有了特殊的目标,为了达到这个目标,他就要做出某种行动。但在做出最后行动之前,他要对有可能实现这一目标的种种行动进行比较和权衡,最后选择并采取他认为最有成功把握的行动。

期待理论具体应用到职业领域,称为职业期待。这一理论的研究是随着职业指导工作和职业心理学的发展而兴起并不断深入的。上世纪二三十年代,西方理论界首先对以职业期待为中心的择业问题进行了研究。五六十年代,职业心理学研究成为西方国家研究的热门课题之一。职业期待直接影响人对职业的选择,并进而影响人的整个生活。一个人的择业目标是否能够实现,除了个人才能、机遇等条件之外,主要决定于个体的职业期待是否合理。职业期待影响着人们的工作态度和劳动积极性,制约着社会生产力的发展。

1. 国外关于职业期待的概念界定

职业期待,又称职业意向,是劳动者对某项职业的期待,也就是希望自己从事某项职业的态度倾向。职业期待来自劳动者个体方面的行为;职业期待不是空想、幻想,而是劳动者的一种主动追求,是劳动者将自身的兴趣、价值观、能力等与社会需要、社会就业机会不断协调、力求实现的个人目标;职业期待不同于职业声望。职业声望是职业地位的反映,是社会的人们对某种职业的权力、工资、晋升机会、发展前景、工作条件等社会地位资源情况,亦即社会地位高低的主观评价。其含义完全有别于职业期待,二者不可混淆。同时,二者也有联系,劳动者个体所追求和希望从事的职业,当然多是社会声望高的职业;职业期待直接反映着每个人的职业价值观。一个人的择业目标是否能够实现,除了个人才能、机遇等条件之外,主要取决于个体的职业期望是否合理。

2. 职业期待的分类

按照职业期待的发生过程,可将其分为自然性职业期待和社会性职业期待;按照职业期待所指向的对象,可将其分为物质性的职业期待和精神性的职业期待;按照职业期待实现的程度,还可将其分为合理性的职业期待和不合理性的职业期待等。

3. 职业期待研究的代表理论

由于学者们的职业心理理论观点和研究方法的不同,他们的职业期待理论也有相当大的差异,具有代表性的理论有:

特性因素理论是最早出现的职业选择理论,该理论是由帕森斯创立,威廉姆逊发展成形的。该理论认为每个人都有自己独特的人格特征与能力特点,并与社会的某种职业相关联。每个人都可以找到与其特征一致的职业,以达到人与职业之间的合理匹配。

发展理论就是从动态角度研究人的职业行为和职业发展阶段的。发展理论的代表人物是金兹伯格和萨帕。他们认为职业发展包括三个阶段:① 幻想阶段(11岁前);② 尝试阶段(11—18岁);③ 现实阶段(18—20岁)。

以舒尔茨为代表的人力资本投资理论的核心是,人的素质是经济增长的决定因素,即人力资本投资作用比物质资本投资更大。舒尔茨认为,这一点是现代经济发展中最突出的特征。舒尔茨人力资本投资的主要观点可以概括如下:① 人力资本投资是经济增长的主要源泉。② 人力资本投资是效益最佳的投资,且人力投资的目的是为了获得收益。③ 人力资本投资的消费部分实质是耐用性的,甚至是比物质的耐用性消费品更加经久耐用,即人力资本投资的回报是长期性的。

塞普尔(super1957,1963)提出了职业发展的自我概念理论。塞普尔认为人的每一个发展阶段都有其特定的发展任务,并且前一阶段发展任务完成与否,影响到后一阶段的发展情况。他认为职业选择可分成五个基本阶段:① 形成期(14—18岁)相当于中学,对工作有初步的想法;② 探索期(18—20岁)相当于中学、中专毕业到上大学,根据职业爱好缩小职业选择范围,从而迈出职业选择的第一步;③ 建立期(21—24岁)根据职业爱好完成训练并受雇,相当于大学;④ 维持期(25—35岁)安于适应的职业选择;⑤ 巩固期(35岁以后)地位提高,出成就。塞普尔于1957年提出了人们在择业时最重视的15个条件。后来,金耐(Kinnanee)等人1961年将其缩减为独立性和多样化、工作条件和同事、社会和艺术、安全和福利、名望及创造性等六个纬度。1982年拉斯堡(Larebeau)则抽取了名望、利他、满意、个人发展等四个因素,总的来看,他们倾向于把职业期待纳入个性(人格)的范畴。①

 调适策略

1. 培养正确的认识

有关专家指出:"教师的信念和职业理想是教师在压力下维持心理健康的重要保证。"作为职校教师要充分认识职业教育的重要性。职校就是我们奋斗的阵地,不管前面的路有多坎坷,也不管面临怎样的困境,我们都必须以敬业的精神、开阔的心境、积极的心态去走好每一步,从而形成对本职工作的责任感和荣誉感。只有在正确理念的支持下,工作中才能做到开拓前进,努力寻找科学的教育教学方法,形成独特的教育教学风格,实现由"教书匠"向"专家型"教师的转变,才能淡泊名利,全心全意把知识、智慧、爱心全部奉献给学生;才会在困难与挫折面前不气馁,并从教育教学中得到应有的职业享受。

2. 包容你的教育对象

来到职校的学生,很多都是值得同情和需要关爱的,他们往往是不负责的家庭或不幸家庭的牺牲品,在看似无所畏的外表下常常隐藏着令人唏嘘的故事,家庭教育的缺失、不良的经历或特殊的身世是他们表现异常的主要原因,他们因不好的行为习惯而动辄被批评,进而成为被忽视和缺乏关爱的群体,在不被肯定的环境中,他们形成了并不良好的自我概念,长此以往,他们离"好学生"称号越来越远……正像敏感度差的照相底片需要更长时间的曝光一样,职校的学生其实更需要"爱和鼓励"的阳光给以更鲜明、更长久的照耀!

如果职业学校的教师(尤其是班主任)在学生每一次犯错误时,不是本能地训斥、厌弃,而是换个思维,考虑到学生的成长经历和环境,研究他们,探寻他们犯错的原因,给予爱与包容,并且足够多且持久,那么久而久之,你一定会收获良好的师生关系,以及学生对你的尊重和信任,同时也就体味到了教育工作的幸福。

3. 坚持学习

教育是一项成长事业,作为知识的传递者和成长的引领者,教师需要掌握一定的教育教学知识和能力,同时也要与时俱进地学习新知识,超越自己,始终保持"源头活水"的教育姿态,这样才能用丰富的知识和开阔思想游刃有余应对教育和教学工作。

4. 确立目标,建立适当的抱负水准

在基础课教学上,职校教师虽然无法与普教教师拥有同等的发展空间,但是仍有很大的发展空间,并且在专业教学和德育工作方面也具有独特的发展前景,只要有理想、抱负、激情和责任,职校教师同样可以收获成功的喜悦。在对目标的追求中体会奋斗的乐趣,在一次次成功的愉悦中,不断培养和加深对职业教育的情感。试想,一位在事业上有所追求的教师,他还甘做平庸、无所事事的"教书匠"吗?还会感到职业倦怠吗?因此,中职教师应加强个性修养,完善自己的知识结构,丰富自己的教育交往,提高自己的教育教学能力,不断追求事业上的成就。

没有明确奋斗目标的职校教师,只会被繁乱的事务推着走,不可能成为优秀的教师。但是对自己的抱负水准也要适度,抱负水准过高或过低都不利于自我发展,过高,往往造成挫

---

① 陆楠,王欲晓. 国内外关于职业期待的研究简述[J]. 教书育人:高教论坛,2010(9).

折、焦虑,产生失败体验,损害自信心;过低,则没有激励作用,更谈不上满足感。

问题四　如何对待"90后"学生

案例呈现

王老师从教近30年,教学功底深厚,教育教研成果显著。最近王老师被告知,教学评估中约有50%的学生对他的评价是不合格,远低于多位刚毕业的教师,这让王老师很受伤,仿佛突然被泼了一盆凉水,透心凉!王老师上网得知,他被学生在私下推举为学校教师的"冷圣",王老师感到深深的无奈:"90后"学生究竟需要什么样的老师?

现象分析

近年来,很多教师,尤其是中老教师,有种感觉:从教多年,突然觉得不会教了,90后的学生让他们"找不着北"了。80后的学生上课时大多坐姿端正,注意听讲,先举手后回答问题,不会回答时会觉得很丢人,被老师叫到办公室像进了阎王殿,听说见家长会魂飞魄散。90后的学生很多站没有站相,站在座位上还和其他同学交头接耳,你在上面大声讲,口干舌燥,他们在下面小声讲,还嫌你的声音小,他们听不见。你叫他们回答问题,他们不会也不觉得害羞,面带笑容若无其事地看着你。想叫他们到办公室和他们谈谈心,他们根本不买账,想联系他们的父母,给你的号码是空号。你会气不打一处来,还没触及他们皮毛,就要威胁要到教育主管部门去告你……

"90后"学生是在快餐文化和网络文化环境下生长起来的,他们好奇心强,接受新生事物能力强,但缺失真正的信仰;自信又脆弱,敏感又自私,承受挫折能力较弱;反叛意识强烈,内心世界从童年就开始变"老",更懂成人规则;喜欢张扬自我个性,极力表现与众不同,但缺乏团队意识……

而大部分教师身上显示了更多的传统文化和精英文化,所以大到做人的观念,小到一个词语怎么应用,师生之间的价值判断都可能产生分歧。经过几次这样的冲撞,教师与学生之间便形成了对立情绪,老师很气愤,抱怨学生一届不如一届,学生很无辜,觉得老师太out了。结果可想而知,教书和育人,一个目的也没有实现。

心理解读

1. 文化认同有难度

由于"90后"学生的成长环境与大部分教师成长的文化环境差异较大,带来彼此价值观上的冲突,比如:中老年教师求同、内敛的做人风格与"90后"学生求异、张扬的处事风格,中老年教师的长幼尊卑观念与"90后"学生的平等散漫作风,中老年教师的教育执著与"90后"

学生的固执偏激。可以说,中老年教师所教导的是生活的意义,而"90后"学生更关注的是生活的风格,二者之间很难达到彼此认同。

2. 教师的教育理念和职业追求滞后于"90后"学生的人文需求

现代教育理论认为:教师与学生应在平等交往的基础上,在沟通、理解、对话、交流中实现师生和谐发展;学生通过自主、创造性的学习,使个性差异得以弘扬,个性得以发展。这恰恰表达了"90后"学生的人文需求和教育期盼。而部分中老年教师在专业成长过程中存在着"高原现象",教学水平出现了停滞甚至倒退的现象,缺乏主动发展的内趋力,知识结构和体系需要更新换代;部分中老年教师死守着"严厉、灌输、尊卑"的单向的传统的教育理念,难免不与"90后"学生产生深层次的心理碰撞。

3. 教育改革加剧了中老年教师和"90后"学生心理沟壑

课程和教育改革需要一定的现代教育手段来实现,但如果把课程改革的重心理解为教育手段的更新和电化教育的普及,就势必把中老年教师当成假想"敌人",消磨中老年教师的革新精神和激情。当我们大谈教育过程中的"情感、态度、价值观"时,常常忽视了教师的"情感、态度、价值观",使部分中老年教师对学校和学生发展情感冷漠。诸如此类产生的中老年教师的消极灰暗心理,与"90后"学生对教育和教师的期盼越来越相去甚远。

4. 素质教育与应试教育的分裂现象动摇着"90后"学生对教师的崇敬

当今,素质教育与应试教育相持不下,过程评价和中考高考终极评价并驾齐驱,中学教师既要满腔热情地接受各种现代教育评价的考察,又要实实在在地接受中考高考的考验。在这种大环境下,中学教学必须在新课标和旧机制之间游走,造成适应考察与应付考试的行为分裂现象。"90后"学生与生俱来的应变能力可以较好地领会这种行为分裂现象,但教师在他们心中的形象已经模糊了……

 拓展链接

代　沟

代沟,也称代际冲突,上世纪60年代,美国学者玛格丽特·米勒从文化人类学的视角最早提出这一概念,她把两代人之间思想观念、价值取向、人格特质、生活方式等方面的差异、隔膜乃至冲突形象地称之为"代沟",如其所言"整个世界处于一个前所未有的局面之中,年轻人和老年人、青少年和所有比他们年长的人,隔着一条深沟在互相望着。"

其实,"代沟"虽然是一个现代概念,但代沟现象古已有之,《尚书·无逸》中就有这样的描述"相小人,厥父母勤劳稼穑厥子乃不知稼穑之艰难,乃逸乃谚既诞。否则侮厥父母曰'昔之人无闻知'。"意思是说,请看一般小民,做父母的耕种劳作,年轻一代却不知生活的艰难,只知道享受、放荡,再不就张口顶撞父母说:"你们这些落伍的人,根本不懂事!"如果说在社会变迁缓慢的古代,代沟现象尚不具有普遍性,那么在社会变化如此激烈如此迅速的现代社会,代沟现象已经具有普遍性和局部的对抗性。有多少家庭因为亲子关系的"对峙"而陷入窘境,又有多少学校因为师生之间的"不睦"而影响教育的绩效,在问题的表象之后,两代人都在寻求属于自身的合理答案。

从理论上讲,代沟并不仅仅存在于两代人之间,未成年人与成年人、中年人与老年人之间都可能存在代沟,即便是同一年龄层次的人,由于个体之间的差异,也可能存在类似于两代人的代沟。这里所要探讨的是青少年与成年人之间的代沟,是教育者教师、家长与受教育者青少年学生、子女之间的代沟。在思想和行为上,现代青少年与其父辈确实存在诸多差别,有的甚至截然相反,由此导致代际关系的疏离。在许多师长眼中,下一代人是不成熟的、感性的、过激妄为的、缺乏责任感的、不守规矩的等等而在许多子女眼中,上一代人是保守的、过于理性的、爱唠叨的、不敢冒险的、太务实的等等。由于两代人所处的社会背景不同,"新人类"、"酷生代"、"愤青"、"雅青"等前卫青少年又有意无意地放大了"代差",代沟现象也日益彰显,在局部则会引发对立与冲突。

代沟是有梯度和层级的,在不同梯度和层级上具有不同的表现和特征。代沟的第一层级表现为"差异",这里的差异不是指个体之间的差别,而是指"代差"。代差是代沟的基本表现,在现代社会,代差不可避免,年轻人所面对的世界与上一辈人曾经面对的世界完全不同,因此无法想象下一代会沿袭上一代的生活模式,从心理指向到生活习惯、思想方法、价值理念,代差无处不在,在个体差异的基础上呈现两代人的不同。在这一层级上,代沟是自然而然的,两代人能够求同存异,不具有对抗性质。代沟的第二层级表现为"隔阂",差异并不意味着隔阂,如果不能正视差异,隔阂就在所难免,"代际陌生"是隔阂的集中表现,如果两代人,特别是上一辈人漠视青少年的成长、成熟、主体性,就会引起两代人的"心理错位",产生沟通障碍,青少年的"心理闭锁性"不仅仅是一个心理问题,还是涉及两代人关系的综合问题。在这一层级上,代沟明显地横亘在两代人之间,跨越代沟需要精心的教育引导。代沟的第三层级表现为"冲突",当隔阂的能量积聚到一定程度后,就可能引发冲突。就现在普遍的代际关系来看,代沟主要表现为前两个层级,但冲突现象不可忽视,对于上一代人来说,冲突常常意味着"压制"、"扼杀",对于下一代而言,冲突可能意味着"叛逆"、"颠覆"。在这一层级上,代沟具有对抗的性质,跨越代沟需要实质性的教育干预。

在教育的视野内对待代沟既不能危言耸听,也不能轻描淡写。代沟可能造成代际间的疏远、隔阂乃至冲突,导致亲子关系、师生关系、长幼关系的紧张,影响两代人的身心健康。代沟也具有积极的建设性作用,在宏观上,米德认为代沟具有"文化创新功能",有的研究者认为代沟对社会发挥着以积极性为主的功能,表现为经济功能、政治功能、文化功能和社会功能四个方面在微观上,代沟对个体的社会化、主体性发挥、创新精神的培养等也具有积极的作用。教育的关键不在于如何填平代沟,而在于如何认识、沟通和化解它,在差异、隔阂乃至冲突中,保障青少年一代健康地成长。

1. 代沟缘何而生

从代沟,概念提出伊始,一个焦点问题就是对代沟的归因。在社会学视野内,由于技术的进步、生产力的发展、社会的快速变迁,导致传统价值观的断裂是产生代沟的主因在文化学视野内由于文化的传承与创新,即传统文化的选择与新文化接纳之间的矛盾是产生代沟的主因。这些探究是从宏观上进行的,对代沟的归因具有根源性质。从教育学的角度来归因,更为关注微观的问题。那么,在两代人的交流接触过程中,又有哪些因素容易诱发代沟呢?

(1)价值理念的分化

价值观是统领人的精神生活的核心,代际差异集中体现为价值观的差异,代际冲突首先是价值观的冲突。我国社会正处在全方位的转型时期,价值观的迷茫、冲突与裂变正荡涤着人们的精神世界,相比之下,作为教育者的上一辈人与作为受教育者的下一辈人价值体系建构所遵循的是两条不同的路径在价值取向上,前者更倾向于一元,认为对主流价值的认同、接纳与维护是天经地义的而后者更倾向于多元与一元的共存,他们虽不否认主流价值的存在,但并不认为它是唯一的存在,应该给其他价值存在留下空间。在价值判断上,上一辈人更习惯于社会标准即社会价值高于个人价值下一辈人则更为崇尚个人标准,即个人价值高于社会价值。在价值选择上,上一辈人是"被动地选择",对价值的变化更多的是"无奈",不主动尝试新的价值生活下一辈人则是"主动地选择",价值体系的"未定型化"客观上提供了主动选择的机遇,事实上,"这一代青年不盲目崇拜权威,不一味顺从长辈不循规蹈矩,他们崇尚自主自立,相信自己的选择"。价值理念的分化表明了代际间价值体系的断裂和冲突,两代人生活方式的差异实质上反映了深层价值理念的差异。

(2) "放飞"与"控制"的失衡

青少年一代正处在由家庭走向社会的过渡时期,生理的成熟、心理的断乳、对生活的热情和对未来的憧憬使他们有一种"放飞"的渴望,"海阔凭鱼跃,天高任鸟飞"是这一代人共同的追求。然而,在上一代人的心目中,青少年是幼稚的、涉世未深的一代,因此,成人不会轻易地放弃世世代代赋予他们的"教育"、"引导"、"监护"的职责,希望青少年在他们呵护的怀抱中"幸福"成长,不至于出格而成为叛逆之人。一方是"振翅欲飞",另一方是"恐出格"这就构成了一对矛盾。从理论上讲,"放飞"不是盲目地、任意地、无条件地"放","控制"也不是强硬地、统一地、绝对地"控",如果两者之间能够找到平衡点,就不会造成代际冲突。而事实上,现实生活中无论是教师还是家长,在青少年的教育上大多都是"过于敏感",倾注更多的"苦口婆心",而青少年一代也程度不同地存有青春期的逆反心理和偏激行为,这对矛盾是导致代沟的因素之一。

(3) 思维方式的分歧

思维方式是行为方式的内隐机制,行为方式是思维方式的外显形式,两代人行为特征的差异源于思维方式的分歧,它是引起代沟的重要因素之一。在思维的感性—理性维度,成年人更倾向于"理性",他们有着丰富的人生阅历,对世事有着较多的思考,因而对同样的问题,成年人比青少年更倾向于"深思熟虑"而青少年由于缺乏经验与阅历,对问题的选择不善于"瞻前顾后","跟着感觉走"的直觉方式是最好的说明。在思维的求同—求异维度,成年人更倾向于"求同",尤其是在道德理想、人生价值等方面,成年人"社会化"程度较高,对社会主流价值有着更多的认同而青少年处于人生的启动阶段,"社会化"程度较低,主流价值体系在他们的思维中尚未"固着"希望有更多的"选择",因而思维方式倾向于"求异"。在思维的维度分析,成年人的人生经历已经构成了他们的"历史",对价值人生的判断和选择会有意无意地进行"历史地考察","回头看"体现了成年人的纵向思维方式对青少年来说,他们没有人生"历史"的定势,起步的人生要求他们去阅览多样化的生存方式,他们需要读懂现在的、未来的人和事,"横着比"体现了青少年的横向思维方式。思维方式的分歧必然导致两代人行为方式的差异。

(4) 教育行为的缺失

教师、家长教育行为不当也是导致代沟的因素之一。一方面,有些师长不能体察青少年的心理需求,或者曲解他们的心理需求,两代人之间缺乏了解、理解和谅解导致沟通障碍。另一方面,师长教育行为的失当也可能直接导致冲突的发生,如在应试教育思想的支配下,师长对青少年有过高、过多、过激的学习要求,在教育方式上机械刻板,导致教育行为缺乏时代感,引发青少年的逆反心理。师长爱心、耐心、寻常心的缺失也容易引发代沟的产生。总之,代沟的形成不能单方归咎于青少年一代,师长教育行为的缺失也是不可回避的因素。

2. 代沟能否逾越

代沟具有普遍性,但并不意味着不可逾越,如果把代沟看成一条河,可以用"舟楫"和"桥梁"来跨越它,使两岸的人在融洽的氛围中平等沟通,由"代际隔阂"过渡到"代际亲和",下列几个方面是值得考虑的。

(1) 和而不同

"和而不同"是中国的一句至理名言,"和"就是亲善和谐,"同"就是强求一律。两代人生活在两个不同的时代,面对不同的人生课题,沐浴不同的文化氛围,承载不同的社会期望和责任,下一代人不可能沿袭上一代人的生活方式,因而不可能在观念和行为上保持一致。要能够和谐相处,前提是有求同存异之心,给对方留下思考和行为的空间,尤其是上一代人,更应该尊重下一代人的行为方式。增进沟通。鸿沟的有无、深浅在很大程度上取决于沟通的多寡,青少年时期由于成人感、闭锁性、逆反心理、心理困惑等而变得难以沟通,但并不意味着不可沟通,事实上,在许多方面青少年渴望得到成人的指导。对于成人来说,关键在于通过各种渠道创设与青少年沟通的情境,以朋友的身份与他们协商、交流、对话,关心他们的生活、关心他们的思想、关合他们的成长。倘若如此,就没有跨不过的坎、没有越不过的沟。

(2) 换位思考

站在对方的立场上思考共同面对的问题,是增进理解、化解矛盾的重要举措,心理学上的"移情"是换位思考的集中表达。在处理问题的过程中,不少父母老师或者子女学生常常更多地顾及自身的感受,而忽视了对方的感受,代沟随之而生。如果双方能够设身处地感受对方的心情,站在对方的角度考虑问题,体验对方的内心世界,就能达到"移情性理解",从而拉近两代人的距离。

(3) 欣赏共建

欣赏是内心的接纳和赏识,如果两代人以欣赏的眼光看待对方,误解就能够转化成谅解、隔阂就能转化为理解。当然,欣赏既是一种情感,也是一门艺术,需要两代人共建。两代人的良好关系是共同建构起来的,需要付出各自的情感和理智。共建的过程也就是相互尊重、相互合作、相互学习的过程,上一代人的经验是下一代人取之不尽的宝藏,下一代人的聪慧也是激发上一代人思想的源流,代沟将在欣赏共建中消解。①

调适策略

1. 真正地了解"90 后"学生

苏霍姆林斯基说得好,不了解学生,不了解他们的智力发展,他们的理想、兴趣、爱好、才能、禀赋、倾向,就谈不上教育。为什么有些学生极端厌恶学习,不是学科本身没有趣味,不是老师的授课不够生动,而是他们发自内心的不愿学。在这样的思想支配下,再好的学习环境、再有趣的教学方法都是徒劳。如今网络、手机早已经进入家庭,家长或由于政务,或由于

---

① 沈贵鹏. 代沟:一个敏感的教育话题[J]. 思想理论教育,2006(Z1).

生意对孩子疏于管理。而与生俱来的好奇心会驱使青春期的少男少女自觉不自觉地浏览一些不好的网站。对于无论生理、心智都尚不成熟的学生，这样的伤害是巨大而深远的。比较黄色小说、图片和视频，正面的说教是多么的苍白无力。我们不能据此排斥网络和手机，但打开窗户，进来的不光是新鲜空气，还有苍蝇和蚊子。对于社会上不利于学生成长的环境，我们没有能力一下子把它们祛除。我们应当尽可能让他们多接触健康的阳光的知识，教会他们如何辨别美与丑的东西。让他们远离侵蚀青少年身心健康的不良氛围。在他们还未被俘虏的时候，增强其自觉抵御不良现象和不良习惯的能力。正确地对待他们的优点与缺点，设身处地地为学生考虑，才能激起感情共鸣，引起思想的共振，从而打开学生的心扉。

2. 真诚地与他们交朋友

90后的学生，生活无忧，爱表现，自以为是，不愿接受别人的建议和批评。痴迷于网络，为明星而疯狂。怎样才能被他们接受为朋友呢？首先，不要拿自己学生时代的标准来衡量当代的学生，巨大的反差会让你无法理解和忍受他们的行为。作为老师也要与时俱进，要会上网，熟悉网络上有什么新名词、新事物、新行为。要了解娱乐界又推出个什么新人，那个歌星又出了什么新专辑，那个明星是什么星座，最近又闹出什么绯闻。其次，不要板着脸向他们说教，什么是该做的，什么是不该做的，否则被家长和法律宠坏了的孩子们会将你的自信和传统理念击得粉碎。"志不同，道不合"，只有融入他们，才能被他们接受。

3. 真心地陪他们成长

学生正处在人生观、价值观形成的关键时期，人格、性格、品格尚不成熟，可塑性很强，必须进行正确的引导。在日常生活和学习中，特别是在人生的紧要关口，对于阅历肤浅、思想比较单纯的学生，抢在各种错误思想、消极情绪尚未占领他们头脑之前，加强正面引导，防止出现误导，以打牢思想为基础，增强其对各种错误思想和腐朽文化的抵御能力是至关紧要的。对于已犯错的学生，如今的"素质教育"放弃必要的管教是一个严重的误区，应针对学生犯错误的不同程度施以不同的教育手段。不以规矩，不成方圆。要想小树长成大树，除了给予丰富的养料外，还应适当地修枝。

当今社会，纷繁复杂，瞬息万变。在孩子们成长的道路上，有阳光明媚，也布满荆棘。对于他们，我们作为教育者，应当扶一把，送一程。

总之，面对90后的学生，我们要时刻做好准备，要摒弃过时的、僵化的教育思想和模式，不断探索新的教育理念和途径。在教育过程中，坚持教师是主导，学生是主体的原则。将学生放在平等地位，信任他们，尊重他们，视他们为自己的朋友和共同探求真理的伙伴。只有这样，才能为国家，为社会培育出更适时、更合格的新型人才。

问题五　踌躇满志遭遇瓶颈怎么办

 案例呈现

小君自小就有着教育梦想,两年前,她从大学毕业后,通过考试进入到一所重点中学任教。她非常希望能把工作做好,能够得到学生和学校老师的认可,希望自己的教学理想在学生身上能够得以实现。可是事情并不像她想象得那么容易,首先是教学上常常觉得知识储备不够,很容易把思路打开,但收回来却很难,所以备课、写教案经常弄得她筋疲力尽,好几次为了做好课件,她通宵熬夜;另外,学生管理也让她头疼,她认真负责地关心学生,为他们操心,可结果学生却说她管得太多,一点都不了解他们。小君的雄心壮志被实实在在地打击了一把,对自己的教育教学能力产生了强烈的质疑,曾经的教育梦想离她那么遥远,远到她根本够不着,曾经的踌躇满志也不再那么热烈……

 现象分析

刚刚参加工作一两年的新教师,常会出现职业的不适应,由此产生种种心理困扰和冲突,形成焦虑情绪和社会退缩行为。适应障碍的心理问题表现为:环境适应不良,工作方式适应不良,人际关系不良,新角色不能准确把握定位、领导关系和同事关系过于敏感,过强的成就动机和完美主义倾向导致自身出现焦虑、强迫行为、成就感缺失、挫折感增强、自信心下降等现象,有的还会进一步发展成校园恐惧症、人际关系障碍等。

案例中的小君老师就遭遇了适应障碍问题,对新角色、新环境的适应不良导致她教学认识不足,出现教学挫折,理想与现实的碰撞造成她的心理失衡,存在的认知偏差导致成就动机降低,教学工作的不良适应让她身体疲惫,学生管理工作的不良适应让她心理疲惫,从小就有的教育理想因此受到了打击,她对自己产生了怀疑,自我评价降低,自信心下降,从而产生无力感。

 心理解读

1. 内心原有的对职业的认识与现实认识产生矛盾,而引起挫败心理

新教师在工作之初都会遇到许多问题和矛盾,产生一定压力,如果不能正确认识和积极适应,则会产生挫败、焦虑情绪,从而导致职业热情的下降,甚至对职业的恐惧。

2. 工作方式适应不良

小君在教学工作上感到吃力,但是她并没有为此寻求积极的改进方法,没有想办法通过请教前辈或者积极学习等方式来尽快提高自己的教学能力,而是独自埋头苦干,甚至多次通宵备课,弄得自己筋疲力尽。对待学生管理也是如此,她关心学生,认真负责,但是这不是建

立在她对学生的了解基础之上的,因而就显得有些不得法,最后反而落得学生埋怨。

拓展链接

艾利斯的 ABC 理论

案例中的心理现象可以运用认知行为疗法来缓解,认知行为疗法是通过改变思维和行为的方法来改变不良认知,消除不良情绪和行为的短程心理治疗方法,其中最具代表性的是艾利斯的合理情绪行为疗法,又称 ABC 理论。

该理论是由美国临床心理学家阿尔伯特·艾利斯于 60 年代创立的一种心理治疗体系,他认为人有其固有本性,人的先天倾向中有积极的取向,也有消极的本性,换句话说人有趋向于成长和自我实现这样的内在倾向,同时也具有非理性的不利于生存发展的生活态度倾向,而且艾利斯更强调后一种倾向,他认为正是这种非理性的生活态度,导致心理失调。艾利斯将人类常见的非理性信念归纳为以下几种:

① 倾向于进行畸形的思维(如强迫思维)。
② 倾向过于易受暗示影响。
③ 倾向于过度概括化以偏概全。
④ 倾向于要求尽善尽美,认为不是完美的就是无用的。
⑤ 倾向于对他人的过分要求。
⑥ 倾向于追求绝对化,肯定化,不能忍受不确定性。
⑦ 倾向于夸大负性事件的危害性。
⑧ 倾向于自暴自弃。
⑨ 倾向于自我贬低。
⑩ 倾向于过分关注自身的机体的变化。

艾利斯认为人的情绪来自人对所遭遇的事情的信念、评价、解释或哲学观点,而非来自事情本身。情绪和行为受制于认知,认知是人心理活动的"牛鼻子",把认知这个"牛鼻子"拉正了,情绪和行为的困扰就会在很大程度上得到改善。

艾利斯将以上观点概括称之为 ABC 理论,A 代表诱发事件(Activating events),B 代表信念(Beliefs)是指人对 A 的信念、认知、评价或看法,C 代表结果即症状(Consequences),艾利斯认为并非诱发事件 A 直接引起症状 C,A 与 C 之间还有中介因素在起作用,这个中介因素是人对 A 的信念、认知、评价或看法,即是信念 B,艾利斯认为人极少能够纯粹客观地知觉经验 A,总是带着或根据大量的已有信念、期待、价值观、意愿、欲求、动机、偏好等来经验 A。因此,对 A 的经验总是主观的,因人而异的,同样的 A 在不同的人会引起不同的 C,主要是因为他们的信念有差别即 B 不同。换言之,事件本身的刺激情境并非引起情绪反应的直接原因。个人对刺激情境的认知解释和评价才是引起情绪反应的直接原因。

不合理信念的矫正包括三个步骤:
(1) 确定有适应障碍者自身的错误观念;
(2) 指出和挑战有适应障碍者的错误观念;
(3) 用正确合理的观念取代有适应障碍者的错误观念。

在 ABC 理论中,D 代表治疗(disputing)通过 D 来影响 B,认识偏差纠正了,情绪和行为困扰就会在很大程度上解除或减轻,最后达到 E 效果(effects),负性情绪得到纠正。

调适策略

1. 在认知上,要建立挫折的难免的观念,正确面对挫折

新教师在教育求学上出现适应问题是很正常的,关键是这时该去思考怎么办,不是无穷无尽的烦恼,不是灰心丧气的绝望。我们应该选择的是面对,是微笑,是从心底发出的对自己的鼓励、鞭策,不断看到希望,不断向前奋进。这就需要学会和掌握处理自身失误的教学机智。学生正是一群正在成长的人,也有喜怒哀乐。他们可以喜欢某个教师,也可以不喜欢这个教师,这都是正常的。只有师生互动,才能教学相长,所以新教师还有很多方面需要提高和完善。要树立这样的信念,挫折是正常的,很多教师也会遇到,随着教学经验的丰富,教学技巧的提高,自己完全可以胜任教师职业。教育是一项博大精深的艺术,是一个教师终其一生修炼都不可能臻至完美的艺术。完全不必羞愧于自己的稚嫩,也不必恐惧教育教学的失误,因为教育教学的过程本来就是师生共同成长的过程,很多成功的教师入职之初也会经历这些情况。

2. 在情绪上,要沉着冷静分析,消除内心焦虑和教学恐惧

新教师要尽快转变自身角色,确立自我形象,适应新环境,树立教师威信;要尽快完成角色的心理转换,从"我是学生"转变为"我是教师",从"受教育者"转变为"教育者"。教师角色的自身特征是"学高为师,身正为范"。新教师要在战略上藐视职业难度,教育教学上重视教育策略与技术,态度上认真对待挫折,情绪上沉着冷静,戒急戒躁,减少不必要的担忧与顾虑。同时,新教师还要认真反省,客观而全面地分析原因,积极和学生沟通,了解学生的心理共性、个性差异和特点,虚心向其他有经验的教师求教,了解他们的从教历程和心得体会,学习适用的教育教学方法和技巧。在获得学生、同事、领导的这些社会支持系统的心理支持后,自然可以缓解焦虑情绪,也会自然消除适应障碍。

3. 在行动上,要修订自己的目标,制定有效的调适措施

(1) 学会积极进行不良情绪的自我调节

首先,告诉自己,不良情绪有害身心健康;

其次,掌握一些调节情绪的方法,学会运用放松疗法和音乐疗法,通过肌肉放松和听音乐的方式转移注意力,放松自己,缓解不良情绪。另外,要多参加健康有益的集体活动,发挥特长,展示才华,提高社交能力,积极主动寻求社会支持技能,锻炼自我发展能力。

(2) 运用教育机智处理教育教学失误,提高教学技巧

教育机智是一种灵感和创造性思维,只有沉着冷静,稳住情绪,积极思考,它才会出现。选择最合理的办法纠正失误,了解学生,熟悉教学,知己知彼,用充分的准备为自己的稚嫩作保障。

(3) 学会矫正心理偏差,提高心理素质

培养耐挫能力,了解心理学常识,提高职业自我概念,进行合理的职业规划,加强自身心理素质的修养,进行耐挫能力的训练,培养压力应对策略,提高心理承受力。

确定适度的期望值,新教师往往都有自己远大的抱负和强烈的成就动机,希望在某个阶

段到达某个目标,但现实与愿望、理想存在着距离,詹姆斯提出自尊的经典公式:自尊＝成功/抱负,抱负水平太大,容易降低自尊。新教师要经常检查一下自己期望值的准确度,这样才能有效地避免心理落差过大,造成过重的心理压力。

保持乐观的心境,人的认知、信念、态度、归因都会影响人的情绪,要尝试建立合理的认知结构和归因方式,用良好的心境来调节自己的行为和情绪。

问题六　当努力得不到认可时,教师当如何调适

案例呈现

小张老师曾是一名出色的年轻计算机教师,如今在一家软件公司供职。当他回忆当初进某市中心学校任课的情景,依然记忆犹新。刚分配进该市中心学校时,针对该校电化教学中观念滞后、设备陈旧,学生学习效率低下的现状,他自告奋勇,担当起改造更新学校电化教学的重任,起初得到了其他老师与学生的一致好评,他也因此获得了"电化教学先进个人"的称号。然而很快就听到了来自于各方面的杂音,有家长表示孩子经常在家里听 MP3、看 MP4,经询问是从班里的多媒体上与同学交换而来,这严重影响了孩子的学习,纷纷向学校反映要求取消计算机课;学校领导也觉得电化教学耗资巨大,且维护不易,于是就不再审批添置新式设备的要求。小张老师心里非常苦闷,在最后一次添置新设备的申请被退回后,小张无奈地递交辞呈,离开了这个原本他倾注了无数心血的学校,下海了。

现象分析

一些教师只凭着一腔热情,完全不顾实际情况,在教学过程中实行"大跃进"式的革新,以及一些教师在尝试教学改革的过程中,忽视了一些配套设施的建设,导致新生事物不被大多数人认可,反而招致了很多非议与责难。这时候,很多教师就会觉得积极性被挫伤,心情低落,进而影响到教师的自我认同,轻则在教学上消极怠工,重则如小张老师一般下海,离开教育岗位。这个现象是较为普遍的现象,一般多出现于新进教师群体中。

心理解读

根据马斯洛的需要层次理论认为,人的基本需要层次包括生理需要、安全需要、爱与归属的需要、尊重需要以及自我实现需要五个方面。概括地说,即人的物质需要和精神需要或生理需要和社会需要。对于年轻教师,在他的归属需要得到满足后,尊重需要和自我实现需要就显得尤为重要。如果得不到尊重,或者是自我实现道路受阻,就会严重挫伤这些教师的积极性,导致正常教学工作出现停滞或倒退,甚至导致年富力强的教师离职。

案例中的小张老师,在新进入某市中心学校伊始,满怀激情,立志要改造学校的电化教

学环境,结果在取得一定成绩的时候,出现了种种之前未预料到的弊端,并且在一系列的非议中他感到了孤立,最后一次添置新设备的申请被退回后,连尊重需要也没了,也就无从谈起自我实现需要了,整个需求层次塔就此崩塌。其次,连同它一起崩塌的还有小张老师的所有希望,他的情绪也在申请被退回之时达到了最低点,由于之前各方的压力已经使他有些神经衰弱,且他调适乏术,因此离职是小张老师唯一的出路,而这份申请就是压死骆驼的最后一根稻草。

 拓展链接

马斯洛需求层次理论(Maslow's hierarchy of needs),由美国心理学家亚伯拉罕·马斯洛于1943年提出。其中,尊重的需要包括对自我尊重、信心、成就、对他人尊重、被他人尊重等几个层次。人人都希望自己有稳定的社会地位,要求个人的能力和成就得到社会的承认,尊重的需要又可分为内部尊重和外部尊重。内部尊重是指一个人希望在各种不同情境中有实力、能胜任、充满信心、能独立自主,即内部尊重就是人的自尊。外部尊重是指一个人希望有地位、有威信,受到别人的尊重、信赖和高度评价。马斯洛认为,尊重需要得到满足,能使人对自己充满信心,对社会满腔热情,体验到自己活着的用处和价值。反之,一旦得不到满足,就会有很强的挫败感。且只有在较低层次的需求得到满足之后,较高层次的需求才会有足够的活力驱动行为。人都潜藏着这五种不同层次的需要,但在不同的时期表现出来的各种需要的迫切程度是不同的。人的最迫切的需要才是激励人行动的主要原因和动力。人的需要是从外部得来的满足逐渐向内在得到的满足转化。

低层次的需要基本得到满足以后,它的激励作用就会降低,其优势地位将不再保持下去,高层次的需要会取代它成为推动行为的主要原因。有的需要一经满足,便不能成为激发人们行为的起因,于是被其他需要取而代之。高层次的需要比低层次的需要具有更大的价值。热情是由高层次的需要激发。人的最高需要即自我实现就是以最有效和最完整的方式表现他自己的潜力,唯此才能使人得到高峰体验。

 调适策略

针对小张老师这样的问题,若在日常生活中遭遇,应当怎样调适呢?

首先,量体裁衣,不教条。一些新教师在新进学校的时候,应首先尽可能全面地了解校情、生情,根据学校与学生的实际情况制定教学规划,可先制定一些目标,循序渐进,以达到总目标的最后实现。

其次,晴带雨伞,饱带干粮。在制订教学计划的过程中,应当尽可能考虑到一些可能存在的负面因素,并做好预案。如上例中的小张老师,在配备多媒体的时候,就应该考虑到学生可能会对多媒体器材进行不当利用,并且制订出相关规章制度与保障措施,例如教室多媒体平时不可上网,确需上网者须审批等。

第三,解铃还须系铃人。时常与学校分管领导、班主任多多交流,取得谅解与支持,与学生多交流,了解学生的实际需要。最后,事有不成,反求诸己。针对教师本身的消极情绪,教师需要合理使用"合理化"与"发泄法"等心理调适方法,所谓"合理化",就是为一切事情寻找合理的理由，借以冲淡负面情绪带来的影响；所谓"发泄法"，就是非公开地和一些朋友，通过交谈、倾诉等形式抒发心中的愤懑，或者通过户外活动或者益智游戏进行排遣。多种方法交叉使用，很快就可以驱散心头的乌云。

问题七　当你发现你不适应教师这个职位时该怎么办

案例呈现1

谢老师是H市一所高中的语文老师，又是高三班主任，谢老师有六年的教龄，由于其业务基础较好，脑瓜子灵活，又喜欢组织学生参加学校的各项活动，所带班级学生语文成绩也很好，曾经多次在省市组织的语文竞赛中获奖，因此深得校领导的赏识，不仅担任校团委负责人、语文教研组长，而且年年获得校"先进个人"等荣誉。然而，事业的蒸蒸日上并不能阻挡他想"改行"的想法。他的第二届毕业班学生高考过后没几天，一纸H市市委宣传部的调档函来到学校，学校上下才知道他早已有改行的想法，并且一直在暗暗付诸实施。究其原因，谢老师后来也讳莫如深，只是淡淡地说了句：学校是个封闭的场所，我觉得我不适应这个岗位。

案例呈现2

小郑老师是一所县初中的历史老师，如今回忆起她考教师编制的原因，她还是一脸茫然，只是说当时本科的班级里很多人都考教师编制，她也似乎是被裹挟而去，究竟自己是否适合教师岗位，自己也说不好。糊里糊涂地参加招考，糊里糊涂地被录用，再糊里糊涂地上课。她说她带了四个普通班，每周十六节课，每日重复的生活就是早上七八点去办公室坐班，中午回家就餐，下午两点前回校继续坐班，下午五点左右下班，面临中考压力，她还需要补课。且该校生源不佳，普通班学生更是不行，自觉性差，她刚开始上课还有很多激情，随后就觉得像炒饭一样，同样的材料经过一次次的复制，效果越来越差，她的教学灵感也在不断消失。同样的，她觉得教师由于其身份的特殊性，言行举止还得注意影响，且工资待遇又低。她抱怨道，常常说"以生为本"，怎么没有"以师为本"呢？她觉得这样缺乏亮色，而且还要"安贫乐道"的生活实在无法继续下去，于是她选择了辞职考研，以后打算进入平面媒体单位工作。

现象分析

类似于谢老师这样在教育界前途光明，却中途改行的教师不在少数，像小郑老师这样不清楚究竟自己适合干什么，糊里糊涂地进入教师队伍，再中途退出的亦不在少数。依据一项调查显示，很多东部地区的教师纷纷下海，或者只要有可以转行的机会，都纷纷辞职转行，东部富庶之地尚且如此,遑论西部,数据显示,当前有40%的西部教师想换职业。这究竟是怎么了?很多教师都认为自己不适合教师这个职位,没办法只有改行,谢老师就是这类人的代表。他们认为,学校是个封闭的场所,交往的人无非是教师、学生,学校外面的世界很精彩,接触的人也是形形色色,能够给自己带来更多的机会,能够促进自身的发展,学校束缚了他们。小郑老师认为学校不仅封闭,而且待遇低。所有的一切使得谢老师们、小郑老师们产生了很强的倦怠感,因此不得不离职。

心理解读

谢老师、小郑老师的事例告诉我们,他们之所以觉得自己可能不适合当老师,实际上隐藏的是"心理疲劳"。心理疲劳,通俗地说就是"心累",指人长期从事一些单调、机械的工作活动,伴随着肌体生化方面的变化,中枢局部神经细胞由于持续紧张而出现抑制,致使人对工作对生活的热情和兴趣明显降低,直至产生厌倦情绪。加之教师本身的传统观念与社会现实之间的冲突,使得教师的价值观向"功利性"转变。谢老师和小郑老师在教学中,逐渐发现教学渐渐变得枯燥,觉得索然无味,与外界进行比较后方知自己被困在了一个圈子里,每天日复一日的重复机械劳动,早已丧失了往日的激情。于是他们觉得这样下去难以为继,于是谢老师们就早早准备公务员考试,一方面使自己的发展不再受"束缚",一方面也取得了比教师更加可观的收入;而小郑老师又重新回到学校中深造,打算毕业后再去寻找新的天地。

拓展链接

心 理 疲 劳

心理疲劳是由长期的精神紧张、反复的心理刺激及复杂的恶劣情绪逐渐影响而形成的一种心理疾病。如果得不到及时疏导化解,长年累月,在心理上会造成心理障碍,心理失控甚至心理危机,在精神上会造成精神萎靡、精神恍惚甚至精神失常,引发多种身心疾病。教师心理疲劳是指教师不能顺利应对工作压力时的一种极端反应,是伴随长期压力体验下而产生的情感、态度等的身心衰竭状态。教师心理疲劳的不良表现和危害主要有以下几个方面:

(1) 心理疲劳导致生理异常或病变,引发生理疾病,不能更好地从事教育教学工作。

(2) 心理疲劳导致情绪突变,产生不安、烦躁、易怒、神经过敏、紧张、抑郁、多疑等消极情绪。教学中会将负面情绪迁于学生,在办公室则会胡思乱想,心境苦闷、失望、悲观。

(3) 心理疲劳导致人际关系出现障碍,产生交往恐惧、自卑、自我防卫过度,不能与他人进行正常交流,使周围关系紧张。

(4) 心理疲劳易造成成就感降低,面对挫折易丧失信心,斗志消沉,对学生漠不关心,自我中心感强烈,在教学工作中反应迟钝、逃避责任。

(5) 心理疲劳造成自我认知出现偏差,稍遇挫折就自暴自弃,导致教学质量下降。

 调适策略

"人助不如自助",教师必须自己认识到这一问题,认识到心理疲劳必须要靠自己防控。

首先,教师应当积极参与继续教育,不断提高综合素质。唯有此方能寻求到新的发展,才能拥有心理上的安全感。

其次,教师需要端正认知,以积极的心态对待自我和周围世界。任何事物都有两面性,如果从一个角度看,可能会引起消极的情绪体验,陷入心理困境,如果换个角度可能就能转化成积极情绪。因此,在审视、思考、评价某一客观现实时,如能以积极的心态去看待,看到事物积极的一面,就有助于克服困难,使人看到希望,充满信心,保持良好的心理状态;否则人将沮丧失望,对社会和人生充满抱怨,自我封闭,限制和扼杀自己的潜能,最终导致心理疲劳。故而教师应端正认知,积极乐观。

第三,调适情感,保持心理平衡。日常工作中尽量保持平和的心态,防止过激情绪的产生,在不良情绪积聚的时候,要注意进行合理的宣泄,防止积少成多。最后,改变行为,在变化中寻找乐趣。首先教师应不断进行角色学习,通过职业角色学习,就会使教师明白自己的位置与角色,可以减轻或消除教师的角色错位感,防止产生心理疲劳。

问题八 走下神坛,别让完美绊了你的脚

 案例呈现

金老师是学校数学学科组的科研带头人,几年下来,做课题、发文章,做得颇有声色,为学校获得了多项声誉,也很受领导的器重。最近,他又在带领着几个年轻老师一起准备申报国家级课题,而且表现得信心十足。大家都说金老师是学校里最好辨认的一个人,那个走路速度最快,说话语速最快的人就是他。金老师时间观念很强,最讨厌别人迟到,随着课题上报的期限临近,他显得越来越急躁,经常会在组内会议中发脾气,弄得同事关系有些紧张。同事说他积极进取是好事,但太欠缺亲和力。最后,由于多种原因,课题申请没有成功,金老师十分沮丧,感受到强烈的挫败感,甚至有些一蹶不振。他说我不是为名为利,也不是迫于领导的命令,我就是想挑战自己,所以我不允许自己失败,否则就是否定自己。

 现象分析

心理学家把竞争、缺乏耐心、时间紧迫感、敌意、说话动作快速、急躁、进取、好胜等这一组性格特质统称为"A型性格"。案例中的金老师就是一个A型性格的人,这类人通常都具有很高的成就动机,他们努力工作不单单是为了钱(虽然他们也和其他人一样想赚得更多),也不是迫于谁的命令,而是想要追寻人生的意义和存在的价值。这些自我催发、自我激励、

自我实现的人，难免会自我设限，在追求卓越的过程中陷入完美主义的圈套，因为"一个完美无缺的系统也是一个接近崩溃的系统"。

A型性格的人总会给自己设立很高的目标和期望，但未曾想这些期望正暗藏着压力。比如，当初的期望就是"成为最好的"，而现在的压力是"成不了最好的"，或者"害怕被别人从最好的位置上挤下来"。也就是说，期望滋生压力，压力又使期望受挫，如果再把挫折视为对自尊的威胁和不可容忍的失败，长此以往，工作非但不能带来愉快，反而遍布打击，产生枯竭感就在所难免了。此外，A型性格的人由于长期处于紧张状态，身体也容易受损。

心理解读

1. 雄心勃勃，争强好胜，对自己寄予极大的期望，由于对自己期望过高，以致在心理和生理上，负担都十分沉重。

2. 苛求自己，不惜任何代价实现目标。他们被自己顽强的意志力所驱使，抱着"只能成功，不能失败"的坚定信念，不惜牺牲自己的一切，乃至宝贵的生命，拼命直奔超出自己实际能力的既定目标。

3. 以事业上的成功与否，作为评价人生价值的标准。

4. 终日忙忙碌碌、紧紧张张，不知道放松自己，极不情愿把时间花在日常琐事上。把工作日程排得满满的，试图在极少的时间里，做极多的工作。由于他们长期生活在紧张的节奏之中，其思想、信念、情感和行为的独特模式，源源不断地产生内部的紧张和压力。

拓展链接

A 型 性 格

人的性格按其不同的分类标准可划分为多种类型。如内向型、外向型；A型、B型；理智型、情绪型等。按人的行为方式，即人的言行和情感的表现方式可分为A型性格、B型性格和C型性格。A型性格的人脾气比较火爆、有闯劲、遇事容易急躁、不善克制、喜欢竞争、好斗、爱显示才华，对人常存戒心等。

1. A型性格表现

（1）运动、走路和吃饭的节奏很快；

（2）对很多事情的进展速度感到不耐烦；

（3）总是试图做两件以上的事情；

（4）无法处理休闲时光；

（5）着迷于数字，他们的成功是以每件事情中自己获益多少来衡量的。

2. A型性格的两个最大的缺点

（1）具有较强的竞争性

如果是平衡有度的竞争感并没有坏处，但是具有A型性格的人却失去了平衡点。他们高度竞争感的动机来自于胜利的喜悦和对失败的厌恶。在工作上、游戏中、家庭里，甚至对自己他们都抱有竞争的态度。在他们身边的人很难有喘气的机会。

（2）缺乏耐性

任何的拖延或中断都将使之发怒，但是他们却容许自己打断别人，告诉别人一个更好、更快的做事方法。他会抢别人未说完的话说；一次又一次地不停按电梯按钮，只为了要让它走快一点；不断地看手表、看时钟以注意时间。他不仅把自己的行程排得满满的，而且也想让别人照着做。他具有多重的行为和思想，这表明他希望能在同一段时间内做许多不同的事情。可以看到他一面喝茶，一边看杂志，还与别人通电话，并同时对进入办公室的人打招呼。他们对于自己的思考能力、精力源泉，甚至消化功能都有极端的要求。他觉得唯一使自己能领先别人一步的方式就是要高强度地工作。

3. 怎样才能解除A型人在心理上和生理上的过度紧张和压力呢？

其一，制定一个符合自己实际能力的目标；其二，在时间安排上要预留回旋的余地；其三，严格划清工作与休息的界线；其四，培养业余爱好，增加生活情趣；其五，经常参加体育活动，提高机体承受能力。

解除精神压力的秘诀，存在于我们自己的思维之中，因为思维能力和思维方式，能够决定我们对压力的成功与否。当我们面临困境时，要有"山高自有行人路，船到桥头自然直"的洒脱气概，冷静地应付各种变化，以减缓精神紧张和心理波动。一个富有弹性思维的人，比较容易对付生活中的各种困难和挫折。因为困难和挫折的程度，取决于当事人的心理体验；困难和挫折的转机，取决于当事人对困难和挫折所持的态度。因此，我们应该学会运用弹性思维，化逆境为顺境、变挫折为动力、化不和为友情，为自己创造一个积极、有序、宽松、和谐的生存环境。

测一测：

1. 我的动作、走路步伐和吃饭的速度都很快；
2. 我常觉得日常生活中的大部分事情，步调太慢了；
3. 我常无法忍受别人做事情的速度太慢；
4. 我常常同时做两件以上的事情；
5. 因为我非常在乎让事情变得有价值，而无暇去品味事情本身存在的价值；
6. 我希望把行程排得越满越好；
7. 我总是匆匆忙忙；
8. 当遇见一个有活力、有竞争性的人时，我总想向他挑战；
9. 我相信自己某些方面的成功是因为自己做事情比别人快的缘故；
10. 我发现自己越来越会用数字来衡量自己和别人所做的事情。

计分：答"是"计1分，答"否"计0分，请统计总分。

结果：1—4分：你是悠闲从容的人，适时地接受一些挑战也是有必要的；

5—7分：你平衡得不错，既没有过度紧张，也没有过于闲散；

8—10分：你需要放轻松，学会更为从容地工作与生活。

调适策略

1. 给自己订立适当的、力所能及的目标，或者将大目标拆分成若干个阶段性的小目标，逐步去完成，并经常进行自我奖励。短期内无法实现的目标就不妨将它暂时搁置为理想，享受现在虽不完美但却正常的生活。

2. 悦纳自己。悦纳自己的缺点,任何人都有优点和缺点,而且有些缺点是难以通过努力改变的。对于自己无法弥补的缺陷坦然接受;对于自己的不足不一味过分自责,而是采取积极的措施来克服;自己已尽全力但由于主观意志以外的原因未能达到目的时,不自我折磨而坦然处之。悦纳现实中的自己,即喜欢自己,愉快地接受自己,这是保持愉快心境的情感基础。我们不能只接受自己的长处,而不接受自己的缺陷;更不能只接受理想中的自己,不能接受现实中的自己。一个悦纳自己的人,能够完整地、一贯地、无条件地接受自己。

3. 列出自己的压力来源清单,逐个分析其中哪些是可省可免的期待,哪些是自我强加的压力,有意识地将它们减免。

4. 放慢生活的脚步,给自己留有余地,学习欣赏和享受工作领域以外的其他成就。

问题九 有度地热爱你的工作

案例呈现

梁老师是个同事公认的极其"忙碌"的人。每天他都是第一个到学校,而且很少准时下班,总要工作到很晚才肯回家。梁老师的时间表上几乎除了睡觉之外,就剩下了工作。他自己份内的事情做完了,就会想方设法找其他的事情来做,总之没有一刻停下来的时候。其他老师劝他休息一会儿,他总是拒绝,即使生病,还是要坚持工作,甚至在睡觉时还想着工作上的事。学校的领导和同事都很赞赏梁老师的勤奋敬业,戏称他为"工作狂"。但他的家人却不这么认为,妻子因为他不管家里的事而与他感情不和,孩子也对他有很大的意见,梁老师因此觉得很苦恼,随着家庭矛盾的越来越大,他已经无法保持以前的工作热情,并且越来越觉得他曾经热爱的工作让他失去了很多……

现象分析

梁老师是一个不折不扣的"工作狂"。

"工作狂"因为非常害怕不忙,所以非常忙。他们闲下来便会平白滋生出"罪恶感",恨不得用工作填满生活的每一个角落。他们是沉溺工作,甚至依赖工作的人,因而也容易受到枯竭的侵害。

一类工作狂是过分高估自己在工作上的作用,他们将自己的贡献视为衡量个人价值的标准,相信所有的努力最后可以使自己出类拔萃、功成名就、人见人爱,因此不顾一切地付出。另一类工作狂将工作的需求列于首位,甚至超越个人需求的重要性,阻绝自己与生活方面的联系,从不将休闲、放松视为生活的一部分。还有一些工作狂把工作当作是逃离生活问题的方式,以工作作为逃避家庭的借口和保护伞。

无论是哪一种工作狂,因为他们身心的付出过多,工作与休闲严重失衡,长此以往,就很可能深陷于职业倦怠泥潭之中。

 心理解读

1. 自我中心

自我中心是"工作狂"的关键特征,所有类型的工作狂,不管是本身是有自信,或是高度自信,还是缺乏信心的人,都存有一个共同点,即是这些人都很想证明自己的能力才干,想满足自己对于荣誉成就感的需求,强烈希望自己被认同。所以,他们把生命的价值完完全全只寄托在工作上,他们的生活就是"为了工作而工作"的自我沉溺。对他们而言,生命的唯一价值就是工作的成就(这也是他生命的支持点),很大程度上忽略了其他事物,包括他的个人生活。

2. 依赖与逃避

一个努力工作的人是热爱工作的,而工作狂是依赖于工作的人,是工作的奴隶。努力工作的人会给自己休息时间,但工作狂不会。这也正是两者的区别。工作狂是价值取向发生了偏差,他们往往把工作看成是生命的全部,过分强调工作而忽略了其他,最终其他方面的问题又反过来影响到工作。从拒绝感情这一方面来说,工作变成了他的保护伞。所以,"醉心于工作"不仅让爱人感到失望,也有可能加大与孩子们的生疏感,最严重的能导致夫妻双方关系破裂,直至离婚。

 拓展链接

你是工作狂吗?

"工作狂"与对工作有热情者有本质区别———前者往往并不热爱自己的工作,一般很难从工作中得到快乐,而只是拼命地工作以求某种"心理解脱",此外他们在工作中还常常强迫自己做到"完美",一旦出现问题或差错便羞愧难当、焦虑万分,却又将他人的援助拒之门外;而后者则十分热爱自己的工作,从工作中能获得巨大乐趣,出现失误时既不会怨天尤人,也不会懊恼不已,相反却会聪明地修正目标或改正错误,同时也注意与同事和上司协调、配合,因而人际关系相对融洽。考核显示,尽管前者的工作量要比后者大得多,但工作效率和工作质量都明显不如后者。

专家们建议:要是发现自己出现"工作狂"的某些典型症候,那么首先须有意识地减轻工作压力并强迫自己减少工作量。具体做法是:不妨列出一份工作日程表,先将自己现时的所有工作项目和工作时间一一写明,然后考虑哪些可以完全放弃,或至少暂时放弃,哪些可交由他人或与他人合作完成,同时注重提高工作效率。最后订出新的工作日程表,并请家人或同事予以监督。此外,不妨培养一些与工作不搭界的业余嗜好,丰富业余生活,如能接受心理医生的科学治疗,情况会更好些。

专家们的另一新发现是,"工作狂"的"生成"还可能与其童年时代接受的教育息息相关。实际上在"工作狂"中,有占八九成的人在孩提时代受到来自望子成龙的父母亲的过分严厉的教育。在这样的家庭里,家长对孩子的期望值往往过高甚至高得"离谱",可怜的孩子一旦稍有闪失便会遭到批评乃至重罚,最后孩子心理上可能出现障碍,长此下去,孩子长大了极可能成为"工作狂"。

测一测:
1. 你是否把空余时间用在工作项目和其他与工作相关的事情上;
2. 有时候,早上一起来,就迫不及待地开始工作;
3. 认为努力工作非常重要,即使不能从中获得快乐;
4. 一到假期便无所事事;
5. 似乎有一种内在的强迫性冲动去努力工作;
6. 除去工作,想不起还有什么兴趣爱好;
7. 总是在考虑工作的事情,即使是在吃饭睡觉的时候;
8. 因工作而损害了与家人的关系;
9. 对工作的狂热兴奋程度超过家庭和其他事情;
10. 无法忍受长久的休息。

计分:答"是"计1分,答"否"计0分,请统计总分。
结果:1—4分:你不是工作狂;
5—7分:你可能有工作狂倾向,注意多分配点时间给自己和家人;
8—10分:你是一个工作狂,小心你的健康,尽快调整十分必要。

调适策略

1. 反省自己

思考一下以下问题:工作对我来说真的有那么重要吗?我在工作中真的独一无二、无可取代吗?我非得这么忙不可吗?我所忙的事情究竟有多大价值?然后你或许会发现,忙碌只是一种习惯,而失去了它本来的意义。你不是超人,不可能承担工作中的一切责任,而工作也无法回馈给你所需要的一切满足,生活中重要的除了工作,还有很多。

2. 有限度地工作

尽管工作努力无论对个人,还是对组织都具有积极的意义,但如果过度工作侵害了健康,导致家庭和工作的失衡,那就失去了工作本身的意义。所以,我们提倡有限度的工作狂行为,将自己的时间分成几大块,享受工作也享受生活。在业余时间,我们要尽可能地多参加一些体育活动,与家人和朋友共处,而不是把家庭变成第二个工作场所。也可以列出一份工作日程表,先将自己现在的所有工作项目和工作时间一一写明,然后考虑哪些可以完全放弃,哪些可交由他人或与他人合作完成,同时注重提高工作效率。

第二篇

人际关系篇

（第二篇）

大佛の歴史

话题一　师生关系

问题一　如何控制情绪,将师生冲突化险为夷

案例呈现

某天晚自习课上,班主任杨老师像往常一样走进教室,用眼光扫了一下全班,发现华××仍未到,杨老师通过询问得知他又去打球了。虽然中考临近,但华××仍热衷于体育活动,依然我行我素,杨老师拿他也没有办法,就走到同学中去辅导了。大约十几分钟过后,突然,"砰"的一声,大家吓了一跳,华××急急忙忙地闯进来,同时把篮球往教室后方投了过去,接着走到自己座位上,把椅子使劲往外踹了一下后慢悠悠地坐下,安静的教室顿时骚乱起来,尤其是班内几个好事之生更是一副等着看好戏的架势。教了近三年书,也当了近三年班主任,杨老师还没见过如此狂妄胆大的学生,这令她非常生气。想想如果让这样的学生这样得意下去,那这个班还怎么管理呢?还怎样在学生面前树立该有的为人师表的威信呢?再看到学生一副等着看好戏的样子,于是,她走到华××桌边,敲着桌子,狠狠地呵到"华××,带着你的球,到办公室去。"华××也不示弱:"我为什么要去?我要看书。"于是,教室里上演了一场唇枪舌剑,几分钟后,杨老师感觉到再继续争论下去,一来不见得压得下去,二来可能掉进学生的陷阱,成全他们看好戏的希望,所以杨老师以"先不影响其他同学自习,明天放学后到办公室来"结束了这场恶战。

现象分析

杨老师是一位从教近3年的年轻教师,对教育教学工作充满激情与热情。每次晚自习都到班级进行辅导。正是由于年轻,没有经验,对于华××同学沉迷于打球、一贯迟到的现象一直没有找到很好的解决办法,无可奈何;也正是因为年轻,在遇到一些令自己难堪的学生及事情时,难免会冲动、急躁。和大多数青年教师一样,由于年轻气盛、血气方刚,对于一些刺头学生往往容易出现言语上的过激,甚至是行动上的过激。此外,也为了在其他学生面

前显示出教师的威严,因此刚开始杨老师责令华××到办公室去。没想到的是受到了反驳,于是上演了一场恶战。而表现上这场恶战以杨老师的示弱宣告结束,事实上,这也是杨老师挽回局面、补救的一种办法。

心理解读

上述是关于师生实践对立冲突的案例,是一个教师和一个学生之间的冲突,是一种个体冲突。正如诸多人际关系中冲突不可避免一样,师生关系中的冲突也普遍存在。师生关系是学校中最重要的社会关系,是教学活动得以展开的载体,这一关系如何处理,直接影响着教育教学的成败。师生冲突是由于双方在价值观、经验、目的等方面的差异而产生的对立和分歧,可以从教育学、心理学和社会学的角度进行综合性的探讨。

1. 师生之间的价值观的差异性是导致师生冲突的根本原因

教师有义务向学生传递人类文明、社会准则与价值观念。教师希望把学生当作原料进行加工成为产品,而初中生,这批处于青春叛逆期的学生,随着年龄的增长,他们的个性和见识随之增长,对教师也不再是小学生那样盲目地崇拜和唯命是从,他们有自己的见解和主张,有自己处理事情的方式方法,他们希望以自己的方式去寻求"真知",表达自己的想法,显示自己的独创精神,而不希望按照教师的意愿循规蹈矩地完成任何事情。所以教师不能把自己的观点强加给他们,也不能简单地规定不准他们做什么,不许做什么,当然更不用说是呵斥和责骂,那样只会适得其反,招来他们更多的反感和叛逆。

2. 学生在课堂上的问题行为是导致师生冲突的直接原因

在课堂教学中,学生相互讲话、吃东西、看课外书、睡觉、玩手机等,这些行为妨碍了教师教学活动的正常进行,必然会引起有责任心的老师的烦乱、焦虑甚至愤怒。本案例中的华××,从迟到、到闯进教室、投篮球、踹椅子,再到与杨老师的口舌之战,都妨碍了杨老师在晚自习上的辅导。为了继续教学,很多教师都可能采取一定的措施来维持课堂秩序,如案例中的杨老师,就采取了责令学生去办公室的方法。有些教师还会采取如批评、训斥、惩罚、漫骂等过激的手段,而使学生产生痛苦、自卑的心理感受,学生为了维护自己的尊严和形象,就会抗拒老师,产生师生冲突。

上述案例中师生冲突转变成一场恶战的原因也与杨老师自身情绪的变化有关。心理学定义情绪为:身体对行为成功的可能性乃至必然性,在生理反应上的评价和体验,包括喜、怒、忧、思、悲、恐、惊七种。行为在身体动作上表现得越强就说明其情绪越强,上述案例中杨老师的怒表现为敲桌子、呵斥。正如人际关系取决于一个人情绪表达是否恰当一样,师生关系的融洽与否也在一定程度上取决于教师的情绪管理是否适当。

拓展链接

1. 师生冲突

对于社会心理学家来说,冲突是行为、目标或观念等方面的不相容。从国家间的战争到一个社会中的文化纷争、再到婚姻矛盾中的个人,等等,冲突的因素在各个层面上都非常相似。而对于师生冲突的界定,各研究者从社会学、教育学、文化学等角度有不同的解释。

从社会学角度,有研究者认为师生冲突是师生由于在目标、价值观、资源多寡等方面的差异而产生的对立、分歧和相互干扰的教育教学互动;有研究者认为,师生冲突是指在现实学校教育教学情境中,师生之间为了维护各自利益而采取公开或隐蔽的力图阻止对方达到目标的互动。从教育学角度,有研究者认为师生冲突是指师生之间由于教师权威和学生主体性意识增强而引起的针对同一对象发生的或隐蔽或公开的对教育教学造成一定干扰的一种社会互动。从文化学的角度,有研究者把师生双方上升为两种文化群体。认为师生文化冲突和师生冲突是一个问题的两面,即指持不同性质文化的教师与学生在价值观念和行为方式上的对立、对抗。

师生冲突按冲突的严重程度划分,可分为师生低强度行为冲突、师生中强度行为冲突和师生高强度行为冲突。也有研究者更为细致地对师生冲突进行了划分:根据冲突行为目的的指向不同分为手段性冲突与目的性冲突;根据冲突的性质不同分为良性冲突与恶性冲突;根据冲突对组织和群体的影响分为建设性冲突和破坏性冲突。

2. 情绪管理

情绪管理,就是用正确的方式方法,探索、调整、理解、放松自己的情绪。情绪的管理不是要去除或压制情绪,而是在觉察情绪后,通过一定的策略和机制,使情绪在生理活动、主观体验、表情行为等方面发生一定的变化,及时调整情绪的表达方式。情绪固然有正面有负面,但真正的关键不在于情绪本身,而是情绪的表达方式。以适当的方式在适当的情境表达适当的情绪,就是健康的情绪管理之方。

作为教育者,首先要管得住自己的情绪,遇到学生的过激言行,必须控制自己的情绪波动。因为良好的管理情绪是师生行之有效的沟通的基础,师生双方都要在情绪平稳的时候才能进行。同时,良好的教学情绪是提高课堂教学效果的基础。

在教育教学过程中,教师不可避免地体验焦虑、抑郁、苦闷、紧张、愤怒等消极情绪,关键是要学会有效疏导。教师不要试图去过度抑制消极情绪,要根据不同情境做出适时、适地、适量的情绪选择和表现。

哲学家亚里士多德认为,人人都会生气,但是在什么场合、用什么方式表达生气可就不容易了。因此,教师需要基于自身情绪特征,构建合理而有效的情绪宣泄机制,避免将消极情绪随意带入教育教学过程,尤其是带入对学生的评价之中。否则,这将会影响教师的身心健康、教育和教学能力的输出、课堂教学质量、对学生的正确评价以及师生间的人际关系。

3. 情绪管理能力自我测试

EQ(情绪智商)测试是欧洲流行的测试题。可口可乐公司、麦当劳公司、诺基亚公司等世界500强中的众多企业都曾以此作为员工EQ测试的模板,帮助员工了解自己的EQ状况。此测试共33题,测试时间20分钟,最高EQ为174分。

第1—9题:请从下面的问题中,选择一个和自己最切合的答案,但要尽可能少选中性答案。

1. 我有能力克服各种困难:(   )
   A. 是的   B. 不一定   C. 不是的
2. 如果我能到一个新的环境,我要把生活安排得:(   )
   A. 和从前相仿   B. 不一定   C. 和从前不一样
3. 一生中,我觉得自己能达到所预想的目标:(   )

A. 是的　　　　　　　　B. 不一定　　　　　　　C. 不是的

4. 不知为什么,有些人总是回避或不愿理我:(　　)

A. 不是的　　　　　　　B. 不一定　　　　　　　C. 是的

5. 在大街上,我常常避开我不愿打招呼的人:(　　)

A. 从未如此　　　　　　B. 偶尔如此　　　　　　C. 经常如此

6. 当我集中精力工作时,假使有人在旁边高谈阔论:(　　)

A. 我仍能专心工作　　　B. 介于A、C之间　　　　C. 我不能专心工作且感到愤怒

7. 我不论到什么地方,都能清楚地辨别方向:(　　)

A. 是的　　　　　　　　B. 不一定　　　　　　　C. 不是的

8. 我热爱所学的专业和所从事的工作:(　　)

A. 是的　　　　　　　　B. 不一定　　　　　　　C. 不是的

9. 气候的变化不会影响我的情绪:(　　)

A. 是的　　　　　　　　B. 介于A、C之间　　　　C. 不是的

第10—16题:请如实回答下列问题。

10. 我从不因流言蜚语而生气:(　　)

A. 是的　　　　　　　　B. 介于A、C之间　　　　C. 不是的

11. 我善于控制自己的面部表情:(　　)

A. 是的　　　　　　　　B. 不太确定　　　　　　C. 不是的

12. 在就寝时,我常常:(　　)

A. 极易入睡　　　　　　B. 介于A、C之间　　　　C. 不易入睡

13. 有人侵扰我时,我:(　　)

A. 不露声色　　　　　　B. 介于A、C之间　　　　C. 大声抗议,以泄己愤

14. 在和人争辩或工作出现失误后,我常常感到震颤、精疲力竭,而不能继续安心工作:
(　　)

A. 不是的　　　　　　　B. 介于A、C之间　　　　C. 是的

15. 我常常被一些不重要的小事困扰:(　　)

A. 不是的　　　　　　　B. 介于A、C之间　　　　C. 是的

16. 我宁愿住在僻静的郊区,也不愿住在嘈杂的市区:(　　)

A. 不是的　　　　　　　B. 不太确定　　　　　　C. 是的

第17—25题:在下面问题中,每一题请选择一个和自己最切合的答案,同样少选中性答案。

17. 我被朋友或同事起过绰号、挖苦过:(　　)

A. 从来没有　　　　　　B. 偶尔有过　　　　　　C. 这是常有的事

18. 有一种食物使我吃后呕吐:(　　)

A. 没有　　　　　　　　B. 记不清　　　　　　　C. 有

19. 除去看见的世界外,我的心中没有另外的世界:(　　)

A. 没有　　　　　　　　B. 记不清　　　　　　　C. 有

20. 我会想到若干年后有什么使自己极为不安的事:(　　)

A. 从来没有想过　　　　B. 偶尔想到过　　　　　C. 经常想到

21. 我常常觉得自己的家庭对自己不好,但又确切地知道他们的确对我好:( )
   A. 否   B. 说不清楚   C. 是
22. 每天我一回家就立刻把门关上:( )
   A. 否   B. 不清楚   C. 是
23. 我坐在小房间里把门关上,但我仍觉得心里不安:( )
   A. 否   B. 偶尔是   C. 是
24. 当一件事需要我做出决定时,我常觉得很难:( )
   A. 否   B. 偶尔是   C. 是
25. 我常常用抛硬币、翻纸牌、抽签之类的游戏来预测凶吉:( )
   A. 否   B. 偶尔是   C. 是

第26—29题:下面各题,请按实际情况如实回答,仅需回答"是"或"否"即可,在你选择的答案旁边打"√"。
26. 为了工作我早出晚归,早晨起床时我常常感到疲惫不堪: 是   否
27. 在某种心境下,我会因为困惑陷入空想,将工作搁置下来: 是   否
28. 我的神经脆弱,稍有刺激就会使我战栗: 是   否
29. 睡梦中,我常常被噩梦惊醒: 是   否

第30—33题:本组测试共4题,每题有5种答案,请选择与自己最切合的答案,在你选择的答案下打"√"。答案标准如下:
1——从不;2——几乎不;3——一半时间是;4——大多数时间是;5——总是
30. 工作中我愿意挑战艰巨的任务。   1   2   3   4   5
31. 我常发现别人好的意愿。   1   2   3   4   5
32. 我能听取不同的意见,包括对自己的批评。   1   2   3   4   5
33. 我时常勉励自己,对未来充满希望。   1   2   3   4   5

参考答案及计分评估,计分时请按照记分标准,先算出各部分得分,最后将几部分得分相加,得到的分值即为你的最终得分。

第1—9题,每回答一个A得6分,回答一个B得3分,回答一个C得0分。计＿＿＿＿＿分。

第10—16题,每回答一个A得5分,回答一个B得2分,回答一个C得0分。计＿＿＿＿＿分。

第17—25题,每回答一个A得5分,回答一个B得2分,回答一个C得0分。计＿＿＿＿＿分。

第26—29题,每回答一个"是"得0分,回答一个"否"得5分。计＿＿＿＿＿分。

第30—33题,从左至右分数分别为1分、2分、3分、4分、5分。计＿＿＿＿＿分。总计为＿＿＿＿＿分。

得分在90分以下,说明你的EQ较低,你常常不能控制自己,极易被自己的情绪所影响。很多时候,你容易动火、发脾气,这是非常危险的信号——你的事业可能会毁于你的急躁。对此,最好的解决办法是认真学习并掌握一些情绪管理的知识和方法。

得分在90—129分之间,说明你的EQ一般,对于一件事,你在不同时候的表现可能不一,这与你的意识有关,你比前者更具有EQ意识,但这种意识不是常常都有的,因此你需要

多加注意。

得分在130—149分之间,说明你的EQ较高,你是一个快乐的人,不易恐惧、担忧,对于工作,你热情投入、敢于负责,这是你的优点,应该努力保持。

得分在150分以上,那你就是个EQ高手,你的情绪智慧将是你事业有成的一个重要前提条件。

在我们周围,有人十分聪明、IQ很高,却一事无成;有人IQ平平,却有不凡的表现。为什么呢?最大的原因,就在于EQ的不同!一个人若没有情绪智慧,不懂得提高情绪自制力,就可能是个"EQ低能儿"。通过以上测试,你一定会对自己的EQ有所了解了吧。

调适策略

师生双方思维模式、做事方法的相互对立,隐含着希望与欲求的冲突倾向,双方目的的背道而驰从而经常产生一些大大小小的矛盾冲突。当冲突来临时,如何将其化险为夷呢?

首先,教师要明确自我认知标准。"师者,所以传道授业解惑也。"教师是一个光荣的职业,受到社会的普遍尊敬,教师应该充分认识到自己的社会角色。当前的教育理念推崇的是平等的师生关系,学生与教师具有同样的人格尊严,教师要了解、尊重学生,要有开放的心态接受来自学生的各种声音,要更多贴近学生,走进学生的内心世界,在相互理解和信任的基础上实现教育的目标,这也是师生达到真正平等的基础。因此,教师要有批评与自我反省精神,要不断检查自己。

其次,教师要有良好的管理情绪。行之有效的沟通必须在师生双方都情绪平稳的时候才能进行。作为班级管理者,班主任面对情绪失控的学生,可采取冷却处理、静心倾听等方法对症下药。面对情绪低落的学生,班主任可以理为主、以情为先、由情入理。班主任对其要少说大话、大道理,多讲"好"话、安慰的话,而不宜"实话实说"。老子道:"美言可以市尊,美行可以加人。"说明处理问题、化解冲突应以柔克刚,以善举感化心灵,从而达到万事和谐、诸事顺畅。三思而后行,尤其是教师,为人师表,在解决问题、处理事件时,一定要注意控制自身的情绪,否则可能"图一时解恨",而失去在广大学生心目中的形象与地位。案例中华××的行为无疑是非常不敬的,肯定会使大多数教师发火,将其训斥一通,起到杀鸡儆猴的效果,教师愤怒的情绪传染给全班学生,以至于晚自习不能正常进行,同学们也会认为杨老师的脾气比华××的脾气还大、还急躁。假如杨老师能在看到华××的举动后先不发话,采用冷处理的做法,继续给同学做辅导,学生们看没什么戏也就能逐渐安静下来专心自习,事后再找华××到办公室进行交流,这样就有可能避免出现与学生的冲突。而当华××反问:"我为什么要去?我要看书"时,如果杨老师能照他的意思,先让其看书,第二天或改天再进行单独交流,就可以将冲突暂时化险为夷。或是杨老师能够在了解华××为什么在中考临近还沉迷打球、自习迟到等原因,并在学生放肆的时候,照顾学生的自尊,先做一些温和的批评,而后再寻求解决问题的方法,这样学生也较能够接受老师的批评,师生的冲突不会升级。

第三,教师要有良好的教学情绪。良好的教学情绪是提高课堂教学效果的基础。课堂气氛是在课堂教学情景的作用下,学生群体基于需要产生的情绪情感状态,它是影响教学效果的重要因素。而影响课堂气氛的重要因素之一是教师的教学情绪。教师的教学情绪引领着教学的进行,调控着课堂的氛围,决定着教学的效果。课堂上,教师作为主导者,一言一行、一颦一笑都感染着学生的情绪,都能对学生起到潜移默化的作用。如果教师萎靡不振,带着疲惫神态走上讲台,就会使学生昏昏欲睡;如果情绪过于激动,不能自制,势必使学生不知所措,乱加猜测,以致分散学生的注意力,从而影响课堂教学质量的高低。

作为教育工作者,面对的是成长中的学生,其思想行为具有较大的可塑性,只要我们积极引导,善于引导,每位学生都有可教育的机会。学生是一个完整的社会人,有独立的人格和自尊心,只要我们给予适当的尊重,就会使我们的教育工作事半功倍。

问题二　如何宽容对待问题学生

案例呈现

新学期又开学了,小学三年级的学生们很快进入了学习的状态,整个班级和谐快乐,可就有一个新转来的学生张××,常常在课上调皮捣蛋,经常把作业纸撕了折成纸飞机乱飞,自修课上吵吵闹闹,任课教师和同学们对他的意见很大,上课不是睡觉,就是看课外书,老师提醒了,几分钟不到又有新花招,将圆珠笔里的弹簧拆下改装成弹弓,或是将写有玩笑话的纸贴在同学的背后。跟班两年多的班主任王老师几次为这些事都气愤不已,并严厉地批评了张××。并找到家长进行谈话,但似乎也无济于事。于是,王老师召集班上其他同学,要求他们不要理会张××,同时,也将张××的座位调到了班级后面角落里的最后一张座位。

现象分析

班主任王老师面对大多数可爱乖巧的学生中突然出现一个好动、调皮、经常破坏课堂纪律的张××,可以说是忍无可忍。所以最后采取了孤立张××的方法,用一种极端的方法来对待。这种对待问题学生的方法可以说很多教师、班主任用过,但是效果如何呢?

曾几何时,做教师的尤其是当班主任,经常抱怨一些"问题学生"怎么怪异、怎么不听教诲、怎么不知感恩,甚至于认为他们"孺子不可教也"。可曾想过,这一切正是由于我们在教育工作中丢失了宽容之心造成的。失去宽容之心,让我们变得急功近利,视学生为麻烦、累赘;缺乏宽容之举,让我们变得简单、浮躁以至于粗暴、丧失爱心。著名教育家陶行知先生曾说过:"真正的教育是心心相映的活动,唯独从心里发出来的,才能打到心的深处。"从陶行知先生的话中,我们不难领会到,离开了情感,一切教育都无从谈起,这就需要我们教师要有一颗善待他人的宽容之心。宽容学生,是成功教育的一把万能钥匙。

心理解读

有这样一则故事:从前,有位玉器工匠在无意间找到一块碧玉,这块碧玉通体碧绿透明,工匠爱不释手。但美中不足的是,碧玉上面有个小瑕疵。工匠心想,如果能把小瑕疵去掉,碧玉就完美无瑕,成为无价之宝了。于是,他就开始凭着娴熟的技艺将碧玉雕琢成一件玉器,并将瑕疵去掉。可是表面的瑕疵雕去一部分,里面的瑕疵依然存在;再去掉一部分,瑕疵还是存在;再去掉一部分……最后终于去掉了,不过,令人惋惜的是,这块硕大的碧玉也已不复存在了。

这些"问题学生"就像是这块硕大的碧玉。他们或多或少在思想或行为方面存在偏差,存在着这样那样的"瑕疵"。而有些教师,总是在苦苦地追求着学生的那种"璧玉无瑕"的完美境界。学生一时出现问题,他们往往采用简单而粗暴甚至体罚的方法对付学生;学生一时不听话,他们就气愤不已,甚至破口而出:"你怎么这么笨"……久而久之,学生无论做什么事,都仅局限于一个个固定模式,如同惊弓之鸟,不敢触碰警戒线。结果导致学生的心理压力越来越大,过早地扼杀了他们的天真无邪和好奇心。

几千年来,中国的教育奉行的就是"严师出高徒"的信条,"严是爱,宽是害"是一条亘古不变的原则。面对"问题学生",教师通常面如冰霜,用更为严厉的表情对待之,使得学生和教师的关系成为老鼠和猫的关系,学生见到老师,不是颤颤巍巍,就是溜之大吉。

"问题学生"本来是有一种自卑、倔强、胆小的心理,如果在教育中没有爱心,没有宽容之心,那么他们会很容易走上极端。"问题学生"究其原因就是与众不同,思想上不求进取、叛逆,态度上不端正、目无一切,行为上不受常规约束、违纪且屡教不改,常使教师瞧不起,家长也很无奈。而通常在绝大多数乖巧听话的学生中,这些"问题学生"就更为突出。同时,当教师发现对于"问题学生"的教育不奏效时,就会失去耐心、爱心、宽容心,甚至采取放弃的政策。当前,在"教育功利性"的驱使下,教师也不可能把太多的精力都耗在个别"问题学生"身上。

贝尔奈说过:"不会宽容人的人,是不配受到别人的宽容的。"在对待"问题学生"时,教师常常不自觉地或习惯性地使用命令、警告、训诫、讽刺、责难等语言作为"杀手锏",希望学生变得顺从、依赖和沉默,学生往往听到的只是指责、讽刺、批评的语言,他们对师生"沟通"的方式产生恐惧心理。

拓展链接

什么是宽容?

有这样一则故事:一位禅师晚间出来练功,看到墙角有堆垒起的石头。禅师知道这是徒弟违反禅院规矩跳出禅院,办自己的私事去了,正在这时,禅师听到墙外有脚步声,知道出院的徒弟回来了,于是他躬下身去,趴在石头堆上,让翻墙的徒弟踩在他的背下了墙头。这徒弟低头一看,自己踏着老师的脊背,羞愧交加低下了头,无言以对。老禅师拍着他的肩膀说:"时间不早了,快回去吧。"这就是宽容。

宽容是心理养生的调节阀。人在社会交往中,吃亏、被误解、受委屈的事总不可避免,面对这些,最明智的选择就是学会宽容。俗话说"吃亏是福"。宽容是一种良好的心理品质,更是一种高贵的品质。宽容是一种生存的智慧,是一种生活的艺术。它不仅包含着理解和原谅,更显示着气质和胸襟、坚强和力量。一个人不会宽容,只会苛求别人,其心理往往会处于高度紧张,从而导致神经兴奋、血管收缩、血压升高,使心理、生理进入恶性循环。

作为一名教师,学会宽容,用宽容之心对待"问题学生",对于培养学生积极健康的心态,正确处理师生关系,拉近师生距离极其重要。

著名教育家陶行知先生任育才学校校长时,有一次,他发现一个男同学拾起一块砖头想砸另一个同学,他及时制止了,要这个同学到他办公室去。这个男同学到了陶先生的办公室,陶先生掏出第一颗糖:"这是奖给你的,因为你尊重我,听从了我的话。"然后掏出第二颗糖:"第二颗糖奖给你,因为你很守时,准时到了我的办公室。"当这个同学深感意外之时,陶先生掏出第三颗糖:"据我了解,是一个男同学欺负一个女同学,你才想拿砖头砸人的,这应该奖励你的正义感。"这时,这个同学声泪俱下:"校长,我知道错了……"陶先生打断了学生的话,掏出了第四颗糖:"你敢于承认错误,这是我的第四颗糖,我的糖果完了,我们的谈话也就结束了。"四颗糖的故事,之所以一直为教育界津津乐道,是因为陶先生的"四颗糖果"教育的巨大魅力。这种魅力实际是陶行知先生宽容的魅力,这种宽容是教育家陶行知先生的爱的实质,是教师人格魅力在学生面前的充分展示。

调适策略

曾读过苏伟的《笨槐》一文,文中这样描述:小时候总觉得笨槐确实很笨……洋槐早在春天就绽放满树乳白的花朵,花成串成串的,惹人喜爱。而且槐花还散发出很浓的甜丝丝的香味,记得小时候,每到洋槐开花的季节,总要摘一些槐花来吃,把花蕊含在嘴里,有一种凉凉的甜味……而笨槐一直到阳历七八月才开花,花没有香味,而且不能吃。在小孩子简单的逻辑里,就觉得洋槐很美,而笨槐就像它名字一样,又呆又笨……教师通常喜欢洋槐一样的学生,而对"问题学生"就会像对待笨槐一样,嫌弃他、丢弃他。殊不知,笨槐也有开花的一天。虽然花开得晚,又没有香味,但是它利用风传播花粉,最终结出饱满的果实,而且这些槐米和槐花都是中药,可以治病。因此,作为教师,决不能、也不要讨厌、嫌弃、责训"问题学生"。即使有时弄得老师下不了台面,也要虚怀若谷,宽容爱护。相信他们这种现象是暂时的,并努力发掘他们身上的闪光点,鼓励他们克服缺点,培养健康心理,相信自己"我能行"。

在教育中我们只有"爱"自己的学生,带着宽容之心去做学生德育工作,才能打开学生的心扉,在和谐的氛围中获得教育的主动权。只要用一颗诚挚的宽容之心善待学生,一定会收到意想不到的效果,一定会体会到成功的喜悦。

小测试:测测你的宽容度

请对下列问题作出"是"或"否"的选择;每题答"是"记1分,答"否"记0分。各题得分相加,统计总分。

1. 有很多人总是故意跟我过不去。
2. 碰到熟人,当我向他打招呼而他视若无睹时,最令我难堪。
3. 我讨厌和整天沉默寡言的人一起生活、工作。
4. 有的人哗众取宠,说些浅薄无聊的笑话,居然能博得很多人的喝彩。
5. 生活中充满庸俗趣味的人比比皆是。
6. 和目中无人的人一起共事真是一种痛苦。
7. 有很多人自己不怎么样却总是喜欢嘲讽他人。
8. 我不能理解为什么自以为是的人总能得到领导的重用。
9. 有的人笨头笨脑,反应迟钝,真让人窝火。

10. 我不能忍受上课时老师为迁就差生而把讲课的速度放慢。

11. 有不少人明明方法不对，还非要别人按着他的意见行事。

12. 和事事争强好胜的人待在一起使我感到紧张。

13. 我不喜欢独断专行的领导。

14. 有的人成天牢骚满腹，而我觉得这种处境全是他们自己造成的。

15. 和怨天尤人的人打交道使自己的生活也变得灰暗。

16. 有不少人总喜欢对别人的工作百般挑剔，而不顾及别人的情绪。

17. 当我辛辛苦苦做完一件工作却得不到别人的认可和赞赏时，我会大发雷霆。

18. 有些蛮横无理的人常常事事畅通无阻，这真令我看不惯。

每题答"是"记 1 分，答"否"记 0 分。各题得分相加，统计总分。

13—18 分，说明你需要在生活中加强自己的灵活性，培养宽容精神；

7—12 分，表明你具有常人的心态，尽管时时碰到难相处的人，有时也会被他们的态度所激怒，但总的来说尚能容忍；

0—6 分，说明外界的纷繁复杂很难左右你平和的心态。

问题三　如何让学生爱上你的课

案例呈现

张莉，是××小学三(2)班的数学老师，学生们都喜欢上她的课，无论是简单的公式验算、还是复杂的难题推导，都能认真听讲、积极参与，张老师也经常在课上表扬学生，学生的数学成绩始终位于全年级第一。王芳，是这个班的语文老师，与张莉同年进校，学生在她的课上总提不起精神，不能主动发言，学生语文成绩在全年级属于中流。这使王老师很不解，也很困惑。在一次评教评学中，学生们说出了他们的想法：张老师每天会穿不同的衣服，会在课上做游戏，会在课后和大家讨论喜欢的动画片，大家喜欢她，所以喜欢上数学课，同学们遇到学习以外的问题也会去找她商量；王老师课上得也挺认真，对大家要求也挺严的，可是她总是穿一样的衣服，从不会和同学们做游戏，下课后就回办公室了，不会和同学们多说话。

现象分析

两个同年资的年轻教师，一个充满活力与生机，每天穿不一样的衣服。小学生总喜欢新奇的东西，张莉懂得学生的心理需求，投学生之所好，在学生面前总有一种新鲜感，能融入学生的学习生活中，并进行"情感投资"，和他们一起聊天、游戏，寓教于乐，让学生快乐学习、快乐成长。王芳老师每天穿同一种款式的衣服，可谓朴素，授课严谨，但是没有和学生交流学科之外的话题，得不到学生的喜欢。一个被学生喜欢的教师，其教育效果肯定会超出一般教师。当学生喜欢你这个教师，就会喜欢上你的课，喜欢听你的话，那你的教育教学就会事半功倍,起到一系列连锁反应。

 ## 心理解读

要让学生喜欢你,喜欢你的课,最关键的是要懂得学生的心。其实就是通常所说的要进行学情分析,要了解和研究所教的学生。俄国教育家乌申斯基说过:"如果教育家希望从一切方面去教育人,那么就必须首先从一切方面去了解人。"清代思想家魏源也说过:"不知人之短,不知人之长,不知人长中之短,不知人短中之长,则不可以用人,不可以教人。"这些都说明要教育学生必先了解学生。上述案例中的张莉和王芳两位教师正好是正反两个典型的例子。

了解和研究学生要全面性、经常性、发展性。了解和研究学生包括学生个人和集体两方面。了解学生个体包括学生个体的思想品德、健康水平、学业成绩、兴趣爱好、才能特长、性格特征、生活习惯、成长经历、家庭情况及社会生活环境等。了解学生集体包括学生集体德、智、体、美、劳等基本情况,集体的形成和发展过程,知晓各类学生的特点、班风班貌等。要把了解学生个体与了解学生集体结合起来,要把握住每次了解和研究学生的机会,要用发展的眼光看待学生。

 ## 拓展链接

教师要与学生取得共同的语言,或是有共同的爱好,这样才能在学生集体中有"一席之位",才能使教育影响并深入学生的内心世界。

据报道,"与学生能有共同语言,能与学生互动、交流,课上课下都能融入学生中,走进学生心中;了解学生的内心,相信每一个学生……"这是济南燕山学校学生眼中的优秀教师首先要达到的要求。日前,该校发动学生、家长、教师"海选"制定优秀教师标准。出人意料的是,学生们最渴望的不是老师讲课能力多么强,而是老师能与自己有共同语言。

学生制定的优秀教师标准:

1. 与学生能够有共同语言,能够与学生互动、交流,课上课下都能融入学生中,走进学生心中。
2. 了解学生的内心,相信每一个学生,不抛弃,不放弃。
3. 善于管理,要求学生严格,负责任,对工作尽职尽责。
4. 把学生当作自己的孩子,和蔼亲切,不随意打骂学生,不讽刺挖苦学生。学生犯错时,以语言开导。
5. 平等对待每一个学生。
6. 指出老师的不足,虚心接受并改正。
7. 不穿奇装异服。

家长制定的优秀教师标准:

1. 学识广博,教学严谨,方式得当。
2. 上课有激情,语言幽默有趣,简单易懂。
3. 善于与孩子沟通,理解和尊重孩子,了解孩子。

4. 不因孩子犯错而过多惩罚,而是教导他学会正确处理事情。

5. 对待孩子像自己的子女,有事与家长及时沟通联系。

6. 善于发现学生的积极因素,点燃孩子内心闪光的火苗。

7. 不抛弃、不放弃任何一个孩子,尽职尽责。

8. 无论孩子的问题简单还是繁杂,都认真讲解。

9. 脸上常挂有微笑,亲切。

10. 严而有情,既有慈母般的爱,又有严父般的要求。

教师制定的优秀教师标准:

1. 热爱教育事业,有责任感和使命感,敬业上进;具有高尚的情操和人格;正直善良;教风清正廉洁,衣着得体,语言文明。

2. 关爱每一个学生,公平公正,"师者应有父母心";对学生"宽严有度,关爱有加";允许学生犯错,能对不同学生采用不同方法教育,对学生终身发展有积极的影响。

3. 博学勤奋,具备坚实的专业知识、教育理论和高超的教育教学水平;认真备课,课堂设计合理有趣,教学方式多样;有自己的教学特色和个性魅力。

4. 充满激情和活力,善于和学生沟通;语言幽默,口才好,课堂气氛活跃。

5. 永不满足,喜爱钻研,善于反思;热爱读书,善于学习;创新意识强。

6. 自觉遵守法律法规,关心维护集体,善于合作,与师生、同事、家长建立良好的关系。

7. 轻负担,高效益,教学成绩好。

 调适策略

"研究学生"是目前教育内涵发展阶段极具现实意义的重要话题。教育工作者经常说要了解并研究学生,但是到底如何去研究呢?

研究学生是伴随着教师日常的教育教学,渗透在其中的一项工作。教师要在教育教学中取得优良的成绩,首先要充分了解和研究学生。研究学生不是一项额外的任务或要求,而是教育教学中的前提工作,也是教师职业生涯中可持续发展的行为习惯。就如中医为患者治病一样,"望、闻、问、切"四诊,任何一个步骤都不可缺少。教师在开展教育教学工作时,也要对学生"望、闻、问、切"。望,即观察;闻,即倾听;问,即谈话;切,即把脉,全方位了解学生情况。

1. 望——观察

观察是了解学生的基本方法,教师要善于通过课堂教学、课外活动了解学生的内心世界、兴趣、才能,要透过复杂的活动来正确地了解学生的思想行为。教育观察必须要有目的、有计划地进行,必须集中注意观察所了解对象的活动,把学生的思想与言行结合起来考察,做到目中有人、心中有数。为此,教师应经常深入学生的各种活动中去,同学生打成一片,仔细地进行观察,积累比较丰富真实的材料,进行认真分析,通过学生的言行,掌握他们的思想本质。

2. 闻——倾听

倾听可以说是一门教育的艺术。教师可以通过倾听,了解事实、触发情感、明了意图。倾听事实要求教师不以自己的想法和固有观念对学生的话进行评判,客观地接受学生谈话

中的信息。倾听感情要求教师在倾听事实的同时，感知学生的感情，与学生共情，并把自己的感觉反馈给学生。倾听意图是要求教师把握学生真的想要什么，真正的意图是什么。

3. 问——谈话

谈话是了解学生的重要方法，教师，尤其是班主任有目的地找个别学生或班干部谈话，以小型座谈会的方式进行谈话，可以深入了解学生或集体的情况，掌握他们的思想动态。为了使谈话目的明确、中心突出、方式恰当，在谈话过程中，对学生的态度要和蔼、亲切、自然，要善于启发学生讲真话，注意耐心倾听学生说话，联系以往的一贯表现加以思考。要循循善诱，使谈话具有教育性，谈话后，要把掌握的情况以及自己的看法感受记下，积累起来，为评价和教育学生奠定基础。

4. 切——把脉

教师可以通过调查访问、资料分析等方法综合了解和研究学生。教师可以调查访问学生的思想、行为等等。调查访问的对象既包括学生本人，也包括和学生有关的一切人，尤其是学生的家庭。调查访问的形式可通过书面调查、当面谈话等进行，其中家庭访问是调查访问的一种非常重要的形式。通过调查访问能够加深班主任对学生的深入、全面的了解，帮助班主任更好地了解学生的动态，从而管理好班级。

此外，班主任还可以通过研究记载学生情况的入学登记表、学籍卡体格检查表、成绩单、作业本试卷以及图书借阅登记表等资料，了解学生的思想，学习健康生活的发展状况，这是班主任了解和研究学生必须掌握的基本材料。是进一步了解和研究学生的基础。研究书面材料要与平时的观察、谈话以及老师学生的反映的情况结合起来分析，如学生的作文是他们的思想，知识和能力的综合反映，但其水平是否真实，还需要与平时的思想表现和知识水平结合作比较，以鉴别其真实可靠程度。班主任还应注意要求学生详细填写班级日志。自己也要坚持写工作日记或学生卡片，以便逐步积累并妥善保存有关学生的书面材料，为进一步改进教导工作提供依据。

大量地掌握了学生的情况之后，及时地对学生的情况进行分析研究，才能正确地把握学生的思想动态，及时对班级管理作出调整。在分析的过程中，主要要把握的是学生的思想动态和行为趋向，以便对学生及时作出帮助和指导，对班级及时进行管理。

问题四 如何让信使成为开启心灵之门的钥匙

案例呈现

这学期班里转来一个学生王××，平时默默无语，也不太愿意、甚至有些害怕和老师、同学交流。班主任花老师和家长交流后知道，该生从小和爷爷奶奶生活在农村，父母一直外出打工，常年不在家，与父母也不是很亲。现在将他接到城里上学，远离了最熟悉的亲人，进入一个陌生的环境，又因为家乡口音较重，所以就不怎么讲话。花老师了解情况后，决定用写信的方式和他交流。当第一封信放在王××手中的时候，花老师还是有些顾虑的。没想到第二天早上花老师就收到了王××的回信。就这样,他们互相通信竟然快一个学期了,并且渐渐地书信内容也越谈越多。

现象分析

目前,有部分学生像上述案例中的王××一样,或是过于内向、沉默、甚至是有自闭症,如何开启他们的心扉,走进他们的心灵,和他们进行交流,是很多教师的困惑。有些教师认为只有和学生谈话才叫交流,这种理解是不全面的。交流的方法有多种,有当面谈话、有网络聊天、有书信往来、有眼神交流、有肢体语言,等等。这些交流方法中,有的是有声交流、有的是无声交流。而不论何种方法,只要合适,就是最好的。从上述案例看出,无声的语言同样可以发挥沟通的效能,而且往往比有声的语言更便捷、快速、有效,是师生交流沟通中不可缺少的方式。

心理解读

这个案例表明,良好的师生关系也可以在无声的交流中建立。花老师用书信的方法,化有声的交流于无声的沟通之中,真可谓"此时无声胜有声"。

教师与学生之间的这种无声的交流,在处理某些问题时,不会有言语的正面冲突,更不会引起肢体的冲动,有的是教师与学生的呼应与引导。有些时候,与学生的交流不应局限于面谈,因为有些情况学生并不愿意当面说出来,但是他们可以把他们的想法写出来,对于这些情况,就可以通过一张纸、一本子作为载体、媒介,让他们把要说的话写出来,教师也利用一张纸或一本本子作为载体,这样一传两递就能达到促成学生思想转变的目的,何乐而不为呢?越来越多的想法在书信中表达,也体现出学生对教师越来越多的信任。作为教师,需要的就是思考如何才能引导学生说出心里话,说出他们想说的话。

每个人都是独立的个体,都有自己的思维方式和行为习惯。教师要很好地了解学生、多方面地了解学生,就要与学生进行沟通。课堂中沟通与课外的沟通应合起来,使师生之间增进了解、增进感情,方便教与学的进程。在课外,书信沟通就是一个非常好的方法。尽管师生地理距离很近,一般不习惯于使用书信沟通,但有时这种书面交往手段具有特殊功能,有助于清楚地向学生讲明问题、有助于给学生思考的时间、有助于给学生留出下台阶的空间、有助于给学生留下最大的"面子"、有助于保护学生脆弱的自尊心、有助于带给学生说出真相的勇气、有助于带给老师走进学生心灵更大的机会、有助于和学生的情感保持私下亲切交流、有助于拉近师生的心理距离。这种特殊的交往形式让不少师生感到"既新鲜又亲切"。有些话,学生有时不愿说出来或没有勇气说出口,这时他就可以无顾忌的写在信中,用纸与笔和教师交流、沟通。教师通过回信也可以使得学生更能感受到教师的亲切与平易近人。

此外,学生与学生之间也可以采用这种无声的交流,这种方式没有老师或家长的训斥、批评、讽刺和挖苦,有的只是同龄人心与心的沟通和倾诉,更容易为学生所接受,可以收到"润物细无声"的教育效果,增进学生间的友谊,促进班集体的和谐发展。

 拓展链接

利用通信方式解决心理问题的一种方法叫森田心理疗法,也称森田疗法,是由日本慈惠医科大学森田正马教授于1920年创立的适用于神经质症的特殊疗法,是一种顺其自然、为所当为的心理治疗方法,具有与精神分析疗法、行为疗法可相提并论的地位。森田疗法的主要形式有:住院治疗、门诊治疗、交换日记、通信治疗等。其中通信治疗就是用书信的方式以达到预期的治疗目的。

有少数患者没有住院或门诊的条件,希望通过通信的方式了解森田疗法的方法或原理,以达到预期的治疗目的。对于这些患者也可采用这些方式给予指导和帮助。对于通过通信给予指导的患者来说。除了要求他介绍自己的一般病史以外,还应报告他的生活状况和对森田疗法的认识或体验,以类似日记指导的方式给予具体的指导,因为通信指导如果脱离了具体的生活体验或行为内容则会是非常空洞的。

目前,森田治疗法在帮助解决我国高校、职校学生的心理问题、焦虑症、强迫症都有相关报道。这种方法可以帮助学生树立正确的人生观和价值观,正确的生死观和成才观,并且帮助学生在处理理想与现实的矛盾,学习中遇到的困惑,人际交往等方面给予指导,促使学生人格得到发展与完善。

分享案例:

许老师,09机电新生班班主任,班内男孩居多,很难管。有些学生上课连带纸笔都不带,有些学生上课玩手机。许老师在教师后墙上订了一个纸箱,命名为"班主任信箱"。里面不定期会出现一些信件,班委会定期打开信箱,把信分给相应的同学。全班每个学生与许老师至少有过一次书信交流,对于特别调皮的学生,许老师写得更多,最多的是石超。

石超是班里的"睡觉大王",自称初中起没听过一节数学课,到了职校,许老师把他排在第一排,他每堂数学课照睡不误,找他谈话,没什么效果。

许老师问石超父母的电话,石超直接拒绝。

许老师笑笑说,怕我告状啊,你以后会知道,老师不告状的。

教师节,石超上数学课,破天荒抬起头,听了一会儿。

那天,石超在放学时收到许老师的一封信。许老师说,回家一个人看。

下面是许老师写给石超的信:

石超:

你作为一名男生,我很需要你的帮助。

你知道今天我收到的最好的礼物是什么吗?是你今天上课认真听讲的神态,真的,我没想到! 我能收到这么好的节日礼物,我衷心地谢谢你,你说3年了,从没听过数学课,而今天,你迈出了第一步,说明你能行的!

今天我很忙,忙里偷闲给你写下这些话,也许有些前言不搭后语,请你原谅,但我想,我的意思你是明白的,你是个聪明的、明事理的孩子,只是现在学习道路上遇见困难,不知所措,这不要紧的,老师等着你的成长,盼着你更大的进步。

石超回了几句话,很短,但很让人高兴。

许老师:

我第一天进校看到你,你是我的班主任,我觉得你很凶,一点也不好,没有以前初中的班主任好,但经过这几天,我发现,许老师,您很好,记得开运动会,我和几个人没吃早饭,您把您的饼干拿出来给我们吃,当时我很感动,我觉得你比初中里任何老师都好。

许老师也回信了。

石超:

只有敞开心扉,真心交流,才能彼此了解,你说是吗?我一直很喜欢你,你热心,聪明,只是目前还存在一些困难……老师期待着与你分享收成的那一天,加油。

石超进步很快,乐于助人的品质也渐渐开始显露,后来,石超提出,以前初中里都是坐后排的,坐前排很不习惯,希望能换到后排。许老师在以"上课不睡觉"的前提下,允许他换到了后排。

从许老师写出去的信看,她对班里几个调皮孩子,都坦诚地说"老师需要你的帮助",把自己因为烦恼孩子问题而导致失眠、做噩梦的情节,也坦诚相告。

在即将走向实习岗位的09机电班的学生,最近集体给许老师写了一封信,感谢两年来许老师花心思写的每一封信、每一封回信,感谢许老师的谆谆教诲,他们会将老师的信一直保存着。

调适策略

书信是一座师生交流的桥梁,这种古老的形式,与现在普遍的QQ聊天、邮件、短信、电话等新型的交流比,充满新奇感,又简单易行。尤其在班级管理工作中,班主任是学生进行情感交流的主导者,班主任在与学生交往活动中必然结成一定的情感关系。班主任与学生的情感交流方式有多种。其中,采用给学生写书信的方式可以促进师生的情感交流,搭建师生心灵沟通的桥梁。

有这样一位学生,人很聪明,学习成绩也非常优秀,但因骨折要在家休养一个多月,所以害怕跟不上学习而整天忧心忡忡,非要家人背其上学。班主任经过了解后,为了不给她造成紧张感,就写了一封信把老师心中的担忧告诉了她。两天后这位班主任就收到了学生的回信。信中写到了学生自己心中的担忧,同时也对老师细心关照她表示感谢。第二天,班主任就接到了她妈妈的电话。她妈妈在电话中也是一个劲地感谢老师对她女儿的特别关照,同时还和班主任商量怎样调整自己孩子的心情。后来这位班主任每周去这位学生家两次,帮其补习,渐渐地那个曾经活泼自信的女孩又回来了,在期末考试当中她仍以优异的成绩位居班级的前列。

这又是一个用书信排解学生紧张感的案例,在日常工作中,师生交流不妨试试书信方式,表扬信、鼓励信、公开信、致歉信,等等,形式内容各异,但都将利于调动全班同学的积极性和主动性,也利于构建温馨和谐的班集体。

问题五　如何平等对待每一个学生

 **案例呈现**

早自习刚一打铃徐老师就走进教室,发现张××和马××还没有进教室。张××,是班上一个经常出状况的学生,这个月也因为她的诸多状况,班级在学校考核中扣了很多分,徐老师对她真是恨得牙痒痒,总想找个机会好好治治她。马××是班长,在班上学习成绩名列前茅,经常参加学校活动并获奖,是老师眼中的红人。没过一会儿,两人走到教室门口。徐老师先询问了马××迟到的原因,当得知因为事故造成交通堵塞而迟到后,就让马××先进了教室。于是对站在门口的张××大声责问"张××,你怎么又迟到？是不是懒得赖在床上不想上学啊？""这个月你迟到多少次啦？你给班级扣了多少分啦？你都上了学校的黑名单了,全校都知道你是迟到大王了。"徐老师噼里啪啦说了一通,没有给张××解释的机会。张××好几次都想说话,但是都被徐老师给堵回去了。徐老师说了好几分钟,让眼眶已近湿润的张××独自站在门口好好反省,自己进教室上早自习了。

 **现象分析**

徐老师在同一个问题上,对待两个不同的学生采取了两种截然不同的处理办法,只因为两个学生在徐老师心目中的印象不同。一个错误不断,给班级抹黑;一个成绩优秀,给班级增彩。在教学工作中,不少教师往往对成绩好的学生特别偏爱、特别照顾,而对问题学生则漠然置之,甚至鄙视、嘲笑。长此以往,问题学生的问题越来越多,师生关系也变得十分紧张,不仅会伤害这些学生的自尊心和自信心,还会打击他们对学习的积极性,甚至会影响其成长与发展!

 心理解读

为什么越是好的学生,老师越喜欢;越是差的学生,老师越是讨厌？为什么老师喜欢一个学生,这个学生就会得到更多的好处,可以评三好、可以最先入团、可以当班委、可以得到更多的学习指导？究其原因主要有以下几点：一是教师的权威性。在大多数情况下,教师是绝对支配者,教师说一不二,说是什么就是什么;而学生没有权力,是被支配者,他们没有反驳的权利。二是评价标准的单一性。教师的意见就是唯一标准。但是,我们知道学生的优缺点是各异的,每个人身上都有不同的长处与短处,如果只按照一个标准来判断,甚至是一种主观臆断,难免不全面、不公正。而世界上的每一个人都会有偏好,这样的话难免造成偏爱了。三是教师能力不足,功利心强。设想一下,老师为什么总是偏爱少数几个学生,这不能不说是刻意之举。因为功利心,进而反映出来的问题是教师能力不足,因为他不可能把所有学生或者一部分学生都变成最好,他必然要挑自己偏爱的学生。教师出现上述不能平等对待每位学生的现象,主要是"马太效应"和"刻板印象"导致的结果。

 拓展链接

1. "马太效应"与反"马太效应"

马太效应,指强者愈强、弱者愈弱的现象,广泛应用于社会心理学、教育、金融以及科学等众多领域。其名字来自圣经《新约·马太福音》中的一则寓言:"凡有的,还要加给他叫他多余;没有的,连他所有的也要夺过来。"

在学校教育中,"马太效应"的作用是消极的。有很多典型的例子,例如一个品学兼优的好学生,班主任经常表扬他,在很多方面都特别关照他。其他同学就会在背后议论:"老师就想着他一个,什么好处都是他的。""老师就夸他能力强,他有缺点,但老师装作没看见,还要护着他。""什么三好学生,优秀团员,都是他的,老师就是戴着有色眼镜看人。"这样,带给他的也并非都是欢乐。

"马太效应"有着明显的心理危害,它会在教育中形成自负和自卑的对立。好学生由于受到过分偏爱、过多表扬,就会自负自傲;而另一部分学生由于不受重视、甚至歧视,自尊心就会受损,不求上进,甚至自暴自弃。教育中的"马太效应"使得少数学生成为精神"贵族",多数学生成了受冷落的"被弃者"。

反"马太效应"要求教师对学生要一视同仁,不可对好的学生过于"偏心眼",相反,要更多地关注后进生,给他们以帮助。在教育管理上,要平等对待每一个学生,使每个学生都能得到老师的关怀,要知道,好学生是相对而言的,好学生的成长,是以学生的总体水平为基础的。

2. 刻板印象

刻板印象,也叫"定型化效应",是指个人受社会影响而对某些人或事持稳定不变的看法。它既有积极的一面,也有消极的一面。积极的一面表现为:在对于具有许多共同之处的某类人在一定范围内进行判断,不用探索信息,直接按照已形成的固定看法即可得出结论,这就简化了认知过程,节省了大量时间、精力。消极的一面表现为:在被给予有限材料的基础上作出带普遍性的结论,会使人在认知别人时忽视个体差异,从而导致知觉上的错误,妨碍对他人作出正确的评价。

在学校经常可以见到这种现象,教师对那些天资聪明、学习成绩优秀的学生,脸上往往流露出喜爱的神情,这些学生受到器重和青睐。而天资愚笨、学习成绩较差的学生则往往受到歧视。教师表现出急躁、厌烦的情绪,令人沮丧的话常常挂在嘴边。实践证明,经常受到这种"待遇"的学生,会顿感凉水浇身,丧失学习信心,失掉克服困难的勇气,以致产生颓废情绪。

公正是人类的始终追求,是师德的重要范畴。作为教师,在教育过程中要不偏爱学生,

一碗水端平，不论成绩好的还是成绩差的，不论家庭条件好的还是家庭条件差的，给他们平等的发展机会，提供平等的发展空间，用爱心关注每一个学生，使他们都能得到充分发展。避免或解决"马太效应"和"刻板效应"要注意以下几点：

首先，教师要平等地对待每一个学生，不能以貌取人，不同性别、不同智力、不同个性的学生要一视同仁，要注意每个学生的内心世界，要承认和尊重学生的差异，要尊重学生人格。这种差异要求教师创造适合不同学生健康成长的教育，而不是选择适合教育的学生，在教学中我们应该分层施教，帮助学生在各自的基础上取得发展，针对不同层次学生的发展水平，提出不同层次的要求，使每个学生都能获得成功的喜悦。

其次，教师要公正地对学生进行教育，教育学生必须是爱严结合。试想用不公正的教育方式教育出来的学生能做到公正看待问题和处理事务吗？

再次，教师要公正地评价学生。这也是最关键的一点。要建立多元评价机制，依靠多元评价标准。教师要从多方面、多渠道了解学生，不能仅以学习成绩为评判标准，也不能仅以个人眼光或定势思维来评判，要做到不抱成见规范准确地评价每个学生。要充分肯定每个学生身上的优点，并及时适当地给予表扬，激发他们的上进心，从而促进每个学生都更加努力地去发展自己。同时，学生也要有权评价同学的权利，要做到公平公正。

总之，教师要尊重每个学生，照顾每个学生在不同情况下的自尊心，给每个学生以师爱，要树立"手心手背都是肉"的教育观念，摆脱"马太效应"的误区，以反"马太效应"的正确教育观，解决学生的交往冷漠的心理。

思维定势测试题

1. 在一个荒无人迹的河边停着一只小船，小船只能容纳一个人。两个人同时来到河边，两个人都乘这只船过了河。请问：他们是怎样过河的？

答案：两人是分别处在河的两岸，先是一个渡过河来，然后另一个渡过去。

对于这道题，你大概"绞尽了脑汁"吧？的确，小船只能坐一人，如果他们是处在同一河岸，对面也没有人（荒无人迹），他们无论如何也不能都渡过去。当然，你可能也设想了许多方法，如一个人先过去，然后再用什么方法让小船空着回来，等等。但你为什么始终要想到这两人是在同一岸边呢？题目本身并没有这样的意思呀！看来，你还是从习惯出发，从而形成了"思维嵌塞"。

2. 公安局长在茶馆里与一位老头下棋。正下到难分难解之时，跑来了一位小孩，小孩着急地对公安局长说："你爸爸和我爸爸吵起来了。"老头问："这孩子是你的什么人？"公安局长答道："是我的儿子。"请问：这两个吵架的人与公安局长是什么关系？

答案：公安局长是女的，吵架的一个是她的丈夫，即小孩的父亲；另一个是公安局长的父亲，小孩的外公。

有人曾将这道题目对100人进行了测验，结果只有两人答对；后来对一个三口之家进行了测验，结果父母猜了半天拿不准，倒是他们的儿子（小学生）答对了。这是怎么回事呢？还是定势在作怪。人们习惯上总是把公安局长与男性联系在一起，更何况还有"茶馆"、"老头"等支持这种定势。所以，从经验出发就不容易解答。而那位小学生因为经历少，经验也少，就容易跳出定势的"魔圈"。

3. 篮子里有4个苹果，由4个小孩平均分。分到最后，篮子里还有一个苹果。请问：他们是怎样分的?

答案:4个小孩一人一个。

对于这一答案你可能不服气:不是说4个人平均分4个苹果吗?那篮子剩下的一个怎么解释呢?首先,题目中并没有"剩下"的字眼;其次,那3个小孩拿了应得的一份,最后一份当然是最后一个孩子的,这有什么奇怪呢?至于他把苹果留在篮子里或拿在手上并没有什么区别,反正都是他所分得的,不是吗?

4. 已将一枚硬币任意抛掷了9次,掉下后都是正面朝上。现在你再试一次,假定不受任何外来因素的影响,那么硬币正面朝上的可能性是几分之几?

答案:二分之一。

这道题本来很简单。硬币只有两面,不要说任意抛10次,就是任意抛掷1 000次,正面朝上的可能性也始终是二分之一,不会再多,也不会再少了。对这道题,如果没有上题的那种定势在作怪,一般马上就可以说出答案来。

5. 有人不拔开瓶塞,就可以喝到酒,你能做到吗?(注意:不能将瓶子弄破,也不能在瓶塞上钻孔。)

答案:可以将瓶塞压入瓶内。

在多数情况下,人们总是拔开瓶塞后才喝酒的。但是,也可以将瓶塞压入瓶内,不过,只是人们不常这样做罢了。

6. 抽屉里有黑白尼龙袜子各7只,假如你在黑暗中取袜,至少要拿出几只才能保证取到一双颜色相同的袜子?

答案:3只。

这也是一个简单的问题。有人曾用这道题去考4名大学生,其中居然有3人回答说,至少要拿出8只,才能保证取到一双颜色相同的袜子。这个问题的关键是"相同"与"不同"。取一双颜色相同的,答案是3只;取一双不同的,答案才是8只。那么,既然题目只要求取出颜色"相同"的又为什么会产生颜色"不同"的定势呢?这主要是由于题目中"黑白尼龙袜"和"各7只"的影响。

7. 思考题目是:你能猜出下列3组数字间有何种关系吗?

(1、3、7、8)

(2、4、6)

(5、9)

提示:每一组数字都有一个相同的条件。

答案:1、3、7、8注音都是一声;2、4、6注音都是四声;5、9注音都是三声。

看到数字就想到要用数学的解题方法吗?我们的思想是不是都太僵化了呢?

总结:思维定势对思维活动的影响是明显的。由于已有的知识、经验和习惯的束缚,人们在处理一些"似是而非"的问题时就往往囿于旧有框框,一旦你摆脱了它,你的思维就能闪烁出创造性的火花。

问题六 如何成为有效的课堂管理者

 案例呈现

顾老师是初二(4)班的语文老师,最近她发现在课堂上越来越难驾驭学生了。这事还得从一个月前的一节课说起。那天,李明没有完成作业,顾老师为了达到杀一儆百的效果,一上课就当着全班同学的面惩罚李明抄10遍课文。李明心里很不高兴,当顾老师听到李明嘟嘟囔囔声后也非常气愤,于是把李明赶出了教室。第二天,李明仍然没交罚抄的作业,因此也没能进得了教室。第三天,在班主任及年级组长的干涉下,顾老师不得不让李明在没有补任何作业的情况下进教室上课。自那天起,每次顾老师在课堂上批评不专心听讲、不按时交作业的同学时,都会明显感到班里同学的抵触情绪,学生们也不主动回答问题,说话、睡觉、玩手机的行为屡禁不止。也因此,她的课堂教学组织工作多次都没能按要求完成,自己也陷入了深深的苦恼之中。

 现象分析

本案例中的顾老师由于在课堂上对某位学生的学习问题没有处理恰当,从而导致全班对其产生抵触,无法掌控课堂。这正是部分教师在课堂上遇到过的情况:当教师和某个学生情绪相互抵触时,会感染到整个班级,不和谐的氛围将在课堂上蔓延,直接导致课堂管理失效。表现为学生注意力涣散、缺乏学习动机、课堂纪律失控,学生对教师的教学方式和教学能力不满,进而导致教师职业成就感降低,产生职业倦怠。

 心理解读

造成目前教师课堂管理失效现象的原因主要有以下几点:

1. 教师角色改变的冲突

在传统教育模式中,以教师为中心,教师是所有知识的专家,是最有资格传授学生知识的人,教师具有一种权威感。就好比是医生,在医院里,医生被认为是博识的权威,病人焦虑地等待医生评价症状,开出适当的处方、评价病情变化情况。医生对病患的诊疗负主要责任,而教师就对学生的学习负主要责任。这种管理方式强调教师的主体性与权威性。

德国教育学家赫尔巴特说过:"权威能够拘束心的出乎常规的活动,因此在压制一种倾向于邪恶、正在成长的意识,权威可以大有用处。"反之,教师权威可压制学生,激起学生反感,或使学生产生惧怕。随着基础教育课程改革的不断深入,教师的角色正在发生变化,新课程改革倡导在进行学生教学发展过程中,老师应是一个引导者,方法的建立者,而不是简单的知识传授者,应充分发挥学生在学习过程中的能动性。由此课堂的主人由教师逐渐演

变为学生，这就决定了教师的绝对权威地位受到威胁，从而导致部分教师心理失衡。

2. 教师对课堂管理的内涵理解不透彻

课堂管理其实是一个复杂的有机体，并非绝大多数教师简单地认为课堂管理就是课堂纪律的管理，这种认识是片面的，是将课堂管理的内涵狭隘化了。课堂管理的任务比较复杂，不仅包括课堂纪律管理，还包括课堂物理环境管理、课堂人际关系管理等多个方面。课堂纪律管理、课堂物理环境管理都是显性管理的行为表现；课堂人际关系的管理则是一种隐性管理系统的构建。教师要成为一个有效的课堂管理者，更应该从课堂管理的多个方面入手。

3. 教师自身素质与管理能力的缺乏

教师是课堂管理的核心，教师的专业水平、个人素质、工作能力、教学态度、组织管理经验都直接决定着课堂管理水平。课堂管理有效与否也体现了教师自身素质和管理能力的强弱。

拓展链接

那什么是有效课堂管理呢？

美国教育心理学家班尼研究指出："在教师从事的一切任务中，没有比管理技巧更为重要的了。"罗杰斯等人的研究也表明："应把教学视为包括管理在内的过程，而且教学可以作为一系列管理行为或角色加以研究。"这样就要求教师要重新关注课堂管理问题。

有效课堂管理，实指课堂管理中有效性，这是课堂管理的关键。有效课堂管理的理念要求教师应注意以下几点：第一，关注课堂环境和课堂气氛的管理，创造良好的课堂环境和氛围，以利于学生的学习，提高学习效率；第二，关注课堂纪律和学生问题行为的管理，使学生了解在各种场合受赞同或默认的行为准则，也有助于学生人格的成熟和自我控制水平与能力的进步与发展；第三，关注在教学中师生的互动，教师与学生和谐沟通，化解或避免师生冲突；第四，关注策略的使用，策略是教师在课堂管理过程中使用的解决问题的一系列的方式方法。教师要实现课堂管理的有效性就必须形成正确的课堂管理观念，掌握课堂管理的技巧。学会驾驭课堂，保证教学的顺利实施，真正促进学生在课堂中的发展是每一个教师必须具备的专业素养。

调适策略

课堂上，恰如其分的课堂管理能够为教学活动创造良好的环境，让教学活动舒展、有趣地进行，从而提高课堂教学的效益，实现教学相长。作为一名教师，需从以下几个方面入手，将自身锻炼成为一个有效的课堂管理者。

首先，教师应提高自身素养，增强自我管理能力，这是成为有效课堂管理者的基础。教师自身的素养和行为对学生影响至关重要，因为教师是学生心智的培育者，承担着把来自社会实践的知识经验进行精细加工整理，然后以学生能理解接受、便于掌握的方法传授给学生，促进学生发展知识的职责，教师只有首先"管"好自己，才能进而"管"好学生。

在大家头脑中的"管"字偏向于管束、约束，那教师就要先约束自己的德、情、技、能，要在教德、教态、教言、教技上加强自我管理。教德上，教师为人师表，要尊重、信任学生，要面向全体学生，一视同仁，同时要严于律己，以身立教。教态上，教师要用和蔼的态度教育学生，动之以情，晓之以理。教言上，教师要把握分寸，亲切自然、连贯得体，也可适时用幽默风趣的语言换取学生舒心会意的微笑，提高课堂管理的艺术效果。教技上，教师要精通专业，灵活运用恰当的教学方法与手段，生动形象地传授知识，实现课堂管理的最优化。教师德、情、技、能四方面加强自身修养，才能建立良好的师生关系，化解师生冲突，构建和谐的课堂环境。

其次，教师具备管理学生的能力是成为有效课堂管理者的关键。教师对课堂的管理，一方面要善于了解、观察和分析学生的行为，从课堂中学生的一言一行结合教学情境作出判断，从而采取相应措施；另一方面要善于维护学生的课堂纪律，学会使用引导、劝说的方式，切实培养学生的自律意识，让学生在课堂上做到能自我认识、自我分析、自我评价，不断提高自觉性和自信能力，实现由他律走向自律。

再次，教师具备对教学内容的管理能力是成为有效课堂管理者的核心。课堂是教师完成教学任务的主阵地，教学任务完成与否，教学效果达成多少，都取决于教师对教学内容的管理。从内容准备上的管理看，即备课过程，教师要善于把对教材内容的分析、直观教具的运用、已有知识和相关知识的配合等进行综合设计，全面、透彻地领会所教学科的课程标准，力求按课程标准进行教学，同时，教师要处理好教与学的关系，切实做到有的放矢。从内容传输中的管理看，即授课过程，教师要注意讲究课的结构的合理性，根据学情、课情采用适当的教学方法，灵活地、创造性地组织教学，创设学生积极、主动参与的课堂氛围。

最后，教师具备对课堂环境管理的能力是成为有效课堂管理者的保障。所谓课堂环境，包括师生赖以依靠的课堂物理条件，如：教学设施、设备、灯光、声音、教室布置情况等，也包括师生交往而形成的心理条件，如：学校的校长、教师、其他班的学生和家长、在教室前走动或观望上课情况等势必会分散部分学生的注意力。因此，教师应针对具体的课堂环境不断调整教学和管理策略，这样才能取得理想的教学和管理效果。

管理能力自我测试

测验说明：以下15道题，表示"肯定"的计1分，表示"否定"的计0分。做完后将总分与结果对照。

测验题目：
1. 习惯于行动之前制订计划？
2. 经常处于效率上的考虑而更改计划？
3. 能经常收集他人的各种反映？
4. 实现目标是解决问题的继续？
5. 临睡前思考筹划明天要做的事情？
6. 事务上的联系、指令常常是一丝不苟？
7. 有经常记录自己行动的习惯？
8. 能严格制约自己的行动？
9. 无论何时何地，都能有目的的行动？
10. 能经常思考对策，扫除实现目标中的障碍？

11. 能每天检查自己当天的行动效率?
12. 经常严格查对预定目标和实际成绩?
13. 对工作的成果非常敏感?
14. 今天预先安排的工作决不拖延到明天?
15. 习惯于在掌握有关信息基础上制定目标和计划?

测验结果分析:

0—5分:管理能力很差。但你具有较高的艺术创造力,适合从事与艺术有关的具体工作。

6—9分:管理能力较差。这可能与你言行自由,不服约束有关。

10—12分:管理能力一般,对你的专业方面的事务性管理尚可。管理方法经常受到情绪的干扰是最大的遗憾。

13—14分:管理能力较强。能稳重、扎实地做好工作,很少出现意外或有损组织发展的失误。

15分:管理能力很强。擅长有计划地工作和学习,尤其适合管理大型组织。

问题七　如何成为学生的良师益友

案例呈现

肖老师,是毕业班的班主任,平时对班内学生的各方面要求都很严格。肖老师特喜欢打排球,放学后操场上总能见到他的身影,班上一群男生也喜欢打排球,可每每看到肖老师在就不敢打了,怕老师说打球耽误学习,非得等肖老师走后再打。一次,肖老师看到班上男生畏畏缩缩地站在操场边上,知道他们的心思,于是手一挥,喊道:"猴子们,躲什么呀?来,我们赛一场。"于是,肖老师和他的学生分成两组进行了一场激烈的比赛。赛后,肖老师和学生们约定每天打球不能超过半小时,每两周可以举行一次班内友谊赛。此后,经常看到肖老师和学生们一起打球的身影,打球时肖老师和学生无话不谈。学生们戏说:"教室里,肖老师是我们的老师;操场上,肖老师是我们的队友兼教练,是我们的老大。"学生们从肖老师身上学到了如何团结协作、如何谦让友爱、如何严谨做事、如何踏实做人。班内这些男生也将肖老师视为偶像,经常会和他有悄悄话,学习成绩也得到稳步上升。

现象分析

肖老师是我们身边很多教师的缩影,他们在课堂上要求严格,甚至有些苛刻,但是在课余时间,经常和学生一起吃饭、聊天、谈笑、唱歌、打球等。在不同的场合,扮演者不同的角色,传道者授业解惑者、管理者、朋友……教师与学生每天朝夕相处,是最能影响学生成长和发展的人,教师用自己的才智、心血,通过言传身教作用于学生,成为学生美好心灵的塑造者,健康个性的培养者,道德行为的示范者,学生生命发展的推动者。

 心理解读

良师,即对学生的思想品德严格要求,注重培养学生健康心理素质的严师;益友,即通过面对面的沟通,帮助学生认识社会,以积极态度迎接未来的真诚的朋友。

做学生的良师益友,可以为学生传道授业解惑,可以放下架子,做学生的知心朋友。尊重理解学生,给予学生成功的自信,使师生在教与学中找到默契。这也体现了教师的魅力所在。教师尊重学生,让学生在宽松和谐、融洽的环境中轻松自然地获取知识的营养,健康快乐地成长,这对学生在思想、文化知识、专业技能和人文素养等方面获得全面发展,具有十分重要的意义。

做学生的良师益友,受益的不仅是学生,更是教师自身。古代伟大的教育家孔子,被尊为"万世师表",一生大部分时间从事教育事业,培养了大批人才。对学生而言,他亦师亦友,得到了学生的尊敬与爱戴!生病了,有学生为他祈祷;被人诋毁,有学生为他极力辩护;甚至死后也有学生为他守墓!他与学生间这种和谐、融洽、平等的师生关系是他取得如此成就的不可或缺的重要因素之一。当教师节你收到学生的贺卡;当节假日你接到学生的问候电话;当你生病的时候,你受到学生的慰问短信;当你六十岁的时候受邀参加学生的二十年聚会,一切的一切,你都会感到做教师的骄傲与自豪。

如何成为学生的良师益友,这也是一门大学问。孔子说:"亲其师,信其道。"这句话阐明了师生情感直接影响到学生的身心健康和知识的获取。只有亲,学生才乐意接受教师的教育。随着历史车轮的不断前进,"一日为师,终生为父"的说法已渐渐地被做学生们的"良师益友"所代替。

 拓展链接

有很多关于教师角色的比喻。

有人将教师比作蜡烛,照亮别人,牺牲自己。这个比喻肯定了教师不求回报的无私奉献精神,但是忽视了教师自身的可持续发展,淡漠了教师的内在尊严与劳动的欢乐。我想教师应该做"长明灯",为自己的发展不断充电,不断照亮学生,如此循环。

有人将教师比作辛勤的园丁。这个比喻肯定了田园式的宽松环境,教师重视学生的成长过程,注意学生的个体差异,强调了教师作用的发挥,但是也暗示了教育阶段顺序的固定性、不可逆性,因为庄稼或是花花草草是有季节性和时令性的,同时也存在淘汰性,为了庄稼或是花花草草长得更好,势必会将一些不起眼的、长势不好的庄稼或花草强行进行修剪。

有人将教师比作人类灵魂的工程师,这个比喻将教师视为关注人类心灵发展的工程师,可是却暗示了教师用一种固定统一的标准评判人,忽视学生的个体差异,要求整齐划一,批量生产,易形成新的机械运动。

有人这样说"要给学生一杯水,教师自己要有一桶水"。这句话肯定了教师要有足够的知识储备,但却寓意着教师灌输式的教学方式,将学生当成知识的承接器,传递内容单一,只有水,传递方式也只有简单的"倒给",忽视了教学的创造成分。

还有人将教师比喻成警察,整天维持班级纪律,查找班内坏分子,这个比喻肯定了教师强调纪律性,但是由于对学生实施严格控制,师生关系过于紧张,缺乏亲和力,教师遇到学生的问题或错误,挑剔多、鼓励少。

这些比喻都说明了教师角色的多样化,教师到底要扮演成什么样的角色才能被学生接受呢?时代和社会也要求我们对教学工作中教师角色进行重新定位与再认识。我觉得亦师亦友的关系最恰如其分。课堂上,你是学生心目中学识渊博的老师,你将知识传授给学生,用先进的教学方法激发他们的学习热情,引导学生分析、解惑;课堂外,你是学生无话不谈的好朋友,你用自己的人格引导他们学会做人做事。每每想到,你有那么多的高徒,你有那么多的学生把你当作朋友,还有什么比这更高的人生价值呢?当你体会到成为学生良师益友的益处时,就会有无穷的力量,无穷的快乐。

 调适策略

奥地利哲学家布贝尔在《我与你》一书中指出:"要建立一种新型的师生关系,教学过程应该是师生之间的对话,对话的双方都是一个平等的、独立的主体。"教师不再是以往具有权威身份的单纯的传递者,而应该同时成为学生的学习伙伴、学习活动的组织者、学生学习过程的参与者和合作者。成为学生的良师益友,对教育教学工作的进展都将是大有裨益。

新时期,面对个性十足、思想满满的九零后、零零后学生,如何成为他们的良师益友呢?我国著名教育家陶行知先生说过:"真的教育是心心相映的活动,唯独从心里发出来,才能打到心里去。"教师可以把烦愁化为微笑,透过心灵的反光镜,学生将体会到教师对他们的感情;教师可以把淡漠化为关切,通过一道道美丽的虹,师生之间将更加友善,师生之情将更加亲厚,教师必会成为学生真正的"良师益友"。

1. 充满爱心、忠诚教育事业

苏霍姆林斯基说过:"爱是教育的前提。"没有爱就没有教育。俗语说得好:人非草木,孰能无情,教师对学生的爱是教师的天职,是一种具有伟大意义的情感活动。爱是春风,能吹开学生的心扉,让学生感到春天般的温暖;爱是春雨,能滋润学生的心田,让学生茁壮成长。学生需要爱,需要理解,需要信任,需要帮助,需要引导,只有营造一种温馨的爱的氛围,才能走进学生的心灵,做到心与心的交流。爱是一门艺术,驾驭它不仅需要勇气,还需要有更深的理解。教师要在实践中不断诠释爱的内涵,做学生的良师益友。

孟子早就说过"幼吾幼以及人之幼",陶行知也让我们"爱满天下""待学生如亲子弟",教师完全可以把学生当作子女或者是弟妹一样的相处。在课堂上,教师要用赏识的心态和眼光,去发现每个学生的闪光点。学生表现有一点进步时,应及时运用肯定性、激励性用语,并适当给出方法的指导,激发学生学习的积极性和主动性。因为教师的语言就是钥匙能打开学生心灵的锁,就是火炬能照亮学生的前行之路,就是种子能深埋在学生的心里开花结果。正如教育家马卡连柯曾经说过的:"爱是一种伟大的感情,它总在创造奇迹,创造新的人。"

2. 学高为师,身正为范

知识渊博是教师必备的条件。教师在学生心目中的形象如何,教师教育能力的高下,很大程度上取决于教师学科专业知识与专业技能是否扎实深厚。古语云"打铁要靠本身硬",专业知识扎实雄厚,教学就能挥洒自如,对学生的身教师范作用就明显。

教学上,教师能充分发挥自己的能动性和创造力,在课堂上举一反三,妙语连珠,幽默风趣,解决问题一语中的,切中要害,这无疑都会对学生形成一种自然而然的身教示范作用。相反,专业知识浅陋、教学技能贫乏、照本宣科的教师,往往会被学生看不起,这样教师的身教作用也就荡然无存。

我们发现,一个多才多艺的教师总是与学生保持着密切的联系。球场上,教师与学生同场比赛;歌会上,教师与学生同歌一曲;学生的热门话题,教师了如指掌、与学生侃侃而谈。这样,会大大缩短师生的感情距离,引发师生间的共同话题,让学生感到教师就是他们中的一员,进而为融洽师生关系,为增强教育效果创设有利条件。

孔子说过"其身正,不令而行。其身不正,虽令不从。"强调了师德的示范性。教师应注意自己的仪表、言行,用自身的榜样去引导学生健康成长。唐太宗也曾说过:"以古为鉴,可以知兴替;以铜为鉴,可以正衣冠;以人为鉴,可以知得失。"阐明教师应作为学生的一面镜子,一个榜样。教师知识丰富、能力超众、人格高尚,就会在学生心目中树立起令人敬服的声望,是成为好教师的无形资本。

问题八　如何与学生进行良好的沟通

案例呈现

最近班级QQ群里都在申讨班主任李老师,说李老师"表里不一,嘴上一套,背后一套"、"对待学生不公正"、"只会要求学生干什么,不知道自己要做什么"、"什么事情都让学生干,干得不好又要挨骂"、"经常用处分、扣分吓唬我们"、"只知道让别人守信用,自己却不守信用"……有的学生虽然表面不说,但是在匿名评教评学中说她不配当老师,要求学校换班主任。李老师知道后,心中难受极了,一时控制不住哭了起来。作为高一新生班的班主任,李老师自认为在这一个学期里付出了很多,也花了很多心思,可总也得不到学生的认可,也不能很好地与学生交流。于是,在周一的班会课上,李老师就想和班内学生谈谈此事。没想到的是,学生根本不理会李老师的一番肺腑之言,依然认为她太过于严厉,也不喜欢她这种"打一下,给一块糖"的教育方式。课后,李老师伤心极了,细想想为了这帮不知好歹的学生哭真不值得,也不想多管学生了,只要不出太大的乱子,就随他们去吧。

现象分析

每个班主任都希望自己能得到学生的认可和承认,得到学生的爱戴,可是在现实中往往事与愿违,上述案例中的李老师就是一个典型,和有些班主任一样,李老师的心被学生的过激言语伤害了,在班集体的教育管理问题中遇到了挫折,从而迷失了方向,不知道该如何是好。有这样一句话"真正的教育意味着人和人心灵上最微妙的接触,学校应该成为人们心灵相互接触的世界"。只有在相互理解的基础上,班主任才有可能更好地区关注学生的点点滴滴,才能与学生进行良好的沟通。

 心理解读

从学生的话语中,不难看出李老师在以下几个方面的做法引起了学生的不满,从而导致师生之间的无法沟通。

1. 没有充分了解学生

十六七岁的高中生正由少年的半幼稚、半成熟向青年期的成熟过度。在生理发育上,他们已接近成人水平,他们思维成熟、敏锐,但又具有片面性,容易偏激。感情丰富,热情豪爽,但容易激愤,有极大的波动性。意志力增强,自我意识发展,对家长、教师表现出逆反心理和行为。

真如上述案例中学生说的她们不喜欢"打一下,给一块糖"的教育方式。这是学生在小学、初中时,教师惯用的一种教育方式,是一种先硬后软的方式。而处于自我意识迅速发展阶段的高中生而言,先采用比较强硬的教育方式,会使学生产生更强的逆反心理,事后再采取怀柔政策也无济于事。有位教育学家曾讲过"要想从一切方面教育人,就必须先从一切方面了解人"。有些学生吃软不吃硬,有些学生吃硬不吃软,有些学生则软硬不吃,所以对于全班的教育不能采用统一的方法,而要视对象而定,也就是班主任要对每一个学生进行充分而全面的了解。

2. 没有正确引导学生

如上述案例中学生所言班主任"只会要求学生干什么,不知道自己要做什么"、"什么事情都让学生干,干得不好又要挨骂",这也说明班主任在做事、做人方面没有能正确引导学生。常说教师是"指路明灯",给学生指明前进的方向,照亮学生前进的道路。可是这盏明灯亮吗?如果在昏暗的街角,这盏灯只是发出微弱的光,那有可能比没有灯光更可怕。就好比,在黑暗的街巷行走,微弱的灯光有可能干扰你的视线。高中的学生正处在人生的重要时期,在思想上,他们具有多变性,生活阅历浅,但思想活跃,情感丰富,人生观正在形成之中,价值观尚未定型,这就需要一盏盏光辉的明灯引导他们步入人生的正确轨道;在行为方式上,他们具有模仿性和可塑性,精力充沛,冥思好动,好奇心强,向往美好的人生。因此,对他们不能用反面事例教育,正如学生说的不能用"处分、扣学风"吓唬他们。

多教教师也会有这样一种职业性的思维习惯,那就是"教师说的都是正确的"。在和学生沟通交流中,教师这种"自以为是"的态度和灌输式的沟通交流方法,势必会造成"话不投机半句多"的结局。

3. 没有以身作则

常说班主任是一面镜子。其实这面镜子是双面的,班主任是学生的镜子,学生也是班主任的镜子。这面镜子是相互的,统一的,谁也离不开谁。这面镜子是一个无形的潜移默化的载体,班主任是这面镜子的引领者、示范者,学生是这面镜子的实行者、实现者,彼此之间相互影响,相互共存,相互作用。教师的言行举止都将会摄入学生眼里,都会对学生人格的形成产生影响。天天与学生接触相处的教师,必然对学生产生重要影响,可谓是耳濡目染。如果班主任不能"说到做到、表里如一",那面学生就会仿效,在班主任面前是一套,在班主任背后又是一套。在成长的过程中,他们常常会自觉或不自觉地模仿教师,具有"向师性"。

拓展链接

1. 沟通

沟通是指人与人之间、人与群体之间思想与感情的传递和反馈的过程,以求思想达成一致和感情的通畅。沟通是一门艺术。一次成功的沟通,就是一次成功的教育。教育的问题在很大程度上是沟通的问题。缺乏沟通,学生的"心事"教师永远也不明白,教师的"柔情"学生也永远不懂。双方都互相埋怨并都深深陷入苦恼中,教师伤心,学生失望。其实,"通"则"不痛","痛"则"不通"。通过沟通,让教师走进学生的心灵世界,也让学生真正理解教师。通过沟通,才能彻底拆除妨碍情感交流的墙,才能形成良好的教育网络,才能促进教育目标的顺利实现。

2. 人际关系心理分析

沟通是师生相互了解、解决矛盾冲突、相互影响、教学相长的重要途径。在心理治疗的方法中有一种针对个人的成长和改变系统性的心理治疗方法,即人际关系心理分析,这对师生间沟通,构建和谐师生更欢喜很有借鉴意义。

1) 人际关系分析理论

人际关系心理分析,又称 PAC 理论、相互作用分析理论、人格结构分析理论、交互作用分析。这个著名的理论由加拿大心理学家 Eric Berne 于 1964 年在《人们玩的游戏》(Game People Play)一书中提出。他将传统的理论加以提升创立了整套的 PAC 人格结构理论。是一种针对个人的成长和改变的有系统的心理治疗方法。

这种分析理论认为,个体的个性是由三种比重不同的心理状态构成,即"父母"、"成人"、"儿童"三种状态。取这三种状态间的第一个英文字母,Parent(父母)、Adult(成人)、Child(儿童),所以简称人格结构的 PAC 分析。PAC 理论把个人的"自我"划分为"父母"、"成人"、"儿童"三种状态,这三种状态在每个人身上都交互存在,也就是说这三者是构成人类多重天性的三部分。

"父母"状态以权威和优越感为标志,通常表现为统治、训斥、责骂等家长制作风。当一个人的人格结构中 P 成分占优势时,这种人的行为表现为凭主观印象办事,独断独行,滥用权威,这种人讲起话来总是"你应该……"、"你不能……","你必须……"。

"成人"状态表现为注重事实根据和善于进行客观理智的分析。这种人能从过去存储的经验中,估计各种可能性,然后作出决策。当一个人的人格结构中 A 成分占优势时,这种人的行为表现为:待人接物冷静,慎思明断,尊重别人。这种人讲起话来总是:"我个人的想法是……"。

"儿童"状态像婴幼儿的冲动,表现为服从和任人摆布。一会儿逗人可爱,一会儿乱发脾气。当一个人的人格结构中 C 成分占优势时,其行为表现为遇事畏缩,感情用事,喜怒无常,不加考虑。这种人讲起话来总是"我猜想……","我不知道……"。

根据 PAC 分析,人与人相互作用时的心理状态有时是平行的,如父母—父母,成人—成人,儿童—儿童。在这种情况下,对话会无限制地继续下去。如果遇到相互交叉作用,出现父母—成人,父母—儿童,成人—儿童状态,人际交流就会受到影响,信息沟通就会出现中断。最理想的相互作用是成人刺激—成人反应。

2) PAC 分析理论的基本十种类型

根据 PAC 分析理论,以下十种类型人际交往比较常见:

(1) PP 对 PP 型　在这种类型中,甲乙双方都表现出一种颐指气使的武断,如甲方说:"你把这任务完成一下。"乙方却说:"你不见我正忙着吗? 找别人干去吧!"

(2) AA 对 AA 型　在这种交流类型中,双方都能以理智的态度对待对方,如甲问"你能把这项任务完成吗?"乙说:"如果没有什么干扰,我想是能够的。"

(3) CC 对 CC 型　在这种类型中,甲乙双方都易诉之于感情。比如甲说:"过不到一起干脆离婚。"乙答:"离就离,谁离不开谁呢!"

(4) PC 对 CP 型　在这种交流类型中,甲乙双方表现出权威和服从的行为,即甲方以长者自居对待乙方,乙方亦能服服帖帖不以为然。如甲作为上级对乙说:"这件事完不成要受批评。"乙作为下级回答:"真完不成,我甘愿接受批评。"

(5) CA 对 AC 型　在这种交流类型中,一方表现为小孩子脾气,而另一方则表现为有理智的行为,这在同事之间、夫妻之间经常会发生。

(6) PA 对 AP 型　在这种交流类型中,甲方表现为有理智,但又担心自己控制不住自己。为此,甲方经常要求乙方当作 P 的角色,起到对甲方的监督和防范作用。这在上下级、同事、夫妻之间经常会发生和利用这种类型的相互作用。

(7) PC 对 AA 型　在这种交流类型中,甲方要求乙方以理智对待他,但乙方则以高压方式对待甲方,这在上下级、同事之间经常发生。

(8) CP 对 AA 型　在这种交流类型中,甲方讲理智,而乙方却易感情用事,这种现象也经常发生在不同人之间的交流中。

(9) PC 对 PC 型　在这种交流类型中,一方采取命令式而另一方不服,也采取同样方式回敬。这种交流方式必然会引起矛盾冲突。这经常表现在上下级、家长和子女之间。

(10) CP 对 CP 型　在这种交流型中,甲乙双方都把对方作为权威看待而表现出一种服从的意向,这在同事和朋友之间经常发生。

沟通小测试

测测你的人际沟通能力

下面是一组沟通能力的小测试,请选择一项适合你的情形。

测试题:

1. 在说明自己的重要观点时,别人却不想听你说,你会:(　　)

A. 马上气愤的走开。

B. 于是你也就不说完了,但你可能会很生气。

C. 等等看还有没有说的机会。

D. 仔细分析对方不听和自己的原因,找机会换一个方式去说。

2. 去参加老同学的婚礼回来,你很高兴,而你的朋友对婚礼的情况很感兴趣,这时你会告诉她(他):(　　)

A. 详细述说从你进门到离开时所看到和感觉到的以及相关细节。

B. 说些自己认为重要的。

C. 朋友问什么就答什么。

D. 感觉很累了,没什么好说的。

3. 你正在主持一个重要的会议,而你的一个下属却在玩弄他的手机并有声音干扰的会议现场,这时你会:(　　)

A. 幽默地劝告下属不要玩手机。
B. 严厉地叫下属不要玩手机。
C. 装着没看见,任其发展。
D. 给那位下属难堪,让其下不了台。

4. 你正在跟老板汇报工作时,你的助理急匆匆跑过来说有你一个重要客户的长途电话,这时你会:(　　)

A. 说你在开会,稍后再回电话过去。
B. 向老板请示后,去接电话。
C. 说你不在,叫助理问对方有什么事。
D. 不向老板请示,直接跑去接电话。

5. 去与一个重要的客人见面,你会:(　　)

A. 像平时一样随便穿着。
B. 只要穿得不要太糟就可以了。
C. 换一件自己认为很合适的衣服。
D. 精心打扮一下。

6. 你的一位下属已经连续两天下午请了事假,第三天上午快下班的时候,他又拿着请假条过来说下午要请事假,这时你会:(　　)

A. 详细询问对方因何要请假,视原因而定。
B. 告诉他今天下午有一个重要的会议,不能请假。
C. 你很生气,什么都没说就批准了他的请假。
D. 你很生气,不理会他,不批假。

7. 你刚应聘到一家公司就任部门经理,上班不久,你了解到本来公司中就有几个同事想就任你的职位,老板不同意,才招了你。对这几位同事你会:(　　)

A. 主动认识他们,了解他们的长处,争取成为朋友。
B. 不理会这个问题,努力做好自己的工作。
C. 暗中打听他们,了解他们是否具有与你进行竞争的实力。
D. 暗中打听他们,并找机会为难他们。

8. 与不同身份的人讲话,你会:(　　)

A. 对身份低的人,你总是漫不经心地说。
B. 对身份高的人说话,你总是有点紧张。
C. 在不同的场合,你会用不同的态度与之讲话。
D. 不管是什么场合,你都是一样的态度之与讲话。

9. 你在听别人讲话时,你总是会:(　　)

A. 对别人的讲话表示兴趣,记住所讲的要点。
B. 请对方说出问题的重点。
C. 对方老是讲些没必要的话时,你会立即打断他。

D. 对方不知所云时,你就很烦躁,就去想或做别的事。

10. 在与人沟通前,你认为比较重要的是,应该了解对方的:(　　)

A. 经济状况、社会地位。

B. 个人修养、能力水平。

C. 个人习惯、家庭背景。

D. 价值观念、心理特征。

评分方法:

题号为 1、5、8、10 者,选 A 得 1 分、B 得 2 分、C 得 3 分、D 得 4 分;其余题号选 A 得 4 分、B 得 3 分、C 得 2 分、D 得 1 分;将 10 道测验题的得分加起来,就是你的总分。

结果分析:

如果你的总分为 10—20 分,因为你经常不能很好地表达自己的思想和情感,所以你也经常不被别人所了解;许多事情本来是可以很好解决的,正是你采取了不适合的方式,所以有时把事情弄得越来越糟;但是,只要你学会控制好自己的情绪、改掉一些不良的习惯,你随时可能获得他人理解和支持。

如果你的总分为 21—30 分,你懂得一定的社交礼仪,尊重他人;你能通过控制自己的情绪来表达自己,并能实现一定的沟通效果;但是,你缺乏高超的沟通技巧和积极的主动性,许多事件只要你继续努力一点,你就可大功告成的。

如果你的总分为 31—40 分,你很稳重,是控制自己情绪的高手,所以,他人一般不会轻易知道你的底细;你能不动声色地表达自己,有很高的沟通技巧和人际交往能力;只要你能明确意识到自己性格的不足,并努力优化之,定能取得更好的成绩。

阅读下面的情景性问题选择出你认为与人沟通时最佳的处理方法。

1. 你的上司的上司邀请你共进午餐,回到办公室你发现你的上司很好奇,此时你会:(　　)

A. 告诉他详细内容

B. 不透露蛛丝马迹

C. 粗略描述,淡化内容的重要性

2. 当你主持会议时,有一位下属以不相干的问题干扰会议,此时你会:(　　)

A. 要求所有的下属先别提出问题,直到你把正题讲完

B. 纵容下去

C. 告诉该下属在预定的议程之前先别提出问题

3. 当你跟上司正在讨论事情时,有人打长途来找你,此时你会:(　　)

A. 告诉上司的秘书说不在

B. 接电话而且该说多久就说多久

C. 告诉对方你在开会,一会再回电话

4. 有位员工连续四次在周末向你要求他想提前下班,此时你会说:(　　)

A. 我不能再容许你早退了,你要顾及他人的想法

B. 今天不行,下午四点我要开会

C. 你对我们相当重要,我需要你的帮助,特别是在周末

5. 你刚好被聘为某部门主管,你知道还有几个人关注着这个职位,上班的第一天你会:

(   )
A. 个别找人谈话,以确认哪几个人有意竞争职位
B. 忽略这个问题,并认为情绪的波动会很快过去
C. 把问题记在心上,当立即投入工作并开始认识每一个人
6. 你有位下属对你说,"有件事我本不应该告诉你的,但你有没有听到……"你会说:
(   )
A. 我不想听办公室的流言
B. 根公司有关的是我才有兴趣听
C. 谢谢你告诉我怎么回事,让我知道详情
计分方法:答对得1分,打错不得分 1. A 2. A 3. C 4. C 5. C 6. B
说明:0—2分为较低,3—4分为中等,5—6分为较高。

 调适策略

所有班主任都希望自己得到学生的认可,得到承认,得到爱戴,那如何利用有效的沟通让教师将烦愁化为微笑,让学生体会教师对他们的感情;让教师将淡漠化为关切,师生之间更加友善,师生之情将更加亲厚呢?

1. 全面了解教育对象

全面了解学生是班主任工作的前提条件,只有全面了解学生,摸清了学生的性格特点、心理状况、兴趣爱好,才能有的放矢、因材施教。班主任在接触新生时,可以深入研究学生档案,初步了解学生基本情况。刚接一个新班,面对陌生的面孔,最有效的突破口就是查看每一名学生的档案材料,对学生的过去表现进行深入的了解,进而初步掌握学生的身体状况,品德表现,家庭情况以及学生成绩等基本情况,为以后进一步了解学生打好基础。其次,可以定期开展一些课外活动,深入了解学生各方面的情况。在活动过程中,教师要与学生融为一体,积极投身于活动中去,和学生一起打球、玩游戏、讲故事,与学生共享活动的乐趣。通过活动,教师在不知不觉中,了解了学生的性格特点,兴趣爱好,思想品质以及人际关系,既发现了学生身上的缺点,也看到了学生身上潜在的动力和闪光点。作为班主任要处理好师生关系即教师要了解学生,同时,也应该让学生了解教师。在交往中,教师应扮演好自己的角色,创设温馨和睦的交往氛围,且不要因教师而摆出盛气凌人之式,给人以功高自居之感。只有使学生感悟到教师的诚意,才能使学生更尊重和信任教师,学生才更愿意向教师敞开心扉。此外,有条件的话,还可以经常开展家访活动,进一步了解学生。

2. 注重正面教育、以自身榜样引导学生

注重对学生进行正面教育、积极引导,引导他们正确表现自我,使每个学生在班级生活中,有困难得到帮助;有烦恼得到化解;有成绩得到鼓励;有才能得到发展。

古人云:"使人畏之,不如使人服之;使人服之,不如使人信之;使人信之,不如使人乐之。"班主任应以博大的胸怀感染学生,以高尚的情操影响学生,以榜样的力量引导学生,让学生学会做人、学会学习、学会生存。作为教师、作为班主任,不仅需要知道学生为什么这样想这样做,而且还能把对学生的感知和理解准确地传达给对方,让学生从心理上感到温暖、感到安全、感到受尊重。这种"光射镜"的作用是双向的。

3. 要有责任心和奉献精神

有人将教师看成只是一种职业，作为天底下最光荣的职业，教师更应将教育看成是一项事业在做。是事业就需要奉献，教师就是奉献者。所谓奉献，是指一个人为了维护整体利益和他人的利益，而甘愿舍弃和牺牲自己个人利益的高尚品质和高贵精神。奉献就要求不计较个人得失，胸怀坦荡，忘我工作，无论路途风浪有多大，总是朝着一个目标前进。有这种献身精神的教师，不会斤斤计较个人得失，更不会贪图钱物享乐，而会具有战胜困难、顽强拼搏的意志力和大无畏精神。

人们有这样的经历，当从黑暗的地方一下子走进明亮的地方，眼前先是一闪，什么看不见，需要过一会儿，才会慢慢地适应，逐渐看清暗处的东西。作为指路明灯的教师，在引导学生时，不能急于求成，灯光不能太强，可以逐渐由弱变强，让学生慢慢适应。与学生沟通时，亦是如此，不能将自己所有的想法一下子全部强加于学生，要让学生慢慢转变或是逐渐渗透。

问题九　如何换位思考，化问题于无形

案例呈现

晚自习已经开始好几分钟了，可是教室内还是闹哄哄的，顾老师怒气冲冲地跑进教室，心想今天晚自习纪律肯定又要扣分了。正准备斥责学生时，转念一想：也许出什么事了？于是，他耐心地询问了几个学生。原来今天是元宵节，大家都在谈论吃元宵、猜灯谜、观看央视元宵晚会的事。可惜要上晚自习，一切都是空想。看着学生们一个个渴望的眼神，顾老师回想起自己当年住在学校，每逢节假日不能回家的情景，于是悄悄地对大家说："大家少安毋躁，我去申请一下，能不能给大家看央视元宵晚会。"没几分钟，顾老师兴奋地来到教室径直走向电视，打开了电视机。全班一阵欢呼，度过了一个快乐的元宵节。

现象分析

这个案例的情景也是顾老师当学生时曾有过的经历，每逢元宵、中秋、端午，当人们都沉浸在家人团聚、亲友联欢的时候，住宿生要在教室里上晚自习，听着窗外的鞭炮声、想着餐桌上的佳肴、耳畔回荡着动人的旋律，那是一件多么美妙的事啊。可是一切的一切都只是幻想，晚自习要照上，晚自习纪律要保持安静。当顾老师了解情况后，没有教条地一味要求学生保持晚自习安静，而是采取了更为人性化的解决办法。他站在了学生的角度，也曾是他当学生时的感想出发，让学生度过了一个快乐的元宵节。

心理解读

教师常常不理解为什么自己的苦口婆心,在学生眼中是"老太婆的裹脚布";教师常常不明白为什么自己在讲台上口干舌燥,台下学生却在昏昏欲睡?如果换一个位置,让老师接受一次次"政治课",或是坐在台下听着一堂堂"说教课",会有何感受呢?教师应懂得与学生换位思考。

上述案例中,晚自习上没有及时安静下来,导致班级扣分,势必会影响教师的情绪,可是想成为一名善于理解学生、善于与学生交流的好教师,就必须站在学生的立场来考虑,从学生的角度出发,否则将出现师生间的抵触心情,学生认为教师不理解自己,与自己有代沟;教师认为学生不体谅老师,不懂事,师生无法达成在同一沟通平台的对话形式,影响师生关系。

导致教师不能换位思考的主要原因有:首先,传统的"教师本位"教育观阻碍了教师的"换位思考"。"教师本位"概念的提出源于皮亚杰的"自我中心"理论。其含义是:教师只从自己的角度、用自己的眼光和感情来看待和处理学生的问题。很显然,一个"教师本位"的教师肯定不可能很好地与学生沟通。但"自我中心"却是人性的弱点。其次,教师没有遵循学生心理发展规律,拔苗助长。庄稼有它的生长规律,人也有人的心理发展规律。农夫的愿望是美好的,也付出了相当的劳动,可庄稼却不领情;教师的想法是美好的,也花费了大量的精力,可学生却不动情。

孔子语:"己所不欲,勿施于人",就是告诫我们遇事要"换位"思考一下,在一定程度上,这也是教育的精髓!学生与老师要换位思考,互相理解。教师不要以权威自居,过分强调学生的接受和服从,使学生产生一定的抵触情绪;学生也要理解老师的良苦用心,不要走极端。

拓展链接

换位思考,是设身处地为他人着想,即想人所想,理解至上的一种处理人际关系的思考方式。人与人之间要互相理解,信任,并且要学会换位思考,这是人与人之间交往的基础:互相宽容、理解,多站在别人的角度上思考。

一位母亲很喜欢带年幼的儿子逛商店,可儿子总是不愿意去。母亲觉得很奇怪,商店里琳琅满目、五颜六色的东西那么多,小孩子为什么不喜欢呢?直到有一次,孩子的鞋带开了,母亲蹲下身子为孩子系鞋带。突然发现了一种从未见过的可怕的景象:眼前晃动着的全是大人的腿。于是,她抱起孩子,快步走出商店。从此,除非是必须带孩子去商店,她才会带着孩子并且一定是把孩子背在背上。

这个事例和上述两个案例,都说明了一个问题:在教育过程中,教育工作者要善于站到学生的角度去思考问题,要勤于换位思考。

前苏联教育家苏霍姆林斯基讲过这样一个故事:他小时候住在一间杂货铺附近,每天都能看到大人把某种东西交给杂货店老板,然后换回自己需要的物品。有一天,他想出一个坏主意,将一把石子递给老板"换"糖,杂货店老板迟疑片刻后收下了石子,然后把糖换给了他。苏霍姆林斯基说:"这个老人的善良和对儿童的理解影响了我终身。"这位杂货店老板不是教育家,但他拥有教育者的智慧:他没有用成人的逻辑去分析孩子的行为,而是从孩子的角度,用宽容维护了一个儿童的尊严。

在教育教学中,教师要处在学生的位置思考问题,体验他们的感受,这就是"换位"。试着换一个角度,换一种思维,换一种心态,这样做可以帮助教师找到教育教学的障碍,从而对症下药,解决问题。假如,教师能够更多的站在学生的角度思考问题,教师和学生的关系一定是和谐融洽。师生间的换位思考是构建师生和谐关系的法宝。

换位思考小故事

故事一

一头猪、一只绵羊和一头奶牛,被牧人关在同一个畜栏里。有一天,牧人将猪从畜栏里捉了出去,只听猪大声号叫,强烈地反抗。绵羊和奶牛讨厌它的号叫,于是抱怨道:"我们经常被牧人捉去,都没像你这样大呼小叫的。"猪听了回应道:"捉你们和捉我完全是两回事,他捉你们,只是分你们的毛和乳汁,但是捉住我,却是分我的命啊!"

故事二

一对夫妇坐车去游山,半途中下车。听说后来车上其余的乘客没有走多远,就遇到了小山崩塌,结果全部丧命。女人说:咱们真幸运,下车下的及时。男人说:不,是由于咱们的下车,车子停留,耽误了他们的行程。不然,就不会在哪个时刻恰巧经过山崩的地点了……

故事三

父亲讲,一次他去商店,走在前面的年轻女士推开沉重的大门,一直等到他进去后才松手。父亲向她道谢,女士说:"我爸爸和您的年纪差不多,我只是希望他这种时候,也有人为他开门。"听了这话,我心里热热的,联想很多。

故事四

有一对要租房子的夫妻,俩人拖着疲累的身躯挨家挨户地找房子看,但总没有几个中意的。到了下午,奇迹出现了,两个人共同看上一间他们都满意的房子,急着想付定金,把房子租下来!(因为这房子太好了!客厅像客厅!厕所像厕所!他们不喜欢那种客厅太杂乱的房子;也不想要一个厕所像客厅般豪华的房子!)

房东出现了,是位老先生,这老人说:"租房子,我只有一个限制,那就是我不租给有小孩子的家庭。"这对夫妻面面相觑。

老公:"可是你看我们旁边的小孩是什么?"

老婆抢着说:"是装饰品!"

老公:"老婆!你呆了吗?为了租房子竟然把小孩当作假的!"

老婆:"呜~我真的很喜欢这房子,被这拖油瓶给害了啦!"

两人正沮丧地要离去时,只见小孩又回头按电铃,叮咚!

老伯又来开门!老伯笑着说:"啥事啊?装饰品~呵呵呵!"

小孩:"阿伯,我要租房子!"

老伯说:"租房子?我不租给有小孩子的家庭哦!"

小孩:"我知道!我只有爸爸妈妈没有小孩子啊!你可以把房子租给我!"

老伯:"哈哈!真是聪明,OK,就租给你。"

 调适策略

教师无论是作为"传道授业解惑"的智者,还是年长于学生的长者,都有能力和理解力去进行"换位思考",也应去学会"心理换位"。

所谓"心理换位",就是人与人之间在心理上互换位置,在人际交往中对所遇到的问题,能设身处地地从对方所处的位置、角色、情境去思考、理解和处理,深刻体察他人潜在的行为动因,不以自己的心态简单地看待问题,对待他人。作为教师,在遇到学生问题时,要反省体会自己做学生时对老师的要求;要反省自己对学生问题的处理;要体会生活中"我"的各种感受,丰富自己的体验,从而提高"心理换位"能力,克服"教师本位"。

我们不妨换一个位置去思考,就如从幼儿的角度去看琳琅满目的商品,其实并不赏心悦目,那是因为他们看到的是一双双大人的腿!我们不妨换个位置去思考,就如从哭泣的婴儿的角度去看这个世界,婴儿之所以哭泣,是因为那个时候它看不到大人的脸!我们不妨换一个位置去思考,就会明白学生眼里为什么会有那么多的问号,为什么在课堂上窃窃私语,那是因为他们确实不明白为什么!我们不妨换一个位置去思考,就会了解学生为什么在上课会睡觉、玩手机,那是因为我们的课确实不够吸引他们,不能产生共鸣!我们不妨换一个位置去思考,就会带来意想不到的惊喜,甚至所有因学生而带来的不愉快都会因此而烟消云散,取而代之的是灿烂阳光!

教师的"心灵换位"就是要悟学生所惑、想学生所思、思学生所难、观问学生所错。

悟学生所惑。教师要以学生的心理去领悟和接受问题,洞察学生对问题的不同想法,针对各种疑虑进行引导或共同探究。学生的惑,有时极具想象力,富有技巧性。悟学生之惑也可促进教师思路活跃,想象丰富,对问题进行深入思考。

想学生所思。教师要洞察学生心理,及时探测和巧妙地侧击他们的想法,实现与他们的心理沟通。教师在讲某些问题时应先顺着学生的思维提出问题的一般情形或解法,在此基础上,再提出问题的其他情形或侧击其思维障碍之处,既能使问题迎刃而解,也可让学生在成功与愉悦之中接受你的观点,收到很好的教学效果。

思学生所难。只有教师从"心理换位"的角度,扮成学生的角色,成为学生的化身,才能真正体察他们"难"之所在,才能与学生一起化难为易。思学生之难,教师可以回忆自己当学生时在这一问题上遇到过的坎坷,或以前历届学生的困难,这往往就是学生此时的难点。要在教学中和学生一起探索总结出化难为易的方法,并适时进行归纳总结,克服学生对问题的畏惧心理,增强解决问题的信心。

观学生所错。在学习中教师应想到学生的一般性错误,并对错误进行分析,查找错误原因,从而和学生一起正确地理解概念,建立正确模式。有时也可以将自己的"错"摆在学生面前,让学生充分论证、辨析,给老师纠错,真正达到与学生的"换位"。

问题十　如何做一个倾听者

 **案例呈现**

最近,初二(8)班班主任于老师注意到一向活泼开朗的小芳越来越沉默寡言,在一次由小芳主持的班会结束后找到小芳,亲切地说:"小芳,你今天主持的班会很好,大家都很喜欢你讲的内容。可是,下课后大家找你继续班会话题时,你为什么不谈了呢?"小芳沉默片刻说:"我和他们没什么好谈的。"于老师接着说:"哦,你和大家没有什么好聊的,是吗?"小芳又沉默了片刻说:"他们只会背地里说我。"于老师重复道:"背地里说你,是吗?"小芳接着说:"是的,他们老是在背地里说我和×××在谈恋爱。"这是,于老师接着说:"唔,让我想想……"还没等于老师开口,小芳迫不及待地解释道:"老师,我没有在谈恋爱,只是我俩住得比较近,我爸妈和他爸妈又是朋友,所以经常一起上下学、一起玩。"于老师点点头,说:"哦。"小芳又紧接着说:"老师,你能让大家不要再议论吗?我很讨厌他们这样说我。"于老师拍拍小芳的肩,回答道:"老师知道了,你放心回去吧。"

 **现象分析**

上述案例中,于老师为了解开小芳沉默寡言的迷,采取了倾听的方式,短短的几句话,"哦,你和大家没有什么好聊的,是吗?"、"背地里说你,是吗?"、"哦",就得到了答案。于老师没有采取直截了当的提问式,也没有在小芳说出原因时继续追问细节,轻而易举地了解事情的原委,可谓是不费吹灰之力。倾听是很多教师都擅长使用的一种与学生沟通的方式、一种"以逸待劳"的教育方式。倾听在师生沟通中起着非常重要的作用。

 心理解读

心理学研究表明,在人的内心深处,都有一种渴望得到他人尊重的愿望。而对方认真倾听自己的诉说,正是一种被尊重的表现,一种内心渴望的满足。在日常的生活工作中,人与人之间的沟通交流需要倾听,在教学过程中,师生间的互动交流同样也需要倾听。学会倾听是教师,尤其是班主任的一种责任、一种追求、一种职业自觉。教师的倾听更是学生所迫切需要的。教师的倾听使学生的判断、学生的心声有了表达的渠道与机会,使学生的自我表现获得了尊重与鼓励。在这种氛围中他们会释放出极大的潜能,从而使教育教学走向成功。所以从某种程度上说,倾听是一种教育智慧。于老师就是展现了她教育的智慧。

拓展链接

倾听属于有效沟通的必要部分,以求思想达成一致和感情的通畅。狭义的倾听是指凭助听觉器官接受言语信息,进而通过思维活动达到认知、理解的全过程;广义的倾听包括文字交流等方式。其主体者是听者,而倾诉的主体者是诉说者。两者一唱一和有排解矛盾或者宣泄感情等优点。倾听者作为真挚的朋友或者辅导者,要虚心、耐心、诚心和善意为倾诉者排忧解难。

1. 倾听的四种反应

(1) 澄清,是在来访学生发出模棱两可的信息后向其提出问题的反应。

(2) 释义,是将来访学生信息中与情境、事件、人物和想法有关的内容重新进行编排,用自己的语言反馈给来访学生。

(3) 情感反应,是对来访学生情绪情感的反馈,也就是把来访学生的情感反应进行综合整理后,再反馈给来访学生,如"你对此感到伤心……"、"这事让你很不愉快"等。

(4) 归纳总结,是将信息的不同内容或多个不同信息加以连接,识别出明确的主题和模式,打断来访学生的不断重复。

2. 倾听背后的深层次心理

很多人都有过这样的经验,我们在跟人进行交流的时候,这种交流可能发生在朋友之间、客户之间、家人之间、师生之间,如果总是你一个人在讲,另外一个人或一些人在听,也许别人也确实很喜欢听,也许是你在灌输一些你自己的想法或思想给对方。过后,你会发现除了你自己很爽之外,却或多或少伴随着一点失落感,这种失落感五味俱全,带点满足,带点空虚,甚至带点愧疚和不知所措。这是为什么呢?

人类存在几种共通的需求,其中一种就是身体刺激和心智刺激的需求,我们称作为对刺激的需要,就像婴儿出生后我们必须用身体的抚摸、拥抱、语言刺激他成长一样,成人后,这种需求依然存在,只是成人学会了一些替代的方法,不论是一个微笑、赞赏或是侮辱,但显示我们的存在获得了认可,心理学有人称作被认可的需求!

成人的这种认可往往在人际互动沟通中去获得,不管在什么类型的沟通中,其实就是一个刺激的发出和一个回应,经过循环的互动,我们以沟通的方式都在从对方获得这种心理认可和给予这种心理认可。我们通过这种认可获得心理满足感,而转化成心理能量,而存进我们存放"认可"的银行,当从别人获得认可后,不只是当时觉得舒服,还能把他存起来,之后,想要自我认可的时候,就可以从银行提起,如果是特别强烈的认可,可能可以用好几次,但最终它的效力还是会消失,所以我们需要不断从别人接受新的认可,以便我们的心理能量银行不至于出现"亏空"。

这种认可生活中无所不在,比如你收到你在乎的一个朋友发了个节日短信,你可能会开心好几天,这时你的心理银行存款剧增,假如你约一个你在乎的朋友吃饭,但对方并没有想象中的那么热情回应,你可能会倍感失落,很不是滋味,因为这时你没有得到认可,你的心理能量的银行存款在减少,等到你银行再次亏空的时候,你可能会不再想要理这个朋友,甚至产生恨意!

比如写博客,很多人给予关注,有多的浏览量和回复,就是人性需要的刺激,一种心理认可,这种心理认可让你增加心理能量银行库存,不但让你有能量去坚持写下去,多余的库存你还能用在其他的地方!

3. 倾听的要点

(1) 克服自我中心:不要总是谈论自己。

(2) 克服自以为是:不要总想占主导地位。

(3) 尊重对方:不要打断对话,要让对方把话说完。千万不要去深究那些不重要或不相关的细节而打断人。

(4) 不要激动:不要匆忙下结论,不要急于评价对方的观点,不要急切地表达建议,不要因为与对方不同的见解而产生激烈的争执。要仔细地听对方说些什么,不要把精力放在思考怎样反驳对方所说的某一个具体的小的观点上。

(5) 尽量不要边听边琢磨他下面将会说什么。

(6) 问自己是不是有偏见或成见,它们很容易影响你去听别人说。

(7) 不要使你的思维跳跃得比说话者还快,不要试图理解对方还没有说出来的意思。

(8) 注重一些细节:不要了解自己不应该知道的东西,不要做小动作,不要走神,不必介意别人讲话的特点。

 调适策略

有一个寓言故事:一把坚实的大锁挂在大门上,一根铁杵费了很大力还是无法将它打开。钥匙来了,它瘦小的身子钻进锁孔,只轻轻一转,那把大锁就"啪"的一声打开了。铁杵奇怪地问道:"为什么我费了九牛二虎之力未能开,而你却轻而易举地把它打开了呢?"钥匙说:"因为我最了解它的心。"作为教师这把开启学生心灵的钥匙就是——倾听。然而在教育工作中,如何去倾听呢?如何做到有效的倾听呢?

1. 带着"耐心"去倾听

据心理学家研究统计,人说话的速度是每分钟120—180个字,思维的速度却是它的4—5倍,甚至更多。因此,当对方还没有讲完话时,我们就已经理解了,或者对方才说了几句话,我们便可知道他要表达的意思了。此时,思想就容易开小差,或是打断别人的讲话。这样就容易造成讲话人的反感,认为你没有在认真听他诉说,在打断他的思路的同时,还会让他感到你不尊重他。

美国著名主持人林克莱特在节目中访问一个想当飞行员的小朋友,问:"如果有一天,你的飞机飞到太平洋上空,所有引擎都熄火了,你会怎么办?"小朋友的回答是:"我先告诉飞机上的人绑好安全带,然后我挂上我的降落伞,跳下去……"当现场的观众笑得东倒西歪时,林克莱特继续注视着这个孩子,没想到,接着孩子的两行热泪夺眶而出,这才使林克莱特发觉这个孩子的悲悯之情远非笔墨能形容。林克莱特问他:"为什么要这么做?"小孩子的回答透露出一个孩子的真挚想法:"我要去拿燃料,我还要回来!我还要回来!"林克莱特与众不同之处,在于他能够让孩子把话说完,并且在现场的观众笑得东倒西歪时,仍保持着倾听者应该具有的一分亲切、一分平和、一分耐心,让他听到这名小朋友最善良、最纯真、最清澈的想法。

事实上,很多教师站在权威的角度,在灌输一堆堆道理、讲解一个个问题时,通常不给学生任何讲话的机会,也会在学生讲述自己理由的时候打断其,并炮轰式地追问不息。当然也有个别胆大的学生会为此不平,要求老师,让其把话说完。其实,教师倾听的态度和习惯比具体技巧更重要。倾听最基本的作用就在于鼓励学习把他的观念和感受表达出来。因此,教师要耐心地倾听学生,非必要时,不要打断学生的讲话。

2. 带着"同理心"去倾听

所谓"同理心"就是指在人际交往过程中,能够体会他人的情绪和想法,理解他人的立场和感受,并站在他人的角度思考和处理问题的能力。简单地说,就是换位思考。心理学家发现,人与人之间发生冲突和误解时,要是当事人或者调解人能够站在对方的角度考虑问题,就容易了解对方的立场和初衷,消除误会,就会采用求同存异的态度或者策略,最终使问题得到圆满解决。因此,教师在处理班级问题或学生问题时,要学会换位思考,多站在学生的立场和角度来看问题。"同理心"是"倾听"有效性的基础。上述案例中的于老师,站在了小芳的角度,明白了她沉默寡言的原因,也没有因为她课后没有回答学生的问题而责问她。

3. 带着"公正心"去倾听

教师要改变教育观念,平等对待每一位学生,善待每一位学生,尊重每一位学生的话语权,学会倾听、学会理解每一位学生的观点,学会接纳、赞赏每一位学生的观点。课堂上,倾听能在师生平等互动的关系中提高课堂教学效率,课堂外,倾听能在师生平等互动的关系中增强交流,增进感情。

乌申斯基说过:"如果教育者希望从一切方面去教育人,那么就必须从一切方面去了解人"。从这个意义上说,真正的教育必然是从心与心的对话开始的,而心与心的对话又是从真诚的倾听开始的。教育的过程就是教育者与被教育者相互倾听,相互应答的过程。倾听本身就是一种教育,有了倾听,你便在心灵上给予了他十分的丰厚的精神馈赠了倾听是理解、是尊重、是接纳、是期待、是分担痛苦、是共享快乐,倾听是老师的需要,是一种信任、一种宽容,更是一种智慧、一种素养、一种教育成熟的标志,它的意义远不是仅仅给了学生一个表达的机会,它或许带来的是早已失落的人格自尊,点燃的或许是行将熄灭的思维火把,铸就的或许是尘封已久的信念追求。

教育是雕琢心灵的艺术,倾听是一种教育的艺术;真正的教育是从心与心的对话开始的,而心与心的对话又是从真诚的倾听开始的。古人云:倾听,智者的宁静。善于倾听的人往往会有意想不到的收获。

话题二　同事关系

问题一　自私自利最终伤害的还是自己

案例呈现

某中学张老师是一位有着近三十年教龄、教学经验丰富的教师,对本学科教学有很深的造诣,但是常常苦于传统的教学手段不能把教学内容生动形象地传授给学生,有些知识点,通过口述,固然能讲解清楚,但是学生在理解时常觉得有些抽象,陈旧的课堂教学没有亮点,教学效果不尽如人意,感觉非常苦恼。恰巧,学校安排他帮带青年教师小王,他发现小王对电脑特别精通,通过自己的努力取得了一定的成绩,但是同事都不喜欢他,因为大家都觉得他很自私,什么事只想他自己,一点儿也不为他人着想,同事请教他用电脑制作多媒体课件等工作上问题,他总是找各种理由推辞,如果实在推不过去,也只是简单说一下,谁有困难他也不愿意去帮忙,他觉得那和自己无关。小王的自私使得大家逐渐和他疏远了,一个朋友都没有。

现象分析

与传统的教学对象和教学内容相比较,现代教育的教学对象、教学内容都发生了很大的变化,学生接受信息的渠道以过去难以想象的速度在拓宽,电视、互联网等信息量大,更新速度快。青年教师知识结构比较接近现代思潮,都能较好的运用电脑、多媒体等现代化的教学设备,通过网络资源,进行加工,运用多媒体手段解决教学中的难题,形成了自己的教学资料,课堂中学生容易理解,及时掌握知识点。相对于青年教师而言,老教师教学经验丰富,但是运用现代化教学手段熟练程度远不及青年教师,如果不及时更新自己的教学手段,将会落伍,尤其是在升学的压力下,教师在教学中面临较大的压力。

而青年教师小王存在自私心理,好的资源不愿意与同组教师一起分享。任何时候都是先考虑自己,总是在个人的利益上斤斤计较。

其实，从某种意义上讲，同备课组的老师，既是合作者、朋友，又是竞争的对手、敌人。教师小王的表现可能源于不良认知问题——自负。自负的一般表现为以下几种：

第一，自视过高、自傲的心理，表现为不切实际地高估自己，认为自己非常了不起，去去关心他人，与同事关系疏远。这样的老师时时事事都从自己的利益出发，从不顾及别人，不求于人，对人没有丝毫的热情，在他人面前自以为是，交往时，常常使得对方感到难堪、不易接受，导致同事间交往变得困难。

第二，看不起别人，总认为自己比别人强很多，这种人固执己见，唯我独尊，总是将自己的观点强加于人，在明知别人正确时，也不愿意改变自己的态度或接受别人的观点。总爱抬高自己贬低别人，把别人看得一无是处。

第三，过度防卫，有明显的嫉妒心。这种人有很强的自尊心，当别人取得成绩或获得成功时，其妒忌之心油然而生，打击别人，排斥别人，这种人常用"哼，有什么了不起的"之类"酸葡萄心理"来维持自己的心理平衡。当别人失败时或者有求于他的时候，幸灾乐祸，不愿意去帮助或不向别人提供任何有益的信息。

我们生活在一个越来越不忽视功利的环境里，倘若太吝啬自己的私利而不肯为别人做出一点帮助，这样的人最终会无路可走。

 心理解读

教师作为传统知识分子的重要组成部分，在一定程度上深受传统的影响，在一定程度上存在着自命不凡、刚愎自用、唯我独尊等性格特点。比如，有些教师看不起同事，不和同组教师交流，不将好的教学信息提供给大家。

现实生活中，表现为与同事的关系不融洽。教师间关系不密切有它的特点，主要原因有，教师的本职工作是相对独立的，因为主要面对的是学生，教师间工作上交往相对少，而且工作繁忙。

日常生活中，自私的心理时刻伴随着我们。其实，无论是青年教师，还是具有丰富教学经验的中老年教师，自私自利心理都是需要我们警惕和重视的，自私自利心理形成的原因包括以下几个方面：

首先，生活中的一帆风顺。人的认识来源于经验，生活中遭受过许多挫折或打击的人，很少有自负、自傲心理，而生活中一帆风顺，则很容易养成自负的性格。对于青年教师来说，在工作中其才华能力得到了充分的施展，受到了领导的肯定，很容易就会产生自负、自傲心理。青年教师如果因为较为突出的成绩，就自己觉得了不起，似乎别人都不如自己，从而表现出极端的自信和过分的自负，将会阻碍自己取得新成就。对于中老年教师，出众的教学成绩以及获得的各项殊荣，如不及时正确反思自我，自负、自傲的心理也有可能滋生。

其次，在生活中片面的自我认识。自负者往往会缩小自己的短处，夸大自己的长处，他们缺乏自知之明，对自己的长处或优点看得非常突出，对自己的能力评价过高，对别人的能力评价过低，自然而然就产生自负心理。

很多事实告诉我们，有付出才会有回报。要想得到他人的帮助，你必须先去帮助别人，帮助别人就是帮助自己。

俗话说："送人玫瑰，手有余香"。的确，奉献爱心可以体现人性的美好，也是一种处世哲学和快乐之道。付出一份爱心,收获一份快乐与希望。在别人有困难、需要帮助的时候,欣然伸出你的双手,同样在你有困难时,才会得到别人的帮助。

拓展链接

世界上最寒冷的就是自私的心。在人格缺陷中,最常见、最普通,对人的影响最大的就是"自私自利",它几乎存在于每个人的人格特质中,只是强弱程度不同而已,自私自利危害很大,它直接影响人与人的和谐交流,很容易使个体孤立于群体之外,受到他人的排斥和冷落,自私自利既得罪别人也容易伤害自己。

人际交往与心理健康之间有着重要的联系,良好的人际关系来源于健康的心理状态,友爱、助人、谦虚、宽容,等等,这些良好的行为品质都可以在人际交往中起到很好的促进作用,同时,健康的人际关系也可以使人舒缓压力、平复情绪,对人们的个人发展、身心健康也起到了积极的作用。另一方面,那些在人际关系中出现问题的人,也会多多少少存在着一些心理问题,甚至是人际交往的心理障碍,在人与人的交往中,他们更多地表现出自负、干涉他人、多疑、敏感等消极心理,从而导致了人际交往的一次次挫败。

苏联教育家马卡连柯提出,一个真正的教师集体应该具有以下特征:

(1) 统一的教师集体的目的是:使自己本身的成就辉煌灿烂起来,同时,使整个集体的成就也辉煌灿烂起来。

(2) 有共同的奋斗目标。良好的教师集体应有共同的见解、共同的信念、彼此之间相互帮助,彼此没有猜忌。同一学校里的老师应当维持友好的关系,而且要变成好朋友,为实现共同的目标而奋斗。

调适策略

自私自利常常是一种下意识的心理倾向,要克服自私心理,就要经常对自己的心态与行为进行自我观察。排除自私心理的压力不是一件容易的事,但是只要通过正确的方式来调节,就能不断完善自我。

马卡连柯指出:"应该有这样的教师集体:这样的集体有共同的见解,有共同的信念,彼此之间相互帮助,互不猜忌嫉妒,不追求学生对个人的爱戴。只有这样的集体,才能够教育儿童。"

那么,如何调适自私心理呢?

首先,接受批评是根治自私自利的最佳办法。自私自利的致命弱点是不愿意改变自己的态度或是接受别人的建议。

其次,认清自我。自私自利的人需要有一个清醒的自我意识,能够正确的评价自我,辩证地看待自身的优缺点,要学会从周围的环境中提取出有关自我的真实反馈,既承认自己的优点,又能接纳自己的缺点,既能承受自己的成功,又能接受自己的失败。

第三,要学会与人平等相处。出现这种情况的教师需要广泛交际,善于在交际中交流信息和感情,取长补短,因为只有在集体中,个人才能获得全面的发展。

第四,与其他教师交往时要学会付出。把付出爱心当做责任,只有付出才会有回报。

第五，与同事分享信息和意见，从现代社会终身学习的理念来看教师间的关系，一方面青年教师要向老教师学习，学习老教师的经验、心得、体会等，这样可以少走弯路。另一方面老教师也应该加强学习，放下架子，不耻下问，向青年教师学习，"三人行，必有我师焉"。

因此，从整个学校工作来看，老师们都是在为国家为社会培养人才，都是为了同一个目标而相聚在一起的，所以教师要珍惜同事间的友谊，大家携手并肩、相互支持、相互学习、共同发展。培养合作意识和协作能力。同一学科的教师要互相学习，同学科中青年教师与老教师要相互学习。俗话说得好："一个篱笆三个桩，一个好汉三个帮。"自古以来，人类就是在合作中不断前进，不断进步的，合作意识已经成为现代人应具备的素质之一，也是一个人应具备的起码的人格品质。因此，加强合作意识的培养是纠正自负、自私行为的有效途径。合作能很好地克服自私的缺点，能极大地发挥个体潜能和群体合力，看到自己的优缺点，通过自我调控，保持健康的心理状态。

人际关系自测

对下列各题作出"是"与"否"的选择

1. 你平时是否关心自己的人缘？
2. 当你的朋友或同事有困难时，你是否常发现他们不打算来求助你？
3. 你认为在任何场合下都不隐瞒自己的观点吗？
4. 和自己兴趣爱好不相同的人相处在一起时，你也不会感到趣味索然、无话不谈吗？
5. 你是否时而会做出一些言而无信的事？
6. 当发觉自己无意中做错了事或损害了别人，你是否会很快地承认错误并作出道歉？
7. 闲暇时，你是否喜欢和别人聊天？
8. 你平时告诫自己不要说虚情假意的话吗？
9. 你和别人约会时，是否常让人等你？
10. 你经常指出别人的不足，要求他们去改进吗？
11. 当有人在交谈或对你讲解一些事情时，你是否常常觉得很难聚精会神地听下去？
12. 你是一个愿意慷慨地招待同伴的人吗？
13. 当你处于一个新集体中时，你会觉得交新朋友是一件容易的事吗？
14. 你是否经常不假思索就随便发表意见？
15. 遇到不顺心的事，你会意志消沉或把气撒在家人、朋友、同事身上吗？

评分标准

第1、3、4、6、7、8、10、12、13题答"是"记1分，答"否"记0分，第2、5、9、11、14、15题答"是"记0分，答"否"记1分。各题得分相加，统计总分。

你的总分

12分以上：人际关系情况很好

10—11分：人际关系情况较好

8—9分：人际关系情况一般

6—7分：人际关系情况较差

5分以下：人际关系情况很差

问题二　如何化解心中的嫉妒

案例呈现

A老师和B老师是××学校化学组的教师,是同一年进的学校,任教10年左右,刚上班几年,她们俩住学校的集体宿舍,而且住一个房间,两个人关系一直挺不错的。A老师负责化学课教学,为人性格外向,处事大方。B老师是一名化学实验室的实验员,她承担了化学实验室仪器调试和溶液的配备,她平时性格内向,沉默寡言。A老师平时工作积极负责,教育教学方面都是做得非常出色,是领导和老师眼里的好老师,前几年A老师担任班主任工作,从此A老师的工作变得更加繁忙了,整天和学生们打交道。在一次教师间闲聊的时候,B老师听说,由于学校工作需要,校领导准备提拔A老师担任学校团委书记兼校学生处的副主任职务,自此以后B老师在好多场合讲A老师的不好,在一次党员民主测评会议上,B老师又将A老师数落了一番。

现象分析

A老师和B老师原本是很要好的同事、室友,由于A老师的工作出色,呈现"步步高升"的趋势,心胸狭隘的B老师的心理产生了不平衡,引起这一现象的根源就是B老师的嫉妒心在作祟。

当看到同事、好朋友在某些方面高于自己时(有时候仅是一种似乎的感觉),于是产生一种由近似羡慕转为恼怒怨恨的情感状态。其实在现实生活中,每个人都有超越别人的欲望,由于主观或客观原因的影响,这种超越的欲望不一定能得到满足,就是一种无形的挫折,在错误估量自己的前提下,如果别人得到的东西自己得不到,就会产生失落感,总是感觉原本是自己的东西被别人夺走了,这就是嫉妒心理产生的主要根源。

心理解读

嫉妒心理是一种病态心理,比较常见,是对他人所取得的地位、名誉、成绩、进步等的一种不服气、不友好,甚至是敌对的情感,是由一种想保住自己的优越地位而极力要排除他人优越地位的心理倾向。嫉妒给自己带来的不是上进,而是忌惮、愤恨和人际关系的不和谐。

现代社会是一个崇尚成功的社会,然而在激烈的竞争当中,有人成功,就必然有人失败。失败之后所产生的由羞愧、愤怒和怨恨等组成的复杂情感就是嫉妒。教师间的竞争产生了相互嫉妒的心理,嫉妒是人类的一种普遍的情感。嫉妒的形成是由于对别人优越于自己或者有超越自己的趋势的反感和恐惧而产生的,由多种情绪形式表现出来的不健康的情感。

嫉妒心理的产生是差别和比较的产物,属于一种内心情绪体验。差别和比较的结果是从差别和比较中形成心理不平衡,基于此而想平衡这种不平衡心理。但所采用的方式往往是消极的,总是与不满、怨恨、烦恼等消极情绪联系在一起。有的还表现为一种综合性的嫉妒,即只要是别人所有的,都在其嫉妒范围之内。

嫉妒有两方面的意义:

一方面,嫉妒具有积极的意义。莎士比亚把嫉妒比作爱情的卫道士。确实,你的恋人如果反对你同别的异性接触和交往,正是反映了他(她)对你的爱的程度。反之,如果他(她)从不"吃醋",那么你们之间的爱情恐怕还处在很低的水平,或者已经到了危险的地步。因此,嫉妒在爱情里面还是有一定的积极意义的。如果嫉妒能够转化成为前进的动力,则是积极的。

另一方面,嫉妒在更多的时候表现为消极的意义。嫉妒常常会导致中伤别人、怨恨别人的诋毁别人等消极的行为。嫉妒往往是和心胸狭隘、缺乏修养联系在一起的。心胸狭隘的人会因一些微不足道的小事而产生嫉妒心理,别人任何比他强的方面都成了他嫉妒的缘起。缺乏修养的人会将嫉妒心理转化成消极的嫉妒行为,严重地破坏人际关系。

教师间的竞争,也有着它积极的作用和消极的意义。

1. 积极作用

(1)可以把竞争看作为是一种激发自我提高、提升的活动,在活动中,教师个人为了取得荣誉与他人竞争,正是因为有了竞争,激发调动了教师的积极性和主动性。每位教师为了在竞争中胜出,为了实现自己的价值,就会不断地努力,对自己的工作投入更多的情感和精力,促使自己不断提高、不断完善。

(2)在竞争中很多的优秀教师会脱颖而出,学校可以从中发现所需人才,选拔骨干教师,着力培养,打造名师工程,发挥其示范、辐射作用,引领教师的专业成长。

(3)在竞争的过程中,通过比较,更多的教师能展开客观地评价,发现他人的优点与自己的不足,于是自我反思、自我完善,提高了自身的专业素质,使得教育教学质量不断提高,学校更富有生气,进而也提高学校的声誉。

2. 消极影响

在教师间的竞争中必然会表现出"利己"与"排他"。这也是导致不恰当竞争或恶性竞争的罪魁祸首。而今,每位教师都越发地感受到各种竞争带给自己的恐慌与焦虑,失败者往往要承受巨大的精神上的压力与痛苦。出现如此心态的教师,他在嫉妒别人时,总是注意到别人的优点,却不能注意自己比别人强的地方。其实任何人都有不如别人的地方,人无完人嘛。

许多教师平时一团和气,然而遇到利益之争,就当"利"不让,嫉妒心发作,在背后互相谗言,说风凉话。这样既不光明正大,又于己于人都不利。

总之,对别人产生了嫉妒并不可怕,关键要看自己能不能正视嫉妒。如果能把嫉妒转化为成功的动力,化消极为积极,往往会使你赶上甚至超过别人。这一切都取决于你自己。

拓展链接

伯特兰·罗素在《快乐哲学》一书中谈到嫉妒时说:"嫉妒尽管是一种罪恶,它的作用尽管可怕,但并非完全是一个恶魔。它的一部分是一种英雄式的痛苦的表现;人们在黑夜里盲目地摸索,也许走向一个更好的归宿,也许只是走向死亡与毁灭。要摆脱这种绝望,寻找康庄大道,文明人必须像他已经扩展了他的大脑一样,扩展他的心胸。他必须学会超越自我,在超越自我的过程中,学得像宇宙万物那样逍遥自在。"

"虽然我们可以把它称作正常的,这种嫉妒毫无疑问是绝对理性的,这既是说,它形成于实际的情景,和真实的环境相称,处理意识自我的完全控制之下。"用另外的话来说,即使在正常的嫉妒中我们人人都体验过的,也总是有一些非理性的成分,其原因是,嫉妒,"深深地植根于无意识中,是童年期感情生活最早搅动的延续"。

弗洛伊德相信,"很容易看见"嫉妒是由以下成分组成的:

(1) 想到失去我们所爱的什么人而引起的悲伤、痛苦。
(2) 得不到我们想要的任何东西的痛苦认识,即使我们非常想要并觉得应该得到它。
(3) 对成功对手的仇恨感。
(4) 或多或少的对我们的丧失负责的自我批评。

"人怕出名猪怕壮",这是一句中国人都非常熟悉的话。曾经有一位科学家把这句话翻译给美国学者听,那位学者非常吃惊:"为什么中国人害怕出名、中国的猪害怕肥呢?"想说清楚这个原因,说难也的确很难,说容易也非常容易,容易到了只说出嫉妒这两个字就足够了。

调适策略

尽管嫉妒有它积极的一面,但消极的一面还是最主要的,因此有必要对其进行克服。克服嫉妒可以从以下几方面入手:

1. 转移注意力

当我们有很多事情要做时,我们就无暇去嫉妒别人。因此,积极参与各种有益的活动,努力学习、勤奋工作,使自己真正充实起来,那么,嫉妒的毒素就不会孳生、蔓延。

2. 看到自己的长处与不足

每个人都有长处与不足,要想事事超过别人是不可能的,关键是要善于自我评估与分析,发现自己的长处与不足,扬长避短。学习别人的长处,弥补自己的不足。在与教师的交往、交流中,要用谦虚、友好的态度对待他们。

3. 化嫉妒为动力

当我们面对他人的成功时,以他人的成功为自己前进的目标,把嫉妒变为赶超的行动,才是正确、科学的解决办法。

4. 学会胸怀大度,宽厚待人

19世纪初,肖邦从波兰流亡到巴黎。当时匈牙利钢琴家李斯特已蜚声乐坛,而肖邦还是一个默默无闻的小人物。然而李斯特对肖邦的才华却深为赞赏。怎样才能使肖邦在观众面前赢得声誉呢?李斯特想了妙法:那时候在钢琴演奏时,往往要把剧场的灯熄灭,一片黑暗,以便使观众能够聚精会神地听演奏。李斯特坐在钢琴面前,当灯一灭,就悄悄地让肖邦过来代替自己演奏。观众被美妙的钢琴演奏征服了。演奏完毕,灯亮了。人们既为出现了这位钢琴演奏的新星而高兴,又对李斯特推荐新秀深表钦佩。

5. 少一分虚荣就少一分嫉妒

虚荣心是一种扭曲了的自尊心。自尊心追求的是真实的荣誉,而虚荣心追求的是虚假的荣誉。对于嫉妒心理来说,它的要面子,不愿意别人超过自己,以贬低别人来抬高自己,正是一种虚荣,一种空虚心理的需要。单纯的虚荣心与嫉妒心理相比,还是比较好克服的。而二者又紧密相连,相依为命。所以克服一分虚荣就少一分嫉妒。

6. 树立正确的竞争意识,承认别人的劳动价值,敬佩别人取得的成绩和荣誉。学习别人的长处,在共同的进步中进行高层次的竞争。这不比把自己的成功建立在别人受到损害的基础上更好吗?

7. 要有勇气和对方打招呼。如果你与同事有了矛盾,不管是谁的责任,可以主动向他表示友好,主动向他打招呼——这也许会令你很为难,但这就是勇气。

8. 保持一颗平常心、包容心,变嫉妒为虚心地向他人学习,变消极嫉妒为积极的博采众长,使自己不断发展,走向成功。

因此教师对待功利要时刻保持一颗平常心,要学会鼓励你身边的同事,不要吝惜你的喝彩声,称赞别人时一定要出于善良的动机,鼓励别人的过程同时也是鼓励自己的过程,因为同事们也会反过来鼓励你。老师一定要学会和同事建立融洽的同事关系,与同事互相协作、互相团结、步调一致,形成良好的集体,才有利于教育目的的实现。

教师间的团结合作是搞好工作的关键,只有真诚合作,才能出成绩。因此同一学科教师要摒弃文人相轻、同行是冤家、保守自卫的陋习,互相学习,共同提高;不同学科的教师要打破画地为牢的学科壁垒与偏见,涉猎其他学科知识,改变自己单一的知识结构,走综合型教师发展之路。教师只有充分认识到集体的兴衰荣辱事关切身利益,才能主动融入和谐互动的良好的氛围中。

问题三 如何脱离猜疑的苦海

案例呈现

王丽出生在一个农民家庭,从小家境贫穷,父母亲也是常年在外打工,和爷爷奶奶一起生活,家里还有一个比她小几岁的弟弟,每年春节父母亲回家,总是给弟弟买好多东西,她开始变得沉默寡言了,认为家人只爱弟弟了。王丽上学时成绩还是挺好的,经过努力王丽考上了一所师范大学,毕业后进入了××学校任教,最近一段时间来,她总觉得领导、同事们都与她过不去。有一天,她有事去找领导,当时领导正好在忙,让她下午再来,接过下午领导又出去开会去了,她认为领导一定对自己有什么意见。还有一次,刚上完课回到办公室的时候,看到几个同事在一起聊天,有说有笑的,同事们看到她时,说话的声音就压低了点,她就猜,是不是同事们在谈论她什么,有没有去领导那里去说了她的坏话。长期下来,她变得少言寡语了,一天到晚忧愁郁闷,对什么事都缺乏兴趣。渐渐的,随着时间的推移,她的疑心变得越来越重。她认为,自己现在是最不幸的人,大家都不需要她了。

 **现象分析**

从这个案例中,可以看到,王丽猜疑情绪的特征,表现在别人对待自己的问题上,他们总觉得别人有火眼金睛,可能会看出自己的缺点,并且,逐渐变得深信不疑;他们似乎感到自己是别人注意的新闻人物,总相信别人在议论自己,并怀疑别人在做对自己不利的事情。总之,世界上的各种事物,只要有不完美的地方,哪怕只有百分之一的可能,他们都会当成百分之百的可能去怀疑、担心、害怕。久而久之就会导致神经高度紧张,最终形成病患。

猜疑是完全由主观推测而产生的多疑心理,具有猜疑、猜忌心理的人往往是疑心重重,无中生有,认为别人都不可信、不可交。与人交往时,适当做出几分猜测是正常的,也是合乎情理的,但是如果多疑过了头,那就是非正常的心理了。

很多教师工作认真,对自己要求严格,在意别人对你的评价,这是应该肯定的,说明你自尊心强,成就动机也很强,不想落在别人后面。但是任何事情都要有个度,如果超过了一定的限度,就会适得其反。

 心理解读

猜疑心理:表现为在交往过程中,自我牵连倾向太重,长期处于"疑神疑鬼"的情绪生活中,对他人的言行过分敏感,多疑、不信任,往往陷入痛苦和焦虑之中。

猜疑心理实际上是建立在猜测基础上的,这种猜测往往不是以事实为根据,只是根据自己的主观臆断毫无逻辑地推测和怀疑别人的言行。喜欢猜疑的人,往往善于揣测他人深藏的动机和目的,对他人的言行非常敏感。见到别人工作努力,就怀疑别人居心不良,想抢夺自己的位置;见别人说悄悄话就怀疑是在议论自己,说自己的坏话;受到领导批评就怀疑别人在背后打了小报告;听到别人的闲言碎语就怀疑是别人故意在毁坏自己的名声如此等等。好猜疑人的人最终都会陷入作茧自缚、自寻烦恼的困境中,不仅导致自身的心里不舒畅,还会影响人际关系,影响交往双方的相互信任,挫伤交往双方的感情,影响工作效率。

最典型的例子就是"疑人偷斧"的寓言故事了:一个人丢失了斧头,怀疑是邻居的儿子偷的。从这个假想目标出发,他观察邻居儿子的言谈举止、神色仪态,无一不是偷斧的样子,思索的结果进一步巩固和强化了原先的假想目标,他断定贼非邻子莫属了。可是,不久在山谷里找到了斧头,再看那个邻居儿子,竟然一点也不像偷斧者。

生活中猜疑心理的产生和发展与一个人的成长背景、个性特点、自尊心和自信心的强弱、过去的挫折经历以及现在的工作环境等都有着直接的关系。所以猜疑心理的产生大致有以下原因:

1. 认知原因

一个人处于长期的紧张、焦虑,对事物认识过于偏激,或常对自己进行消极的自我暗示,往往在主观上先假定某一看法,然后把许多毫无联系的现象通过"合理想象"联系到一起,来证明自己看法的正确性。有时为了达到这一目的,甚至无中生有,制造现象,越疑越猜,越猜越疑。

2. 性格原因

爱猜疑与其个性心理特点有关。一般来说,具有抑郁型气质的人比较爱猜疑,他们行为孤僻,多愁善感,情感体验深刻但很少外露,善于觉察别人不易觉察的细节。

3. 气质原因

有猜疑心理的人一般都以自己的利益为中心,过分关注自己的可得利益,当他们得不到时,不是从自身条件、自己的能力来查找原因,而是用错误的思维方式来凭空想象,从而怀疑别人侵占了自己的利益,致使背上思想负担,对别人产生敌对情绪,严重时甚至感到"四面受敌"。

4. 家庭原因

家庭教养方法、家庭结构、家庭内部的人际关系、家庭教育的价值导向是影响一个人猜疑心理的重要因素,单亲家庭或家庭内部关系紧张的人容易形成过于敏感、多愁善感的性格特点,易于产生猜疑心理,成长于自我中心主义为家庭教育价值导向的人也比较容易陷入猜疑的状态中。或者从小在家庭中受到歧视和虐待,或曾在学校受到过不公正的待遇,伤害了自尊心,使得他们对周围的环境都会特别的敏感。

不信任他人实际上也表明你对自己也缺乏信任。爱猜疑别人的人,表面上看是怀疑他人,实际上也是怀疑自己,至少是不自信。有些人正是由于自己在某些方面不如别人,别人在说悄悄话的时候,就怀疑别人是在议论他的弱项,别人是在算计自己。

同事之间相处不融洽容易产生猜疑心理。"长相知,不相疑",反之,不相知,必相疑。同事之间不能相互理解、相互包容,自然也容易产生猜疑心。由于教师工作任务重、压力大、竞争性强,同事之间难免也会有或明或暗的竞争。由于你担心别人会超过你,不想失去你满意的岗位,在不知不觉中也容易出现猜疑心理。猜疑就像是一条无形的绳索捆住我们的思路,使我们远离朋友和同事,心理会产生无尽的孤独和寂寞。

 拓展链接

怀有猜疑心理的人,其思维状态是陷在一个封闭的思维循环中,从自己开始的一个假想出发,通过错误、片面的论证,再绕回到假想。在这个封闭的思维过程中,假想被越描越粗、越画越圆,猜忌也就深深种下了。因此,每当发现自己的怀疑开始冒头时,应当立即提醒自己,冷静、理智地想一想产生怀疑的原因。通过引进正确合理的信息,在错误的思维循环形成之前就阻断它。许多猜疑最后揭开了往往都是很可笑的,但在揭穿之前,由于猜疑者的头脑被封闭的思维所限制,却会觉得猜疑顺理成章。

如果一个人不是生活在孤岛上的鲁滨孙,就会有各种各样的人际关系,这些关系是客观存在的。人际关系的亲疏好坏,会产生不同的效益,或阻力,或助力。而同事关系是人际关系中最重要的一种,一个人除了家人、亲友、师长等亲情友情关系外,更重要的是整天与同事相处、配合、协作。工作的效益、心情,事业的成功、顺畅,很大程度上受着同事关系的影响。而教育这个工作效果的群体性、工作过程的协作性都非常强的特殊工作,更需要一种和谐、团结、协作的同事关系,才能达到提高自己和共同提高的目的。

 **调适策略**

由于猜疑心理的产生与一个人的人格特点有关,而人格是在长期的生活和实践过程中逐渐形成的。因此,要想矫正猜疑心理,也不能心急,必须在平时的生活和工作中逐渐来完成。猜疑心理束缚了人的交往欲望,失去了交朋友的机会和快乐,是自己"作茧自缚"与世隔绝,这不仅不会博得他人的同情,还导致自己人格缺陷。所以一定要努力克服猜疑、猜忌的心理。

建议注意以下几个方面的内容:

1. 心胸宽阔,遇事冷静分析

猜疑心往往也和一个人的心胸狭小、草率行事有关。要想矫正猜疑心理,在平时的生活和工作中,就要有意识地锻炼自己的心胸,不小肚鸡肠,遇事进行理智分析,养成正确看问题的习惯,不以偏概全。比如一个人的猜疑心理往往会受周围人的"流言"影响,"长舌人"的流言往往会加剧当事人的猜疑强度。遇到类似的事情时,不要过分计较,可以选择回避,抛到脑后,要么冷静的分析,切不可急于纵容或反驳,让流言不攻自破。另外,在对一个人的言行进行认识的时候,要结合以往对此人的了解,结合其他人对此人的评价,来理智地分析,多从善意的角度考虑问题,不一味地猜疑责备。长期坚持,就会逐渐形成遇事理智分析的习惯,错误的猜疑心理也会逐渐消失。

2. 开诚布公,增加心理透明度

猜疑心理往往与人际间沟通不畅、缺乏了解有关。生活或工作中一旦产生了猜疑心理,千万不要感情用事,而是要加强沟通。充分的沟通可以减少许多的误会。要想建立起和谐的人际关系,就要敞开心扉,展现给同事一个真实的自我。将心灵深处的猜测和疑虑开诚布公地说给朋友听。你不必担心说出来会没面子,正是因为你能真诚地表达自我,增加了心理透明度,同事会在最大限度内谅解你,对你的信任度也会增强,彼此的沟通也会更加深入,彼此间的隔阂才会消除,友谊才会不断加深。你自身的痛苦和烦恼也会随之而逃。

3. 做值得信赖的人

要真诚地抽干心里的每一丝猜疑和顾虑,百分之百地交出自己。因为真诚的倾心话语、守信的处世原则,往往不及没有猜疑和顾忌地交出自己或受至于人的托付更让人幸福。

4. 增强自信心,将猜疑消灭在萌芽状态

积极、努力地去发现自己的优点和长处,培养自信心,相信只要付出努力,努力与周围的同事融洽相处,就一定会给别人留下一个好的印象,这样就可以在工作和生活中充满阳光、充满自信。

在人的一生中难免会遭到别人的议论和流言,因为我们每个人都有自己的弱点,都有不足之处,当我们怀疑别人对自己有消极看法时,不必太在意。只要我们坚定信心,有意识地努力去改变自己的不足,就不怕别人议论自己。另外,如果我们自己对别人产生了猜疑的时候,而要多问自己几个为什么?我为什么会产生猜疑?理由是什么?如果猜错了,会出现哪些不好的结果?只要冷静地想一想,就会减少盲目猜疑他人的情况出现,就会将猜疑消灭在萌芽状态。正如一句名言:"你不能企望控制他人,但你可以好好掌握自己。"别人的事我不参与评论,自己的事就让别人去说吧。

问题四　如何摆脱苦闷自卑心理

案例呈现

孙涛是一个性格内向、沉默寡言的人，2001年大学毕业后成为了一名光荣的人民教师。上班以来做事一板一眼，在孙涛的印象中好像没有得到过领导与同事们的表扬，在平时的教师间交往中显得比较腼腆，话语非常少，与别人交流时总是不经意流露出自己的苦闷，羡慕其他的同事在某项竞赛中获得好成绩，羡慕同事又获得了区、市优秀班主任等等，总是认为自己什么都不如同事。在学校组织活动以及教师参加各类竞赛时，他总是会找各种理由推辞，不愿意参加。

现象分析

从这个案例中可以看出，孙涛对自我的评价偏低，不能正确地看待自己，产生自卑心理。孙涛自卑主要表现在：

1. 个性内向，很少参加集体活动，很少和他人来往，常常少言寡语。
2. 自己在工作上做不出成绩，处处贬低自己，孤立自己，总感觉别人瞧不起自己，过于压抑自己，产生悲观、失望。
3. 总感觉自己的能力、才智不如别人，什么都比别人差，做什么事情都缺乏信心，担心做不好，怕被人嘲笑。

在现实生活中，自卑的人往往缺乏人际交往、缺乏情感交流。个人不能全面的认识自己，只看到自己的缺点，忽视自己的优点；未能正确地与别人比较，往往拿自己的短处与周围人的长处比较而自愧不如，未能正确对待教学中的失败，过分强调自己的无能和过失。

有的教师总是对自己不满，自卑、自惭形秽，这样就很容易产生心理障碍和行为问题。有的教师在学校里是好老师、好同事，平时拼命工作，牺牲很多休息时间，回到家里却情绪紊乱，难以自控，既影响家人的生活，自己也感到活得很累。

心理解读

自卑是自我情绪体验的一种形式，是个体由于某种生理或心理上的缺陷或其他原因所产生的对自我认识的态度体验，表现为对自己的能力或品质评价过低，轻视自己或看不起自己，担心失去他人的尊重的心理状态。自卑的实质就是自我评价过低。

自卑的人也有可能真的是技不如人等因素产生的一种情绪体验；还有的人其实也很优秀，但是在工作中，对自己的要求过高，事事力求完美，要知道工作中不可能都会是一帆风顺，取得成功的。渴望成功、追求完美是人的天性，也是一名合格教师应有的品质。但追求完美也不能过度,渴望卓越也要切合实际。有的教师在工作和学习中过度地追求完美和自我苛求,而为完美所累。特别是一些骨干教师,做什么都不能落在他人的后面,在教学上力求使自己的每一堂课都十分成功,指导学生的每一次活动都十分精彩,在学校开展的各项竞赛评比活动中总是力争第一,在人际关系方面也力求完美无瑕。然而实际上有的老师也总感到自己有许多事情没有做好,感到力不从心,深深地陷入自责、自卑、焦虑不安和痛苦之中。

心理学的研究表明,那些偶尔有一点小缺点的优秀教师在学生面前更具有魅力,更容易为学生所喜欢,因为他们在学生面前显得更为真实、亲切和自然。教师要有接纳自己不完美的勇气。要追求完美,也要在不完美中寻求内心的欢乐;要超越自我,也要善待人生的平凡与常态。在充分肯定自己价值的同时,认识和直面自身的缺陷和弱点,坦然欣赏自己的独特性。既不断地进行自我激励,又不断地进行自我慰藉,从而在开放的富有弹性的思维中保持心理和谐和健康。

其实,自卑者最大的愿望就是像别人一样正常生活,学着他人的方式工作或者生活,甚至将自己置于他人的人格之下。事实上,每个人的人格特质中,多少都会有一些自卑,因失败而自卑,因不如别人而自卑,等等。

因此,不要总认为别人瞧不起你而躲着人走。能不能从良好的人际关系中得到激励和帮助,关键还是要靠自己。要有意识地在与他人的交往中学会取长补短,在教师群体中培养自己的交往能力,这样就可以有效地防止自己的自卑感。

拓展链接

美国心理学家艾利斯的 ABC 理论认为:人的情绪并不是由某一诱发性事件本身直接引起的,而是由经历这一事件的个体对其评价引起的。也就是人们头脑中的信念是产生某种情绪的根本原因。自卑的人往往对事件的解释存在不合理信念,改变了这种不合理信念有助于自卑的消除。

阿德勒认为,一个人如果在某些方面自觉不足,他可以通过有条理的努力来进行补偿,也就是所谓"失之东隅,收之桑榆"的补偿作用。

现代心理学研究证明,每一个人都有自己的心理优势的潜力,善于发掘自己的心理特长,最大限度地调动和发挥这些优势和潜力,人人都会对社会做出积极贡献。在这方面,应树立正确的价值观,调整自己的主观需要,充分认识自己。

现代心理学认为,情感是主体对客观事物与其主观需要的关系的反应。当客观事物满足人的主观需要时,就产生积极肯定的情感,反之则产生消极的否定的情感。可见,一种情感的产生,既非完全取决于客观事物,也非完全取决于主观需要,而是这两者共同作用的产物。教师的自卑感,作为一种消极否定的情感,是由于教师职业这一客观事物不能满足教师对它的主观需要而引起的。既取决于教师职业的特点,又决定于教师对职业的主观需要,是二者共同作用的结果。

所谓完美只能是相对的,完美主义者不仅事实上达不到事事完美,而且也极容易导致自我挫折感,并诱发认知障碍和自我适应障碍,不利于人的心理健康,持有这种心态虽说是在追求完美,但真正的是害怕不完美,因而存在比较严重的"不完美焦虑"。这种焦虑指向自己,容易产生强迫性神经症;指向他人,则往往使人际关系紧张。若过度追求完美,对失败的恐惧会使人如履薄冰,工作效率反而不如心态平和时好。

调适策略

教师不是十全十美的人,也应通过相应的补偿,提高自己的进取心与工作积极性,从而使事业有成。一个人的自卑还可以通过升华来得到矫正。升华的作用一方面转移目标,实现了原有的情感,达到了内心平衡,同时又创造了积极的价值。教师的心理升华主要指,当教师的需要没能满足或目标没达到时,不是消沉、退缩,而是不断努力或调整目标,最终获得成功。

1. 正确对待和看待所谓的失败

每一个人由于知识、经验的局限,遭遇一时的挫折乃至失败是非常正常的现象。在人的一生中,一帆风顺是不可能的,对此,既要认真总结经验教训,以利"再战"又要持平常之心,不被失败击倒。

2. 增强自信

自信心是教师获得成功不可或缺的重要心理品质,有自信的教师才能充分地发挥出自己潜在的能力,进而获得事业上的成功,在日常工作中,难免会遭遇到挫折或失败,但如果丧失了自信心,就可能会产生自暴自弃,陷入自卑的泥潭,甚至会失去工作的热情和生活的动力。对自己的充分自信也是消除自卑的最好方法,因为自信会使你获得更多的成功。

3. 扬长避短

每个人都各有自己的优点和缺点,要全面正确地评价自己,既不对自己的优点沾沾自喜,也不要盯住自己的缺点而顾影自怜。认识自己,了解自己的特长、优势,以弥补自己的不足。

4. 自我鼓励

时常对自己进行鼓励与暗示,如"我能做对"、"我能教好"、"我一定行"等。

5. 培养坚强的意志

不怕困难,不怕失败,不怕暴露自己的弱点;不苛求自己;不急于求成。

6. 培养乐观的生活态度

人生就是这样,当你以一种豁达、乐观向上的心态去构筑未来时,眼前就会呈现一片光明;反之,当你将思维囿于忧伤的樊笼里,未来就会变得暗淡无光了。

7. 调整理想的自我

理想自我的目标定得太高或根本不适合自己,就会在实践中不可避免地一次又一次地失败,理想的自我永远不能实现,自然就建立不了自信。理想自我的目标定得过低,就会失去前进的动力,安于现状,不求进取,也建立不了自信。

那些卓越人物的人格特质,有一个共同的特点:他们在开始做事前,总是充分相信自己的能力,深信所从事的事业必能成功。因此,他们在做事时就能付出全部的精力,排除一切艰难险阻,直到胜利。

问题五　领导多一分支持让教师少一分委屈

 案例呈现

某学校教务处为了加强教学常规管理,提高教学质量,制定了常规教学考核方案,每学期评估一次。方案分四个等级：优秀、良好、合格、不合格,方案中的每一项都是打分评估,并与奖金挂钩。期末考核评为不合格的丁老师(一位教学经验丰富的老教师)对教务处意见很大,他找教务处李主任论理："你们教务处吃饱了没事做,竟搞毫无意义的东西,教学质量好坏的衡量标准是看高考成绩,而不是靠教案、听课、论文、科研的检查,在中学搞什么科研,科研是虚的,我只要上好课就行了,这样的做法搞得我们普通老师都成疯子了,条条框框的,把我们当什么人了,你们教务处几位主任的科研水平也不怎么的,评价的指标也不科学……"尽管李主任非常有耐心地解释,但是丁老师还是和李主任争辩不休,一直闹到校长办公室,找校长评理。

 现象分析

案例中丁老师没有拿到合格以上评定,很显然这种需要十分强烈却又无可奈何时,压抑感就会油然而生,无论这种需要是合理的还是不合理的,是正当的还是非正当的,是有条件满足的还是根本不可能满足的,只要这种需要是梦寐以求的却又无法得到满足,就一定会感到受抑、烦闷。

此案例是教师与领导之间的冲突。冲突原因是教务处把常规教学考核方案与学校绩效结合起来,并与奖金挂钩。由于教师对考核方案有抵触情绪,因而对教务处的工作不满,进而影响教师工作的积极性。

学校方面,在制订方案前可能没有做好前期准备工作,方案欠科学、合理,未体现优劳优酬原则,没有能调动大多数教师的工作积极性和广泛征求教师的意见和建议,没能够充分发挥教职工主人翁地位,在实践中,没有完善不合理的部分,未做到公平、公正。

普通教师在工作中,尤其是对待考核评比,一旦遇到挫折和失败,很容易产生心理问题,此时,抑郁是最容易产生的情绪。有调查表明,88.9%的教师反映在工作当中受到挫折时只是受到领导的批评指责。

此案例也体现了教师与管理者的关系失调。教师与学校管理者的人际关系同双方的工作态度、工作方法有关。从教师方面看,由于个人利益和情感需要没有得到满足、或因对领导的要求偏激,对学校管理者的不理解、不支持,导致双方矛盾的产生。而有的领导因工作方式不民主、不公正,不关心教师的利益,伤害了教师的工作积极性,损害了教师与领导的正常交往和良好的人际关系。

北京市怀柔区教师进修学校的教研员张林春老师认为,这些事在教师的职业生涯中,或

多或少都会遇到。我们的社会给教师行当冠以各种美丽的名号,教师职业很崇高、很伟大。然而,这个社会又是功利的,物质生活很重要,教师在付出后的所得,很难让人满意,在此过程中承担了很大的压力,许多委屈也在理想与现实的纠葛中产生。

 心理解读

虽然教师的很多委屈都是因学生而起,但是在对教师的各项考核中,也有一部分是学校领导施加的压力或者就是学校的一些所谓的考核制度而引起的。就是制度和环境方面的原因。教师的权利与义务应该是并存的,相关法律对教师权责的界定,应该很好地强调教师的主体地位。我们更多地规定了教师的责任,而忽视了他们在处理一些事情时的权利。学校里的校规也缺乏一个相对合理的规定。比如学校要求高考90%录取率,这就给教师带来了压力。虽然很多教师的确尽心尽力地去工作,但最终往往不尽如人意。长期生活在这种工作状态中,教师就容易变得紧张、脆弱、抑郁。

抑郁主要是由心理和社会因素引起的。比如,事业遭遇挫折、工作上不顺心、人际关系紧张等等,这些都很容易使人产生抑郁情绪。抑郁是以情感低落、悲伤、失望等为主要特征。

抑郁的发生和个人的性格也有一定的关系,性格内向、郁郁寡欢、喜欢独来独往、敏感悲观或对周围的一切事物都失去兴趣,总是过分的自责,遇事常常往坏处想,一点细小的过失都会带来无穷的烦恼的人易得抑郁症。处于抑郁状态的教师,会给其学习、工作与生活带来极大地影响,通常表现为失去热情和动力,体验不到生活的乐趣,工作效率大大降低。这种人看上去精神萎靡,表情冷漠,自己也常诉说倦怠无力、食欲缺乏和睡眠不佳。

西方国家把抑郁症称为"世纪之病",也有学者称它为"心灵感冒"。据世界卫生组织预测,抑郁症将成为21世纪人类的主要杀手,全球每年约有1.21亿的人会经历一段时间的抑郁,若将轻型抑郁包括在内,抑郁症在全世界的发病率约为11%,而目前全球约有3.4亿的精神抑郁患者,相当于精神分裂症的7倍多,而且这个数字不断上升。

 拓展链接

一个人不管有多么坚强,承受的压力也是有限的。当内心的不良情绪累积到一定程度时,抑郁症就悄悄地找上门来。抑郁是非常普遍的情绪,任何人都无法避免。尤其是长期受到抑郁的人,他的人生态度渐渐走向消极的方面,抑郁者总是表现为茫然无助,对一切不能接受,难以适应,于是陷入失落中难以自拔。

人生一世,草木一秋,生命即使短暂,也不会一帆风顺,烦恼和痛苦也在所难免。但是生命中还有许多感动和情意值得我们去感受、去留恋,愁恨时刻亦悠悠。所以,不要光盯着烦恼和痛苦,要振作起来,正视问题,远离抑郁情绪。

抑郁症患者终日生活在灰色的世界里,生活失去乐趣,学习和工作效率大大降低。同时,患者还受失眠、焦虑和虚弱等躯体症状的折磨。抑郁会消耗一个人的体能,削弱一个人的生活兴趣。它会使人感到好像身陷泥淖,寸步难行,干什么事都觉得费劲,甚至本来很容易的事情也不敢去面对了。

美国学者卡托尔认为,不同的人会进入不同的心理抑郁状态,但是他只要遵照以下十四项办法,抑郁的症状便会很快消失,这十四项办法包括:

1. 遵守生活秩序。从稳定规律的生活中领会自身的情趣。

2. 留意自己的外观。自己身体要保持清洁卫生,不得身穿邋遢的衣服,房间院落也要随时打扫干净。

3. 即使在心理抑郁状态下,也决不放弃自己的学习和工作。

4. 不得强压怒气,对人对事要宽宏大度。

5. 主动吸收新知识,活到老学到老。

6. 建立挑战意识,学会主动接受矛盾,并相信自己成功。

7. 即使是小事,也要采取合乎情理的行动;即使你心情烦闷,仍要特别注意自己的言行,让自己合乎生活情理。

8. 对待他人的态度要因人而异。具有抑郁心情的人,显得对外界每个人的反应、态度几乎相同。这是不对的,如果你也有这种倾向,应尽快纠正。

9. 拓宽自己的情趣范围。

10. 不要将自己的生活与他人的生活比较。如果你时常把自己的生活与他人作比较,表示你已经有了潜在的抑郁,应尽快克服。

11. 最好将日常生活中美好的事记录下来。

12. 不要掩饰自己的失败。

13. 必须尝试以前没有做过的事,要积极地开辟新的生活园地,使生活更充实。

14. 与精力旺盛又充满希望的人交往。

调适策略

要化解教师委屈,要教师远离抑郁的情绪,学校领导层面的作用非常重要。尤其是负责具体工作的校长、主任,在面对教师时应讲究人性化的管理。对于夹在领导和学生中间的教师来说,他们需要领导给予更多的人文关怀,也需要精神的激励和个人成就感。

从领导的角度来说,领导必须保持高姿态,无论教师对与错,都要保持心平气和的态度去处理和化解事情,讲求和谐氛围。要用人性化的制度去管理,要坐下来进行更深入的沟通,至少让教师得到心灵上的理解和安慰。

从教师的角度来说,教师要看开一些。"现在,毕竟我们所处的时代还有一些尚未解决的问题,不能站在现实中永远瞧着达不到的理想状态。因此,教师调整心态,为自己解压,就显得尤为重要。改变不了世界,就试着改变自己。"

针对教师产生委屈、心理有抑郁感,我们也有很多方法:

1. 主动寻求他人帮助

如果一直感到闷闷不乐、心情压抑、悲观失望,那么,勇敢主动地把自己的感觉、想法告诉同事和家人,这样,同事和家人才能密切配合,为自己创造一个愉快的生活环境。他人的开导与关怀是很重要的,从他人的口中可以知道真实的自己,从而增加自信。

2. 学会达观

万事如意只是一种美好的愿望,实际上是不可能实现的,有如意之事,必会有不如意之事，不如意之事未必就是坏事。即使遇到再大的困难也不要泄气，束手无策，再大的困难总有解决的办法，顺其自然不强求。不必把一时的困难看成永久的困难，把局部困难看成整体的困难。许多事情，只要能用乐观的精神，用发展的观点来想一想，抑郁就会烟消云散了。

3. 淡泊名利

名利是过眼云烟，但追求名利的过程却让自己疲惫不堪，人生的目的并不在于结果，而在于过程，使整个过程都充实而轻松，并给他人带来幸福的人生，才是成功的人生。

4. 助人为乐

一味的自怨自艾解决不了任何问题，假使真的做错了事情，可以用帮助错误的受害者来解除自己的心理负担。在帮助他人的过程中，会认识到自身的价值，从而充满对未来的信心。

5. 合理宣泄情绪

过分压抑的情感只会使情感的困扰加重，不利于身心健康。而合理的宣泄可以使不快的情感释放出来，从而使紧张的情感得到放松、缓和。情感宣泄要有节制，注意它的合理性，不能肆无忌惮，应注意方式、时间和场合，尽量不影响别人的学习和工作。常见的情绪宣泄方法有：哭，是人类的一种本能，是人释放体内积聚能量、排除毒素、调整机体平衡的一种方式。如果感到委屈、悲痛时，哭泣是一种对身体有利的宣泄方式。喊，当有不满情绪积压在心理时，可以到空旷地方去，大喊几声，也可以唱歌，来发泄心中的不满。动，通过运动来淡化心中的情绪，例如可以打篮球或做点家务来缓解不良情绪。述，当遇到心理困扰时，找一个可以信任又能理解你的朋友，向他倾诉，可以减轻心理压力。

6. 加强体育锻炼，多参加户外活动

一个会休息的人才能更好地工作，为此，在安排工作时，千万别忘了安排自己的休息时间。中学教师一般都实行坐班制，整天在办公室备课、改作业，如果平常也很少参加户外活动，常会导致肩周炎、颈椎病、肥胖症等疾病，进而引发更多的压力与焦虑，从而导致情绪低沉，发展到抑郁。不管工作多忙，尝试着去户外运动一下，多参加体育锻炼，利用休息天朋友聚会、爬爬山、做做运动等活动来提高工作效率，增强身体抵抗力，由于锻炼是个人的亲身体验，而不是坐着不动，所以，锻炼后可以给人一种轻松和自主的感觉，有益于预防抑郁的发生。这样劳逸结合，能够让自己的身心很好地放松，会更有利于精神抖擞地去应付繁重的教学工作。

问题六　纠正心态摆脱孤僻

案例呈现

王老师，某中学数学教师。平时走路，低着头，视眼不超过脚前五米，在生活中常常是独来独往，常对他人怀有厌烦、戒备心理，似乎凡事与己无关，漠不关心，一副自我禁锢的样子。

与同事交往也常常缺乏热情和活力,显得漫不经心、敷衍了事。有时看上去好像也活跃,但总给人一种别样的感觉,仿佛仅是为了改变别人对其原有的印象,因而很多老师都不愿主动与他交往,认为王某不合群。虽然王老师在学校里有一个还算能合得来的同事,但是在其他老师眼中,他们俩的性格相近,志同道合。

 现象分析

案例中王老师不愿与人交往,是一种主观上的逃避状态,即便与人交往也因缺乏热情和活力而不合群。孤僻者通常就是表现为独来独往,离群索居,对他人怀有厌烦,鄙视的心理;凡事与我无关,漠不关心,与人交往缺少热情,活力,显得漫不经心,敷衍了事。他们通常将自己与外界隔绝开来,很少或根本没有社交活动,除了必要的工作、学习、购物以外,大部分时间将自己关在家里,不与他人来往。

孤僻者都很孤独,没有朋友,甚至害怕社交活动,因而是一种环境不适的病态心理现象。孤僻对人的身心健康十分有害,这种消极情绪长期困扰,也会损伤身体。通常所说的不合群就是孤僻,当别人因自己行为怪癖而不愿理睬自己、回避自己时,就会产生失落感而显得孤僻;当与人交往时受到冷落或讥讽侮弄时,就会产生自尊心受伤感而更加不愿与人交往;当自己受到挫折而他人无动于衷甚至幸灾乐祸时,就会对人怨恨甚至敌视而更加自我封闭起来。孤僻的心理形成原因比较复杂,既有个人生理、心理上的原因,也有家庭、学校和社会因素的影响。父母的责骂、同事的嘲笑、社会舆论的评头品足、说长论短,都会增加心理压力,诱发孤僻心理。

 心理解读

长期的自觉或不自觉的自我封闭,极容易形成孤僻心理。孤僻,指不能与人保持正常关系、经常离群索居的心理状态。孤僻是孤寡、怪癖而不合群的人格表现的缺陷,给人一种内向的感觉。

心理专家指出,孤僻症的心理有如下特点:

(1) 普遍性。即各个年龄层次都可能产生。儿童有电视幽闭症,青少年有性羞涩引起的恐人症、社交恐惧心理,中年人有社交厌倦心理,老年人有因"空巢"和配偶去世而引起的孤僻型心理障碍。

(2) 非沟通性。有封闭心态的人不愿与人沟通,很少与人讲话,不是无话可说,而是害怕或讨厌与人交谈。他们只愿意与自己交谈,如写日记、撰文咏诗,以表志向。

(3) 逃避性。有些人在生活、事业上遭到挫折与打击后,精神上受到压抑,对周围环境逐渐变得敏感和不可接受,于是出现回避社交的行为。

那么,孤僻症是怎样形成的呢?

(1) 幼年的创伤经验。父母离婚是威胁当代儿童精神健康的重要因素之一。此外,父母的粗暴对待,伙伴欺负、讥讽等不良刺激,使儿童过早地接受了烦恼、忧虑、焦虑不安的不良体验,会使他们产生消极的心境甚至诱发心理疾病,缺乏母爱或过于严厉、粗暴的教育方式,子女得不到家庭的温暖,会变得畏畏缩缩、自卑冷漠,过分敏感、不相信任何人,最终形成

孤僻的性格。

（2）交往中的挫折。由于缺乏必要的社会交际技能力和方法，使得他们在人际交往中遭到拒绝或打击，如耻笑、埋怨、训斥，使他们的自主性受到伤害，便把自己封闭起来。越不与人接触，社会交往能力就越得不到锻炼，结果就越孤僻。

拓展链接

马斯洛曾指出，如果一个人被别人抛弃或拒绝于团体之外，他便会产生孤独感，精神会受到压抑，严重的还会产生无助、绝望的情绪，甚至走上自杀的道路。

孤僻与孤独不同。孤独是指孤单寂寞的心态，通常渴望与人交往，也不存在厌烦他人、对他人有戒备的心理，在与人交际时一切如常，绝不会有做作使人感到不舒服的表现；而孤僻则是一种人格表现缺陷，尽管自视甚高，常显出一副瞧不起人的样子，但内心虚弱，害怕被人刺伤，因而不愿与人交往，在不得不与人交际时，也显得行为怪僻、奇特和做作，常会给人一种神经质的感觉。

孤僻已经成为成功的一道门槛，它把个人与外界许多美好的事物隔离开来，尤其是瞬息万变的今天，我们如果依然固守自己那封闭的领土，拒绝交流，最终将被社会拒绝，成为孤独城堡中的孤独之王。

调适策略

如何克服孤僻心理呢？应注意做到以下几点：

1. 完善个性品质

孤寂封闭的性格，是在生活环境中反复强化逐渐形成的。具有自我封闭性格的人，兴趣狭窄、清高孤傲，难以融入集体。要努力克服孤傲的心理，增加心理透明度，以开放的心态主动与人交往，吸纳别人的长处，享受、体会人际交往的情意和欢乐。

2. 正确评价自己和他人

孤僻者一般不能正确地评价自己，要么总认为自己不如人，怕被别人讥讽、嘲笑、拒绝，从而把自己紧紧地包裹起来，保护着脆弱的自尊心，要么自命不凡，认为不值得和别人交往。孤僻者需要正确地认识别人和自己，多与别人交流思想、沟通感情，享受朋友间的友谊与温暖。还要正确认识孤僻的危害，敞开闭锁的心扉，追求人生的乐趣，摆脱孤僻烦恼。

3. 培养健康情趣

健康的生活情趣可以有效消除孤僻心理。利用闲暇潜心钻研一门学问，或听听轻快放松的音乐、练练书法、参加体育锻炼等等，都有利于消除孤僻。

4. 学习交往技巧

看一些交往方面的书籍，学习交往技巧，同时多参加正当、良好的交往活动，在活动中逐步培养自己开朗的性格。要敢于与别人交往，虚心听取别人的意见，同时要有与任何人成为朋友的愿望。这样，在每一次交往中都会有所收获，纠正认识上的偏差，丰富了知识经验、获得了友谊、愉悦了身心，会重树你在大家心目中的形象。可以先从结交一个性格开朗、志趣高雅的朋友开始，处处跟着他学，并请他多多提携。

5. 树立坚定的事业心和奋斗目标

一个有所爱、有所追求的人，不会孤寂；一个为事业忙碌的人，也不会孤僻。因此，要树立坚定的事业心和奋斗目标，为之努力拼搏，孤僻自然会被热情所淹没。

问题七　祸从口出，流言止于己

××学校语文教师 A 老师平日里，喜欢与同事聊天，也爱唠叨，喜欢对别的同事评头论足，她好像清楚每一位老师的底细，熟知每一位老师的弱点。有一次，听 A 老师说起数学教研组里 B 老师，B 老师在去年下半年评上了高级职称，说好了要请数学组的老师们吃个饭，以表示在平时的工作大家对她的关心和支持，结果隔了好长时间，数学组的老师没能如愿吃到这顿饭，A 老师就谈起，自他认识 B 老师以来 B 老师就是一个相当吝啬的人，前几年，因为学校办公条件不好，好多老师都在一个相当于教室这么大的房间里办公，很多老师会带些瓜子、水果等一起吃，B 老师从来都是只吃别人的，也不带些东西与大家分享。

A 老师是一个喜欢背后说人闲话的人，他的嘴可能不愿闲着，到处打听周围同事的隐私，并乐于制造、传播一些谣言，或有企图从中获得些什么。而且，在他的心中，任何人都不在话下，而他自身却没有什么所长，这种人不可怕但让人讨厌。

有句老话说得好："谁人背后不说人，谁人背后无人说。"这说明背后议论他人是一种比较普遍的现象。

在现实生活中，人们热衷于或嫉妒的论人短长，其实并非出于恶意，大多只是一种心理转移，没有什么目的性，"没事找事"或者是排解自己的压力。有调查显示，朋友、同事等认识熟悉的人往往是自己议论得最多的人，而且许多是负面评价，但这不代表我们讨厌他们，只是因为彼此很熟，潜意识中觉得危害较小。但是，背后说人闲话并不是一种好的解压方法。而且，如果总是在背后说人长短，就是真有心理问题了。这类人的性格特点是比较偏激的，对事物带来的消极后果有放大趋向，而且不容易将其消极体验及时宣泄和排解。天生猜疑、敏感、过分依赖别人，这种不健康的性格往往会形成人际交往障碍，不能与人为善，朋友关系不持久、不牢固。

性格和情绪上的偏激，是做人处世的一个不可小觑的缺陷，是一种心理疾病。它的产生源于知识上的极端贫乏，见识上的孤陋寡闻，社交上的自我封闭意识，思维上的主观唯心主

义等等。偏激的人以绝对的、片面的眼光看问题。总是以偏概全,评论别人,喜欢钻牛角尖,对人家的好意规劝一概不听不理。

偏激、爱钻牛角尖的人思维是单向的、封闭的、经验型的、定势的。他们一年到头过得很累,不是跟别人较劲,就是跟自己较劲,常常处于不良情绪状态之中,过得一点也不快乐。他们遇到的最大麻烦来自于人际关系。由于偏执、固执,容易出口伤人和沟通不畅,他们很难与人建立积极有效的人际环境,同事会对这样的人敬而远之,领导为了避免麻烦不敢委以重任,他们也许因此失去很多机会。

我们生活在一个越来越不忽视功利的环境里,倘若一味地求全责备而不认同别人的一点瑕疵,这样的人最终宛如凌空在高高的山顶,会因缺氧而窒息。

拓展链接

学校相对是一个单纯的集体,在教师与教师间相处中,带有目的性意图很少,在自己与其他教师间接触的时候也要巧妙处理,处事时多思考,多听他人意见或建议,少说话多做事,还有就是正确看待自己和他人,善于与其他老师合作,要相信一个人的力量永远比不过一群人的力量,自己适时低头,是为了下次更完美的展示自己。

我们生活在一个越来越不忽视功利的环境里,倘若一味地言语中伤别人而不肯接受别人的一丝见解,这样的人最终会陷入世俗的河流中而难以向前。

宽容不但是做人的美德,也是一种明智的处世原则,是人与人交往的"润滑剂",常有一些所谓厄运,只是因为对他人一时的狭隘或刻薄,而在自己的道路上自设的一块绊脚石罢了;而一些所谓的幸运,也是因为无意中队他人一时的恩惠或帮助,而拓宽了自己的道路。

人与人之间的关系犹如"人"字一样,人字的结构就是一撇与一捺的相互支撑,少了一半,另一半也就失去了平衡,失去支点而垮掉,就是因为各支撑半边天,"人"字就竖立起来了,和谐也便更容易了。要保持人与人之间的长期和谐是很困难的,现实可以朝着理想前进,却难以完全达到,中途转向或偏航是常有的事。马克思曾说过:"真理占有我,而不是我占有真理。要相信,真理虽有时会变得暗淡,但它是永远也不会熄灭的。"

调适策略

同事是与自己一起工作的人,与同事相处得如何,直接关系到自己的工作、事业的进步与发展。教师与同事的关系是极其重要的。教师要培养自己良好个性,要知道独立、热情开朗、耐心细致、沉着冷静、诚实正直、温和宽厚都是一位优秀教师必备的性格特征。

(1)良好的同事关系是教师个人成功的条件。教师的劳动成果是集体的,教师的所有努力都是为了学生,而一个德、智、体全面发展的学生必然是全体教师工作的结果。因此教育工作的本质决定了教师之间必须是合作的,教师集体的成功是教师个人成功的条件。

(2)良好的同事关系是教师个人成长的重要环境。教师群体是教师个人成长发展的最微观和直接的环境,教师之间的互相切磋、互相帮助,使教师增长教学才能和教育智慧。

(3)良好的同事关系有利于教师的心理健康。处理好同事关系,在礼仪方面应注意以下几点:

（1）不在背后议论同事的隐私。每个人都有隐私,隐私与个人的名誉密切相关,背后议论他人的隐私,会损害他人的名誉,引起双方关系的紧张甚至恶化。

（2）尊重同事。相互尊重是处理好任何一种人际关系的基础,同事关系也不例外。同事关系以工作为纽带,一旦失礼,创伤比较难愈合。所以,处理好同事之间的关系,最重要的是尊重对方。

（3）对同事的困难表示关心。同事有困难,通常首先会选择亲朋好友帮助,但作为同事,应主动询问。对力所能及的事应尽力帮忙,一句暖人心的话语也会增进双方的感情,使关系更加融洽。

（4）对自己的失误或同事间的误会,应主动道歉说明。同事之间经常相处,一时的失误在所难免。如果出现失误,应主动向对方道歉,征得对方的谅解;对双方的误会应主动向对方说明,不可"小肚鸡肠",耿耿于怀。

（5）嘴巴要紧,肚量要大。俗话说得好:"病从口入,祸从口出。"因此,上班时,尽量多做事少说话。这样做既可以让自己多积累工作经验;又可以让繁忙的工作冲去多余的时间,避免无聊时,闲谈别人的是非。即使在工作之外,也不对同事评头论足,要知道谁是谁非,大家心中自然明了。同事之间相处久了,难免碰碰磕磕,诸如此类小事,不要计较。得饶人处且饶人是最明智的抉择。多一点反省,予人快乐,予己方便。

在一个同事面前不要说另外一个同事的坏话,要坚持说人的好话,别担心这好话传不到对方的耳中。如果有人在你面前说其他人的坏话,你要保持正常的微笑,不参与评论。

避免与同事公开对立,包括公开提出反对意见,激烈的更不可取。都知道一个道理:两虎相争,必有一伤,坚持具备平衡的做人处事能力就会自然化解反对意见。

要克服偏激,只有对症下药,能有效地克服这种"一叶障目,不见泰山"的偏激心理。要治疗偏执心理,首先要知道偏执心理的一些防治原则:

（1）要学会虚心求教,不断增长自己的见识。别人的长处应该尊重和学习,认识到自己在阅历上的肤浅。培养自己全面客观地看问题,遇到问题不急不躁,冷静分析。

（2）学会怎样与人和谐相处。在人际交往中,和谐地与人相处能够培养一个人的团队精神和合作能力,增强自控能力,减少武断和鲁莽行事。

（3）积极接受新的事物,对世界保持新鲜感。人只有养成了渴求新事物,乐于接触新人新事的习惯才能不断地提高自己,减少自己的无知和偏执。

祸从口出,流言止于己。要学会心平气和地、宽容地、留有余地地、全面客观理智地看待问题,对待他人,这才是健康人生的上策。

问题八　教师间角色差异产生的矛盾

案例呈现

A老师,初三（5）班的班主任,有一天下午,她正在办公室给学生批改作业,"给我进来",

声音刚落,办公室的门给推开了,B老师左手拽着一个A老师班的学生胳膊,来到了A老师办公桌旁,"A老师,你好好管教一下你班级的这个学生,都快中考了,上课不好好听讲,用手机在看电子小说,逮到他看的,偏不承认,还和我顶嘴,我管不了这么多,今天这个学生必须向我道歉,把学生交给你,你来处理吧。"说完就朝办公室空位上坐了下来,翘着腿,非常气愤的样子。A老师是相当的无奈,心想,多大一点事情,没必要搞这么夸张,就不能自己好好解决一下吗。什么事情都往班主任身上推,还让不让我们喘口气了。

现象分析

从案例中看出B老师敏感、多疑,甚至出现了偏激的心理情绪,感觉到自己在上课时被学生轻视,因为学生不听讲玩手机,可以说是课上受到了打击。进而带着错误学生到班主任处论理,导致了班主任和任课教师关系不协调,其实矛盾主要还是集中在对学生的管理态度和管理行为上。

首先,从班主任的角度来看,大部分班主任认为,有些任课教师处理突发事件的能力欠缺,一遇到棘手的事情,就是让学生"叫你们的班主任来",而不是积极地主动想办法,及时解决问题,而是直接把矛盾转移,把责任推给班主任老师。班主任也是常常责怪任课老师,总觉得任课老师这不行,那不行。

其次,从任课教师的角度来看,任课老师的烦恼,当课堂纪律出了问题一般都是自己想办法处理了,实在有困难才和班主任联系,有时得不到班主任的支持,心里真的很烦躁。任课老师带的班级多,经常从这个教室出来,接着走进另一个教室,基本上没有时间和班主任老师交流。

有些任课教师的眼睛只盯在自己的教学任务上,只求把一节课画圆,对学生的课堂纪律、学习习惯、行为举止是很少过问,只教书不育人,从某种程度上反而助长了学生的坏习惯。教学成绩上不去,这些任课教师就把怨气撒向班级,撒向班主任。

一天除去休息时间,大部分时间都是和同事在一起相处的,工作在生活中占很大一部分内容。在学校里班主任与任课教师搭配和谐,工作轻松愉快,对教师生命的质量就是一种提升。

 心理解读

偏执型的人的行为特点常常表现为:极度的感觉过敏,对侮辱和伤害耿耿于怀;思想行为固执死板,敏感多疑、心胸狭隘;不是寻衅争吵,就是在背后说风凉话,或公开抱怨和指责别人;自以为是,自命不凡,对自己的能力估计过高,惯于把失败和责任归咎于他人,在工作和学习上往往过其实。不信任别人的动机和愿望,认为别人存心不良;不能正确、客观地分析形势,有问题易从个人感情出发,主观片面性大。

教师之间其实都渴望被理解,可是在现实生活中,绝大部分的矛盾就是由于互不理解而造成的。很多教师都会认为自己做的是正确的,当两个人的意见不一致产生冲突时,如果双方各持己见,那对方多半就以为自己的想法或做法得不到尊重,所以出现了这种就很难继续交流、沟通下去了。

有些任课教师对管理学生存在认识上的误区,心态上没有摆正好,有些偏执,认为班主任是拿了班主任津贴的,管理班级理所当然就是班主任的事情。我在你班级上课,纪律不好就是班主任没有管理好自己的班级,是班风存在问题。任课教师一味地责怪班级班风不正,而不在自己的教育教学水平上找问题,这能和谐共事吗?

拓展链接

生活在复杂的大千世界中,因学生引起的教师间的冲突和摩擦是在所难免的,这时必须要忍让和克制,不能让敌对的怒火烧得自己晕头转向,肝火旺盛。在现实生活中,人们所遭遇的烦恼将近一半左右是出于自己头脑中的想象,而剩下的一半才要靠智慧和力量去解决。

爱默生曾说过,"你信任谁,谁就会信任你;你待别人高尚,别人也会高尚地待你。"

调适策略

班主任既是一名普通教师,又是一个班集体教育工作的组织者和领导者。因此,班主任除了努力完成自己的教学工作任务外,还要注意团结其他任课教师,注意听取他们的意见,发挥他们的作用,形成一种合力共同搞好班级的工作,切不可把班集体视为自己的"势力范围"而排斥其他的老师。任课教师也应该主动地将自己的教学工作与班级工作结合在一起,主动帮助和配合班主任搞好工作,及时反映情况,积极出谋划策,为培养学生尽心尽力,不能认为教育和管理学生都是班主任一个人的事。

教师必须重视自己的礼貌言行,要对同事人格上的尊重,工作上的支持合作。教师还要做到谦虚,虚心向他人请教,虚心对待别人的意见和建议。

搞好班主任和任课教师的关系,关键还是尊重、交流和支持。班主任主动在学生面前树立任课老师的威信,使学生亲其师,信其道。利用家长会等形式介绍任课老师,让学生家长熟悉任课老师,加强学生和家长对任课教师的尊重。

在班级组织重大活动时邀请任课老师参加。在春节、元旦、国庆节、教师节等传统节日来临之时,班委会代表全班给任课教师致以节日的祝福。特别是在教师节来临的那一天,当任课老师走上讲台,听见学生真诚的话语:祝老师节日快乐!

竞争作为社会发展的重要动力,无论是对群体还是对个人,只要条件适当,就能起到促进作用。但是这并不意味着竞争就是一切,或者说,同事之间就只存在竞争的关系。实际上,竞争与合作是实现集体目标的两个基本条件,缺一不可。在鼓励教师增强竞争意识的同时,还要强调从两个方面正确对待竞争:

1. 强化班主任与任课教师之间的合作精神,"相互补台,不拆台"

在提高教育教学质量的同时,也更加需要强调教师间团队的合作精神。因为只有通过合作,才能更好地形成合力,促进教育系统功能的改进与完善,从而更好地实现学校的育人目标。为了搞好工作,班主任必须与任课教师处好关系。我国著名教育家叶圣陶指出:"教师之间要团结无间,互相配合。"

2. 克服"文人相轻"的弱点,增强同事间的团结

"文人相轻"是封建社会遗留下来的一种坏习气,指的是文人之间互相轻视、贬低的不良

习气。这一现象的存在同知识分子劳动的特点有关。教师是知识分子的一部分,教师的劳动也具有较强的个体性和创造性。不同的教师在教学方法和教学风格上存在着普遍的差异,在大多数情况下,这些不同的教学方法和教学风格在实际效果上都是各具特色、各有千秋的,因此在客观上具有自我肯定和自我欣赏的基础。如果缺乏自知之明,不能客观评价自己,很容易表现出妄自尊大、看不起别人,轻易否定其他教师的教育教学成绩,讽刺、打击获得各种荣誉的教师,夸大他们的缺点和不足等。这些都会影响同事之间的团结,也会对教学水平的提高产生不利的影响。

3. 班主任与任课教师间应多些宽容、多一分理解

古时候,一个丞相的管家准备修一个后花园,希望花园外留一条三尺之巷,可邻居是一个员外,他说那是他的地盘,坚决反对修巷。管家立即修书京城,看到丞相回信后的管家放弃了原计划,员外颇感意外,执意要看丞相的回信,原来丞相写的是一首诗:千里家书只为墙,让他三尺又何妨,万里长城今犹在,不见当年秦始皇。员外深受感动,主动让地三尺,最后三尺之巷变成了六尺之巷。如果同事之间多一些宽容和理解,同事关系也就不会那么难处了。

话题三　家校关系

问题一　对学生在课堂上进行管理如何取得家长的支持

 案例呈现

陈老师,女,是一名高级教师,任教物理课,工作了近30年。有一天陈老师一直闷闷不乐,原来一新生班的班主任告诉她,一位家长打电话给校长,说物理课上,陈老师骂了他女儿倩倩,现在怎么劝都不肯去上学,并指责老师不该骂学生。后来经调查了解,陈老师在课上对学生张某多次大声说笑的行为,进行了严厉的批评教育,张某不仅不虚心接受,还和老师争吵,骂老师,老师一气之下说了她"没家教",家长知道后觉得老师不仅骂了他们,自己的女儿也受了委屈,非要陈老师向他们道歉,否则要么换老师,要么就不上物理课。陈老师感到很寒心,心想自己也算是一名受人尊敬的老教师了,获得荣誉无数,难道就该忍受学生的无理辱骂?再说,这位家长应该先和她沟通,了解情况,共同教育孩子,而不是动不动就先和校长说,况且,她批评学生张某,也是为她好,提醒她遵守课堂纪律,作为家长不仅不引导自己的孩子,还不分青红皂白袒护她,助长孩子的任性,太不给力了!一想到这,平时兢兢业业工作,已年近50的陈老师就气愤,感到心烦和郁闷。

 现象分析

现实中家长、教师之间诸如此类的"摩擦"屡见不鲜,绝大多数家长能积极有效地配合和支持学校、老师,但也有些家长不够通情达理,对教师有偏见,消极抵制或莽撞无礼。经常听很多教师抱怨说,现在的学生难教育,家长也很不讲理,家长对教育孩子推卸责任,家长不配合教师的工作,家长素质太差,孩子的问题告诉他们不仅得不到支持和解决,反而适得其反等等。也有些家长对老师抱有成见,在网上就有学校班主任教师在处理学生问题的时候被家长暴打的消息,甚至有更极端的事情发生。

陈老师是一位受人尊重、经验丰富的老教师,在课堂上严格管理学生,履行了作为一名

教师的职责,是理所应当,值得表扬的。面对屡教不改的、尤其是在全班同学面前辱骂她的学生,陈老师的自尊受到极大伤害,一时气愤说了过激的话。而少数学生,尤其是职业学校的新生,不适应新学校的管理,且由于她在初中属于经常被管教的对象,存在自卑感,内心又渴望得到尊重,对老师的批评比较敏感逆反。作为家长一般来说还是希望学校严格管理,但是倩倩的爸爸认为自己没有得到老师的尊重,不仅不对孩子进行教育,还纵容孩子的错误行为,在这件事上吹毛求疵,居然告到校长那里,损坏她的形象,尤其不能让陈老师忍受的是家长逼她道歉,这对于勤勤恳恳工作几十年的陈老师来说无疑是一种侮辱,家长这种苛刻要求令陈老师非常寒心和苦闷,觉得自己吃力不讨好,遇到这样不讲理的家长。

 心理解读

现在,许多家长对教师要求越来越高。要求教师不仅要有高超的学识水平、过人的教学技艺,还要具备优良的人格品质、高尚的道德情操。教师得小心翼翼地做人、做事、做表率。但教师首先是人,其次才是教师,这种过高的要求给广大教师背上了沉重的精神包袱。所以,要缓解教师的心理压力,教师应主动加强和家长的沟通和联系,争取家长的充分理解和支持。

陈老师的苦闷究其因在于家长对其严格教育学生、认真负责做法的不理解,从心理学角度看,属于教师人际关系中和家长关系的不协调。其实,老师和家长的出发点都是为学生孩子好,多数家长是支持、配合老师工作的,尊重老师的教育方法的,但也有少数家长总爱挑剔老师,不讲道理,对老师的教育不能理解和支持,正是家长对教师教育的误解,给老师带来了极大的心理压力。所以很多老师感慨:现在的学生越来越脆弱,家长越来越苛刻,教师越来越难当。出现这种现象的原因有哪些呢?

1. 教师和家长观念的冲突

由于教师和家长对教育的认知水平、看待问题的角度以及价值观、人生观、道德观存在差别,导致在对孩子的具体问题的处理上产生不一致,甚至发生冲突,家长和教师的关系处于一种紧张状态。即便教师和家长双方有接触,但彼此不能很好地沟通,二者之间的关系仍会陷入僵局,甚至是一种对立。比如,有的教师把学生的缺点错误当成教师"召见"家长的资本,不尊重家长,对家长进行嘲讽,甚至迫使学生转学、退学等。而家长也把教师工作中的失误当成家长手中的把柄,动辄上告、反映,刁难老师,把所有的问题都归结于教师,诸如嫌老师作业布置太多,影响孩子睡眠;对老师放学后留下来补作业,表示不满,耽误了孩子回家和吃饭等等。在这种情况下,根本谈不上家庭与学校密切配合、协调发展。

2. 教师心态存在问题

我们有些教师在与家长交往的过程中,不能摆正心态,高高在上,师道尊严,认为凡是和老师意见不一致的,凡是不照老师要求去做的,都是素质差、不讲理的家长。有些老师还存在轻视,甚至蔑视学生家长,如"我们班级的家长多是打工的""我们家长很多是做生意的,素质很差"。

作为家长不是教师的教育对象,家长是教师、学校的教育伙伴,家长在其子女的教育过程中与教师具有完全平等的伙伴关系,家校沟通也只能以这种平等的伙伴关系才能达到理想的目的。我们要端正态度,考虑家长的可接受性,不要把家长推到自己的对立面去。

3. 教师在家校沟通关系上缺乏主动意识

教育学生是教师必负的社会责任,教师要和所教学生的家长建立友好的关系。有些教师认为家校沟通应该是家长主动配合学校、老师,老师本来工作就很忙,面对的又是好几个班的学生,再说,孩子毕竟是家长的,家长更应该主动关心。在这种观念指导下,沟通不是双向交流,往往是单向告知,而且老师总是强调:"我这么做都是为你家孩子好",这让家长感觉到在教育孩子的过程中,家长像是一个旁观者。

4. 家长本身的教育知识和素质欠缺,教育观存在偏差

学校教育离不开家长的配合和支持,家长在学生和老师之间应该起到桥梁作用,绝大多数家长能够积极有效的配合和支持学校,但也有些家长对老师存有偏见,不够通情达理,有些家长过分溺爱袒护孩子,甚至蛮横无理,不尊重教师,陈老师面对的就是这样的家长。

 拓展链接

1. 尊重需要

美国心理学家马斯洛的需要层次理论,在1943年其著作《动机论》中提出,认为人的需要可以分为五个层次,它们依次是:生理的需要、安全的需要、归属和爱的需要、尊重的需要和自我实现的需要。

尊重的需要包括自尊、自重和被别人尊重的需要,具体表现为希望获得实力、成就、独立和自己,渴望,希望得到他人的赏识和高度评价。这些需要的满足可以增强人的自信心和自豪感,如受挫则会产生自卑感等。

2. 家校合作

著名教育学家苏霍姆林斯基说过:"最完备的教育是学校与家庭的结合。"

我国研究家校合作的专家马忠虎认为,家校合作就是指对学生最具影响的两个社会机构——家庭和学校形成合力对学生进行教育,使学校在教育学生时能得到更多地来自家庭方面的支持,而家长在教育子女时也能得到更多地来自学校方面的指导。这一概念把家校合作所涉及的范围界定在学校和家庭两个领域。而美国的霍普金斯大学"家庭—学校—社区"研究专家艾普斯坦在《从理论到实践:家校合作促使学校的改进和学生的成功》一文中,又把家校合作的范围扩展到社区,指出家校合作是"学校、家庭、社区合作",三者对孩子的教育和发展负有共同的责任,同时三者对孩子的教育和发展是相互影响的。

苏霍姆林斯基说过"生活向学校所提出的任务是如此复杂,以致如果没有整个社会,首先是家庭的高度的教育学素养,那么不管教师付出多大的努力,都收不到完美的效果"。

亚里士多德曾经说过"整体大于部分之和"。系统论的创立者贝塔朗菲,反对"要素好,整体一定好"的机械论观点,按照现代系统论的观点,任何一个系统都是一个有机的整体,它不是各个部分的机械组合或简单相加,系统的整体功能将超越各个孤立要素的机械累加。学校教育、家庭教育和社会教育正是这样一个教育系统。他们三者的关系总的说来,是由不同的教育者,在不同的教育时段和不同的教育环境中,对同一个未成年人共同完成个体社会化的教育过程。

家校合作的问卷调查:

尊敬的家长:您好!

父母是孩子的第一任教师,也是孩子学校教育顺利完成的重要保障。开展家校合作活

动则是顺利实现孩子接受良好教育的重要桥梁。为了更好地关注我们孩子的成长,更为有效地开展家校合作活动,提高学校教育教学质量,我们设计了以下问卷来征询您的意见和建议。请您仔细阅读下面的内容,并根据自己的切身体会选择其中一项或几项。感谢您在百忙之中填写本问卷,我们对您的调查是无记名的,绝对保密。

您的户籍所在地_____;职业_____;文化程度_____;孩子就读年级_____。

1. 您经常参加学校里的活动吗?大概是(　　)
   A. 半月一次　　　B. 一个月一次　　C. 两个月一次　　D. 一学期一次
2. 您认为目前学校和家庭方面的合作活动开展的程度如何?(　　)
   A. 不够　　　　　B. 一般　　　　　C. 还行　　　　　D. 很好
3. 您一般是参加一些什么样的活动(可多选):(　　)
   A. 家长会　　　　　　　　　　　　B. 班级层面开展的活动
   C. 学校层面开展的活动　　　　　　D. 配合教师的家访活动
4. 您最喜欢参与哪种类型的家校合作活动?(　　)
   A. 能增进对孩子的了解的活动
   B. 能从学校获得各种知识(如育儿知识)的活动
   C. 能增进对教师和学校办学的了解的活动
   D. 能为学校发展出谋划策、提供帮助的活动
5. 在您看来,开展家校合作的最终意义是?(　　)
   A. 提高考试成绩,考上更好的学校
   B. 更全面地了解孩子,因材施教
   C. 了解孩子成长中的问题,有针对性地改进
   D. 增进亲子、亲师间的感情
6. 您对孩子在学校里的情况是否了解?(　　)
   A. 很了解　　　　B. 基本了解　　　C. 不怎么了解　　D. 了解甚少
7. 您对学校的常规管理是否满意?(　　)
   A. 满意　　　　　B. 不太满意　　　C. 不满意　　　　D. 很满意
8. 您最喜欢的家校联系方式是(　　)(可以多选)
   A. 家访　　　　　B. 家长接待日　　C. 接送孩子时交流　D. 家校联系手册
   E. 家长会　　　　F. 电话联系　　　G. 电子邮件等网络联系方式
   H. 亲子活动　　　I. 校讯通
9. 您对家校联系、家校合作的程度是否满意?(　　)
   A. 满意　　　　　B. 不太满意　　　C. 不满意　　　　D. 很满意
10. 请您定期参加老师组织的课堂教学活动,您愿意吗?(　　)
    A. 愿意　　　　　B. 不太愿意　　　C. 不愿意　　　　D. 无所谓
    E. 农民工子女和进城务工所在地孩子接受的教育不一样
11. 请您定期参与学校的日常管理活动,您愿意吗?(　　)
    A. 愿意　　　　　B. 不太愿意　　　C. 不愿意　　　　D. 无所谓
12. 您平时会去关注孩子所在学校所发生的事情吗?(　　)
    A. 不会　　　　　B. 会关注一些　　C. 不怎么关注　　D. 经常关注

13. 您侧重于关注孩子所在学校哪方面的事情？（　　）
    A. 学校的声誉　　　B. 学校的招生　　　C. 学校开展各种校内外活动
    D. 教师的教育教学情况　　　　　　E. 学校的管理情况
14. 请您列举家校合作中存在的不足和困难：
    1.
    2.
    3.
15. 请您谈谈改进、创新家校合作的宝贵建议：
    1.
    2.
    3.

 调适策略

不可否认，现在的家长在家庭教育和学校教育的问题上存在着不一致的因素，家长对孩子的溺爱宠爱，对孩子成长责任感的缺失，家长和教师在孩子教育过程中扮演的不同角色等等，都会导致学校教育被打折扣。但我们不能因此而推卸作为教育者的责任，家长不是教育家，教师不能指望他们用教育家的眼光来看待教育，用教育家的方式来对待学生。

《古兰经》里面的一个经典故事：一天，有人找到一位会移山大法的大师，让其当众表演一下。大师在一座山的对面坐了一会儿，就起身跑到山的另一面，然后就表演完毕，众人大惑不解。大师道：这世上根本就没有移山大法，唯一能够移动山的方法就是：山不过来，我就过去。现实世界中有太多的事情就像"大山"一样，是我们无法改变的，或至少是暂时无法改变的。"移山大法"启示人们：如果事情无法改变，我们就改变自己。我们先改变自己，然后再尝试着改变家长和孩子。

所以，老师在无法得到家长认同时，先放下架子，改变一下自己态度及其与家长交往的能力和技巧，以使我们和家长的关系得到改善。

1. 在交往态度上，教师要做到两点：
（1）对学生的爱——一是与家长有效沟通的基础

以关心孩子的态度同家长保持经常性接触，尤其是对那些个性较强、逆反心较重的学生，要加强引导，耐心教育，对学生错误的言行给予最大的宽容。因为老师和家长爱学生的方式、内容不同，这就需要沟通，真正对孩子的爱不仅孩子会感受到，家长也会通过一些事情深刻地感受到。

有一位教师在和家长的谈话中讲到"孩子是你的，学生是我的。"这就向家长传递一个信息，那就是孩子在我这和在您那同样重要，我们对孩子的关爱是相同的。

（2）真诚的合作——是与家长有效沟通的前提

首先是了解。了解应是双向的，一方面是教师要了解学生家长，要了解学生的家庭情况，家长的性格特征，家长的受教育水平，家庭成员之间的关系，对不同类型的家长采取不同的沟通方式。可以给家长印发调查问卷，也可以在非正式接触时进行攀谈。另一方面是要让家长了解教师。可以在学期初的第一次家长会上，也可以用书信、家校联系本的方式。教师与家长保持联系,还要让家长了解学生在校的表现,及时向家长反馈学生在学校的学习、生活情况。

为了让家长了解教师的工作,教师还可以主动邀请家长到学校、进课堂,让家长了解和参与学生的学校生活,了解学生的学业情况,亲历教师的课堂教学过程和学生的课堂学习过程,提高家长对学校、对教师的信任程度。教师要谦虚、诚恳地请家长对自己的教育教学工作提出意见和建议,这是教师获取建设性意见,进一步改进教育教学工作方式方法,提高教育质量的重要渠道。只要教师和家长经常互通信息,及时掌握学生的学习、生活状况,教师就会得到家长的理解,避免家长对教师的教育不理解,专门找老师碴儿的现象。

其次是尊重。正确的"家长观"之核心是双方关系的平等,在双方交流互动的过程中,教师与家长应相互尊重,相互信任,教师需要学生和家长的尊重,家长也需要得到教师的尊重,教师和家长在人格上是完全平等的,在教育学生的问题上家长和教师地位也是平等的,不存在尊卑、高低之别。

教师首先应尊重家长在教育孩子上的努力,尊重家长的人格,特别是要尊重所谓"差生"和"不听话"孩子家长的人格。对教育过程中出现的问题,首先要从自己身上找原因,还要客观地分析问题的症结所在,公正地评价学生的表现和家长的家庭教育工作,与家长共同研究解决问题的方法。作为陈老师不要因孩子的不良行为而怪罪家长,要及时与家长沟通,主动向家长反馈情况,消除误解,争取家长的理解和支持,达成共识,最大程度减少因家庭教育中出现的诸多问题而导致的对学校教育功能的削弱。

作为教师,更不能训斥、指责家长,不说侮辱学生家长人格的话,不做侮辱学生家长人格的事。否则会造成教师与家长之间的隔阂甚至对立,损害教师的形象,降低教育效度。常言说:"敬人者,人恒敬之。"

有一位小学教师为了培养孩子的读书习惯,要求每个孩子写出读书笔记,并在家长会上通报给家长,并要求家长在读书笔记上对孩子的读书态度作出评价,但是效果并不理想,家长只是敷衍地签个名,老师通过换位思考,理解了家长的辛苦,并在每个学生的读书笔记上写上一段话"听孩子说,您的工作特别忙,而我对您的要求还那么多,深感抱歉,以后我会抽出更多的时间培养孩子的读书习惯""您能把孩子在家的读书态度及时与我沟通,我很感动,真心地想对您说一声辛苦了,以后让我们一起努力,一起付出",这封信起到了意想不到的效果,学期结束,老师为每一位家长准备了一张奖状"模范家长,以资鼓励",并要求孩子们回家后举行一个正式的仪式把奖状发给家长。

再次是真诚。老师要放下师道尊严的架子,把自己当成家长的朋友,那么与学生及其家长谈话就变得容易了,千万不要板起脸去教育或命令家长,这样反而很难寻求解决问题的途径。只有真诚以待,才能调动家长在教育过程中的主动性和积极性,使之愉快地与你合作。如果教师居高临下,盛气凌人,对家长不尊重,甚至训斥家长,把学生在学校发生问题的责任全推给家长,则容易使家长把压抑的怒气发泄到学生头上,反而会加深师生间的矛盾,不利于与家长的合作。

2. 注意与家长沟通的方式

(1)面对怒气冲冲家长要以柔克刚,以静制动。最重要的是,教师一定要沉得住气,时时保持超然、客观的态度,特别是当家长激动起来的时候,要降低你的音量,不要跟家长一起咆哮。多使用客套话,并想办法让他们冷静下来,合理的要求尽量满足,对不合理的要求要耐心沟通。

（2）教师要做到与家长互敬互信。要使家长领会教师的教育目的，切实地帮助孩子从教师那儿得到最大的教益。同时也要让家长明白，教师不是圣人，难免出现失误，言行也会有这样那样的不妥之处。家长要在理解老师的基础上去看问题，可以用合适的方式给老师指出来，诚恳地承认并重视孩子自身确实存在的缺点，给老师改正失误的余地，尽量地做到完美。

问题二　如何正确对待家长的过度热情

案例呈现

戴老师，是一名年轻的教师，担任初中班主任，对工作充满热情，在学生面前像个大哥哥，学生喜欢他，家长信赖他。可是，最近，戴老师整天愁眉不展，心事重重的。原来，班上有一名学生家长是做装潢生意的，孩子住校，他们根本无暇顾及孩子，对孩子的学习生活很少过问。他们希望戴老师能替他们去关心孩子，并多次送礼给戴老师，都被拒绝了。后来，戴老师在和家长的交谈中无意中说出自己要装潢新房，说者无意，听者有心，这位家长便主动提出帮戴老师装潢，戴老师为了省心省力，也就答应了，但是提出该付的钱一分都不能少。这之后，家长多次打电话给戴老师提出给孩子换座位、担任班干部、当三好生、让其他学科老师辅导他儿子等要求，戴老师坚持公平公正的原则，有的要求没能满足，这引起了家长的不满，他们认为戴老师是班主任，这些要求都是手到擒来，还摆架子，况且帮老师搞装潢，就是希望老师能对他的儿子更关照一些。一想到这，戴老师心里就不是滋味。心想：这个家长也太势力了，再说，班上50多名学生，班主任总不能只关注一个学生吧，早知这样就不要家长搞装潢了，现在真是后悔。

现象分析

戴老师虽然多次拒绝了家长的礼物，但因为年轻，涉世不深，对处理此类事情尚缺乏经验，加上可能存在着私心，对于家长的过分热情没有警惕，考虑问题不够全面。同时戴老师也希望一视同仁对待每一个学生，在班级管理中做到公平公正，不愿满足其过分要求，又因为接受了家长的好处，结果给自己套上了精神负担。戴老师还应在师德上加强修养。

而这位家长也许受社会上一些不良风气的影响，把和老师的关系建立在了金钱上，认为只有给老师好处孩子就能得到关心和厚爱，家长的一些要求就能得到满足，其实家长要是真的关心自己的孩子，常与老师沟通（电话或去学校），了解孩子的在校情况，做到时刻关注孩子就行了。

心理解读

1. 家长的功利心态

一直以来,很多家长都习惯了给老师送礼,希望老师对自己的孩子更好些,觉得不送礼办不成事,家长的这种心态是可以理解的,但这样做既不尊重老师,也不利于孩子的成长。

该家长主动提出为戴老师搞装潢,具有很强的功利性,实际上是变相的和戴老师做交易,潜台词即我帮了你,你应该对我的孩子另眼相看,提供更多的锻炼机会,给予更多的鼓励,也算买个心安。如果孩子有问题,家长可以理直气壮地说反正我给你帮了忙(或送了礼),你就要全面负责我的孩子的所有问题。

2. 老师的私心杂念

教师的工作自古以来就受人尊重,是因为这个职业里面有太多无法用物质衡量的无价的精神财富。如果要用交易(钱)来衡量,是对教师给予学生的关心、耐心的一种玷污,也是对老师劳动的不尊重。戴老师虽然没有花家长的钱,但作为教师在接受家长好处时,实际上就是给你对孩子原本无价的真情实意标上了价签,就像给门童小费一样,家长会从内心看不起老师。俗话说:"吃人的嘴短,拿人的手软"。戴老师应该坚持原则,不被诱惑,光明磊落,加强师德修养。

拓展链接

慎独:人格心理学有"核心特质"一说,指的是那些在构成人格方面起着主要作用的人格特点。如"慎独",作为一种核心特质,它可以派生出诸如:自律、自我约束以及严格要求自己等人格特点。慎独就是不欺暗室,指个人在独处无人监督时,有做不道德的事情的机会并且不会被人发觉的情况下,仍能坚持自己的道德信念,自觉地按照道德准则行事。师德修养水准的高低,取决于教师的内心信念和道德意志,取决于是否达到"慎独"的境界。

诸葛亮说过:"夫君子之行,静以修身,俭以养德。非淡泊无以明志,非宁静无以致远。"儒家有"八目"一说,归纳了古代读书人治学修身、化育天下的八个步骤——"格物、致知、诚意、正心、修身、齐家、治国、平天下"。其中,"诚意、正心、修身、齐家"四个环节都与提高个人道德修养关系密切,而"修身"至为切要。孟子所谓"浩然之气",正是君子修身的至高境界。"慎独"是古代儒家创造出来的自我修身方法。《大学》曰:"所谓诚其意者,毋自欺也。如恶恶臭,如好好色,此之谓自谦。故君子必慎其独也。"《中庸》曰:"君子戒慎乎其所不睹,恐惧乎其所不闻。莫见乎隐,莫显乎微,故君子慎其独也。""慎独"要求人们在独处时也能自觉地严于律己,恪守道德准则,自我反省,自我约束,自我监督,防止发生有违道德的欲念和行为,这是衡量自我修身取得成效的尺度。"慎独"在历代先贤的道德实践中发挥过重要作用,对今天的师德建设仍具有重要的现实意义。

"慎独"既是教师道德修养最高的精神境界,又是教师修养的重要方法。它要求教师在独处、无人监督的情况下,更加注意检点自己,严格要求自己。道德作为一定社会人们的行为规范,主要依靠社会舆论和人们内心信念来维持,但归根结蒂又是通过人们内心信念起作用的。因此,师德修养中"自觉"尤为重要,贵在"自觉",贵在"慎独",教师在道德修养中要努力"慎独",时时、事事遵守社会主义教师职业道德。

 调适策略

1. 加强自律,避免"隐""微"

教师的职业要求我们做到不但教书,而且育人。这就要求我们言行一致,身体力行,事事处处做学生的榜样和模范。在现实生活中,做到"一尘不染",不受负面影响,做好教书育人的工作,并不是容易的事。别人看不到听不到的地方,别人看不到听不到的时候,正是我们锻炼自己师德品格的机会,是自我道德修养的磨石。所以,我们要从细微处,从无人处锻炼自己的廉洁的师德,自觉履行师德规范,养成良好的师德行为习惯,设起教师的"人格防线"。有了这种习惯,就无需外来的制裁和强制的压力来推动师德行为。

注重慎独,要在"隐"、"微"、"恒"上下工夫:

(1)"隐",即是从隐处着眼。要求教师首先要把着眼点放到自己的思想深处,去寻找最隐蔽的角落里的不良思想和动机,一旦发现就赶紧把它抛弃,哪怕是学生和同行丝毫未觉察到的言行也不姑息。

(2)"微",即是从微处着手。教师应从从细微之处着手,抓住一个微字,不放过自己每一点有损教师形象的错点。只要我们工作和生活中稍不检点,就会失去教育人的权力。

(3)"恒",即是从恒字着力。教师应着力于一个恒字,做到终身不改初衷,生命不息,修养不止,持之以恒、善始善终,通过慎独使自己的师德逐步达到完善的境界。

2. 加强师德修养

师德是教师的根本,师德修养比教师知识和能力更重要,师德的缺失不仅不利于学生的发展,也不利于教师与家长的有效沟通,从而产生越来越大的隔阂。其实,教师更呼唤家长源自内心的尊敬。面对送礼、给好处的家长,教师应为人师表,不被诱惑,维护自己的尊严,维护教育的公平公正,给家长树立榜样。家长的态度会直接影响到孩子,如果学生知道老师是收了父母的好处才对自己好的,就会失去对老师的尊重、信任和喜欢,就会贬低自己的劳动价值,老师的教育就失去了效果和意义,和家长、学生的关系也会陷入尴尬局面。因此,教师要以自身高尚的师德影响学生和家长,和他们一起共同分清是非曲直,分析个人的需求和意愿有哪些在我们这个时代被社会认定是合理的、积极的、不可或缺的;有哪些是悖理的、不可实现的等,通过自己的身体力行为人师表。

作为教师平时应主动及时和家长联系沟通,让家长感受到你对孩子的关心,从而赢得家长的信任和了解,使老师和家长的合作关系向健康的方向发展。

问题三　如何面对家长会

 案例呈现

蔡老师,在一所以管理严格著称的职业学校担任高职班班主任,连续带了两届,8年。

最让她恐慌的是召开家长会,因为学校每年召开2次家长会,第一年家长还比较重视,老师也有话可说。可是到了第3年、第4年,都开了6次、8次,也实在没有什么内容可说,都是老一套,家长也乏味了,班上40名学生,连续几次到会的家长寥寥无几,家长找出各种借口,如工作忙、在外打工、单位不能请假等理由,不参加家长会,每次看着空荡荡的教室,蔡老师心都凉到了脚。更让她担心的是家长会上家长的种种表现,大声接打电话、控诉学校的合理管理、指责老师教学水平不好,孩子成绩受到影响,抱怨班主任管理不严等等。再想到学校有一位年轻老师曾经就是因为家长会上遭到家长的攻击,受到刺激,回家休息了半年,病情才好转。以后再给她带班,她都有恐惧症,班也带不下去。这些使得她对班主任工作失去了原有的热情,成了一种负担和包袱。现在她一想到要开家长会就恐慌,感到是一种煎熬,只想逃避,心想如果不开家长会该有多好?!怎样才能消除蔡老师的这种苦恼呢?

现象分析

蔡老师所带班级是五年制高职,在校四年8个学期,面对的家长会就是8次,老师家长都会存在"审美疲劳",即便是采取多种形式,也多是重复,无论在内容上还是形式上面临"枯竭",有江郎才尽的感觉,因而会产生逃避心理。

职业学校的家长受职业、思想水平、知识能力、教育观念等因素的影响,一般来说对家长会不是很重视,再碰上内容形式的枯燥和单一,很多家长借口各种原因,能不来就不来,这也是蔡老师最害怕看到的结果。

再加上蔡老师的同事曾因遭受家长的质疑和批斗,导致精神错乱,蔡老师也怕步其后尘,以防悲剧发生,心中不免忧心忡忡。

 ## 心理解读

蔡老师的心理焦虑主要源于对班级一年召开2次家长会的恐惧,只有真正了解了恐惧原因,才能克服对家长会的焦虑心态。

1. 家长会内容枯燥,形式单一

家长会准备不充分是主要原因。一般情况下,家长会在形式上主要是教师讲,家长听,教师告知家长学校的要求、子女的表现等,仅此而已,家长没有话语权,缺少老师与学生、家长的互动与沟通。时间久了,次数多了,家长也就不重视了,觉得参加不参加没什么大碍。蔡老师应在内容和形式上进行充分备课。

2. 家长恐惧批评

家长会应是班主任与家长相互沟通、交流切磋教育方法的有益活动,但家长会上班主任、任课老师往往只是泛泛地谈学生的表现,更多的是反映问题,讲学生的不足,当着众多家长的面直接点名批评学习差一些或习惯差一些的孩子的家长,然后再点名表扬优秀学生的家长,家长听得灰溜溜的。还有些班主任把家长请进办公室后就开始数落,家长从头到尾连说话的机会都没有,从头到尾都是接受批评训斥,真应了"儿子犯错,老子遭殃"这句话。这样的沟通方式,也是许多家长害怕开家长会的原因。俗话说:人活一张脸。同样坐在一个教室里学习,自己却因为孩子的"不行"在众多家长面前遭责,家长心里会是什么滋味?而家长更关心的是自己的孩子得到了哪些进步？取得了哪些成绩？获得了什么荣誉等。在很多家长的心中，孩子的错误和不完善意味着父母及家庭教育的失败，家长都希望听到老师对自己孩子称赞，也是对自己的一种肯定。

3. 教师的消极逃避心理

逃避心理是一种向现实妥协的心态。在竞争激烈的现代社会，如何保持健康的心理状态是相当重要的。许多研究心理健康的专家一致认为，心理健康的人，能以"解决问题"的心态和行为面对挑战，而不是逃避问题，怨天尤人。逃避是一种心理障碍，如果蔡老师能够积极面对困难，想办法去克服，克服逃避心理，也许存在的问题就迎刃而解了。

拓展链接

1. 利导思维

人的心理活动是处于良性循环还是处于恶性循环状态，完全由本人思维决定，凡是运用利导思维的，性格开朗，心情舒畅，这样能增强脑细胞的活力，收到延缓衰老的效果。那些陷入弊导思维去想问题的人，最容易导致自我伤害，自我折寿。利导思维就是遇到对自己不利的事情时，把思考导向对自己有利方面，即往积极、美好方面去想。

2. 逃避心理

就是回避心理，即在现实生活中，自己与社会及他人发生矛盾及冲突时，不能自觉地解决矛盾、冲突，而躲避矛盾、冲突的心理现象。

调适策略

1. 会前备课要充分

举行会议前要有充分准备，目的要明确，内容要充实，中心要突出。帮助家长了解学生在校情况；帮助家长了解学校的现状和有关政策规定；帮助家长了解学生将要面对的问题，和家长联手处理好孩子即将面临的事情，例如考试等；提前和家长进行沟通，互相了解学生在另一半时间和空间里的情况，使家长和老师都能更全面了解学生，对于部分家长对自己子女教育方式不妥的时候，教师可以给出指导方向，引导家长用更合理的方式教育和管理孩子，从而有效地完成学校与家庭的联系工作。

2. 做好家长会突发事件的预案，做到胸有成竹

老师要了解家长情况，为防止学生未通知到家长，老师会前应提前沟通联系，告之家长会的时间，以便家长安排，对家长能否到会做到心中有数。为防止某些家长的无理取闹、胡搅蛮缠等，老师要有应对措施，摆事实，讲道理，以理服人。

3. 丰富家长会内容和形式

分五个环节：第一，情况说明；第二，表演：事先准备好几组小品、短剧或歌曲，让家长看到自己孩子的更多地闪光点，学会欣赏和理解自己的孩子。第三，畅所欲言：设置一些互动节目，吐露家长和孩子的心声。第四，家长代表发言：吐露自己的教育心得和感慨，表达对孩子的看法和希望，提出自己独特的见解。第五，老师、家长、学生共同探讨孩子的教育问题。

4. 多表扬鼓励孩子

教师可通过各种展示,向家长宣传孩子的进步、获得的荣誉、取得的成绩,以表扬为主,教师的称赞,会让家长感到高兴,给家长一种鼓舞。不要将家长会变成一种"训斥式""告状式"沟通。既不要当众责备他们的子女,把对学生的不满情绪发泄到家长身上,对家长进行批评、指责和训斥,也不要一味的罗列学生的不足、犯的错误,而避谈学生的优点。否则,家长会成了批斗会,家长就不愿来开会了。面对家长,多向家长透露孩子的优点,这在一定程度上能让家长轻松、自信、愉快地面对教师,主动向教师提出孩子目前存在的一些不足,期望得到教师的指点与帮助。

问题四　如何化解问题家长和孩子的冲突

孔老师,是一名高中班主任,带班已十几年,他班上学生张某在学校表现一直都较好,和同学相处也不错,对老师有礼貌,积极参加集体活动,只是学习上不够自觉,有点贪玩。张某家长文化程度不高,都是下岗工人,靠打工收入,因为每天为生活操劳,心情比较烦躁,也无暇顾及孩子,看到孩子不看书就数落、责骂,看什么都不顺眼,一心希望儿子能考上大学,比他们有出息。有一次,张某因和同学打篮球争场地,把对方眼睛打伤了,当老师把双方家长请到学校来协调时,张某父亲一见到自己儿子就气得动手打了他,边打边骂,张某还对他父亲还了手。这以后,张某对家长不理不睬,一回到家就把自己房间门关上,家长不知如何是好,找到孔老师求助,希望老师能开导开导他儿子,说他们平时没时间管他,管他也不听,儿子还嫌他们没文化,他们辛辛苦苦挣钱给儿子,为他创造好的条件,他却不懂事,处处让人操心,一听到孩子犯错误,就来气,现在连爸爸都不喊了。还说他们的话从来就听不进去,他们管不过来,也管不了,希望老师多加管教。

面对这样的家庭冲突孔老师该怎样帮助他们呢?

本案例中的家长是现实中普遍存在的典型的问题家长,在教育子女问题上的认识和做法有偏差,甚至是错误的。可以看出学生张某的家长因生活工作的压力,导致脾气暴躁,对孩子缺乏耐心,他们望子成龙心切,又疏于对孩子教育,宁愿自己吃尽苦头,也不亏待孩子,把自己没有实现的东西全部寄托在孩子身上,希望孩子能考上大学。拥有这样心态的家长很少看到孩子的优点,不允许孩子犯任何错误,一旦犯了错误就无法接受和宽容,教育子女的方式简单粗暴,在说教行不通的情况下,就采用暴力手段,非骂即打,导致父母和子女之间关系更加紧张。另外,家长以工作忙、文化低为借口,片面地认为自己管不了孩子,就推给学校和老师,认为教育就是学校、老师的事,不了解孩子在学校的表现。可想而知,这样的家庭教育会给孩子造成什么样的影响和后果。

而问题家长的孩子，多半性格内向、叛逆，甚至会有过激行为。他们不愿与家长沟通交流，甚至觉得他们没文化，没有共同语言，存在严重的代沟。家长除了在物质上给予关心和满足，很少关心孩子的精神世界。尤其是当着众人面打骂孩子，极大地伤害了孩子的自尊心，觉得很没面子，和父母形成对立面，不利于孩子的健康成长，导致家庭教育中出现的诸多教育问题在很大程度上削弱了学校教育的功能。

 心理解读

1. 家校沟通内容上存在片面性

我们平时的家校沟通在内容上主要存在两个方面的问题，一是老师在个别沟通时负面信息占了绝大多数，往往反映的只是学生的问题和缺点。长久下来，产生了一种"条件反射"，即家长接到老师的电话，就会联想到孩子出问题了。二是老师反映问题时往往只是陈述现象，不分析原因，也很少给出意见和建议。类似这样的语言是常见的"孩子最近学习退步了，上课不听讲，作业不做，在学校又打人了"等等。总之，用学生的话来说就是老师就喜欢向家长告状，而这样的沟通往往会以家长对孩子的责骂或惩罚告终，不但问题没有得到解决，还导致孩子憎恨老师，这样的沟通越多家长越没有信心，甚至会放弃对孩子的教育，产生出大量的我们一些老师所说的"素质太低"的家长。

2. 家庭教育和学校教育各行其是，家长和教师之间沟通较少

学生的家庭背景、在家中的表现教师不清楚，教师只对学生在校期间负责，出了校门就不归学校管；子女在学校的表现，家长也不去具体了解，对学校的要求也多采取不理不睬的态度。除了家长会其他的联系也就少之又少，根本谈不上家庭和学校的密切配合、协调发展。本案例中家长不知道孩子在学校的表现，教师也不清楚学生在家的情况。

3. 家教中亲子冲突

像案例中所呈现的学生与家长之间经常会发生冲突，在青春期阶段，这种亲子冲突的发生更加频繁。现在的学生大多是独生子女，孩子成了父母的唯一寄托，父母因而对孩子的期望值极高。很多家长为了给孩子创造最佳的教育环境，不惜倾注大量的金钱和精力，望子成龙，望女成凤。但是家长在履行家教职责时又存在不少误区，如不理解、不尊重孩子，对孩子实行高压政策，把自己的意愿强加给孩子，对孩子无原则地溺爱、宽容，或实行专制、棍棒教育等。而孩子正处在青少年时期，这是一个不稳定时期，有很强的自尊心和独立意识，由于教育的方式方法不当，极易引起孩子的叛逆，如果亲子关系处理不好，会影响到孩子的健康成长。

 拓展链接

1. 心理学效应之泡菜效应

同样的蔬菜在不同的水中浸泡一段时间后，将它们分开煮，其味道是不一样的。人在不同的环境里，由于长期的耳濡目染，其性格、气质、素质和思维的方式等方面都会有明显的差别，这正如人们常说的"近朱者赤，近墨者黑"。"泡菜效应"揭示了"人是环境之子"的道理，

环境对人的成长具有不可抗拒的影响作用。

我们的孩子直接浸泡在学校与家庭的环境之中,每一位教师和父母都应认真细致地考虑孩子所处环境的各种因素是否健康？每一种因素将对孩子产生怎样的作用？对显在的有害因素是否予以了积极的消除或控制？从心理健康角度看,精神环境对孩子的影响作用往往超过了物质环境的作用,老师与父母为孩子营造了怎样的精神环境？是否是多支持、多鼓励、多表扬、多肯定、多欣赏、多自由、多自主、多选择精神环境？

2. 心理学效应之同体效应

同体效应也称自己人效应,是指学生把教师归于同一类型的人,是知心朋友。学生对"自己人"的话更信赖,更易于接受。心理学中有句名言："如果你想要人们相信你是对的,并按照你的意见行事,那就首先需要人们喜欢你,否则,你的尝试就会失败。"

因此,教师、家长首先要学会把学生当成自己人,做学生的知心朋友,与之处于平等的地位,这样才能提高教师、家长的影响力。

同体效应的合理运用,能缩短师生间、家长和孩子见的心理距离,引起情感上的共鸣。在孩子心目中,教师、家长成了自己人,是知心朋友,于是对教师、家长的教育产生认同。

3. 心理学效应之超限效应

美国著名幽默作家马克·吐温有一次在教堂听牧师演讲。最初,他觉得牧师讲得很好,使人感动,准备捐款。过了10分钟,牧师还没有讲完,他有些不耐烦了,决定只捐一些零钱。又过了10分钟,牧师还没有讲完,于是他决定,1分钱也不捐。到牧师终于结束了冗长的演讲,开始募捐时,马克·吐温由于气愤,不仅未捐钱,还从盘子里偷了2元钱。这种刺激过多、过强和作用时间过久而引起心理极不耐烦或反抗的心理现象,称之为"超限效应"。

超限效应在家庭教育中时常发生。如：当孩子不用心而没考好时,父母会一次、两次、三次,甚至四次、五次重复对一件事作同样的批评,使孩子从内疚不安到不耐烦最后反感讨厌。被"逼急"了,就会出现"我偏要这样"的反抗心理和行为。因为孩子一旦受到批评,总需要一段时间才能恢复心理平衡,受到重复批评时,他心里会嘀咕："怎么老这样对我?"孩子挨批评的心情就无法复归平静,反抗心理就高亢起来。可见,家长对孩子的批评不能超过限度,应对孩子"犯一次错,只批评一次"。如果非要再次批评,那也不应简单地重复,要换个角度,换种说法。这样,孩子才不会觉得同样的错误被"揪住不放",厌烦心理、逆反心理也会随之减低。

4. 换位思考是人对人的一种心理体验过程

将心比心,设身处地,是达成理解不可缺少的心理机制。它客观上要求我们将自己的内心世界,如情感体验,思维方式等与对方联系起来,站在对方的立场上体验和思考问题,从而与对方在情感上得到沟通,为增进理解奠定基础。它既是一种理解,也是一种关爱。

"蹲下来看看孩子的世界",告诉我们要学会换位思考。孩子犯了错事时,切忌采取一些责问、训斥、罚站等做法,这样的做法孩子根本不会有安全感,设想一下没有安全感的教育怎么会有效呢？难怪很多老师家长在教育学生之后,没有期待到想象的效果时,都会觉得很无奈。

教育要考虑到学生的可接受性。以关爱学生的态度教育学生,这样的教育才有安全感,有安全感的教育才会有效,学生才会有自信,才会有追求,才会有奋斗的行动。家长、老师给予学生一分关爱,就会燃起学生一分自信。

切记,教育行为开始之前一定要换位思考。

5. 亲子教育

亲子教育是 20 世纪末期在美国、日本和我国台湾等地兴起的一种新的教育模式。要了解什么是亲子教育,首先应明确什么是亲子关系。亲子关系主要是父母亲与孩子之间的关系。对于什么是亲子教育,现在还没有一个很规范、统一的定义,我们可以通过它与家庭教育的比较,理解其含义。

一提家庭教育,我们就知道是家庭中的长者对孩子的单向教育,父母是家长,具有威严的、不可侵犯的地位。而亲子教育给人的感觉则亲切、温和得多,它强调父母、孩子在平等的情感沟通的基础上双方互动,而且亲子教育涵盖了父母教育和子女教育两方面。它是通过对父母的培训和提升而达到的对亲子关系的调适,从而更好地促进儿童身心健康、和谐地发展。

苏霍姆林斯基指出"教育孩子体验某种亲感,这是教育工作中最困难的事"。

亲子互动游戏和儿童共享情感体验,促进亲子沟通,一满足儿童内在的精神发展需求,鼓励孩子,学习孩子善于发现,积极思考的美好品质,家长和孩子平等,全面开发孩子的运动,语言,认知,情感,创造,社会交往等多种能力,引导孩子,但不能强压自己的思想和主张。

亲子教育的主张"能者为师,互相尊重,坚持真理,尊重科学,尊重真理"。

调适策略

著名教育家苏霍姆林斯基指出:"学校和家庭是一对教育者。""校长、教师、学校、家长四位一体的和谐教育整体,是成功办学的重要条件之一。"我们必须注重把学校教育与家庭教育有机地结合起来,通过与家长的相互沟通,架设学校、家庭、学生三者之间的桥梁,使之相互了解、理解、信任,以寻求有效的解决学生问题的方法。家教和谐,有助于配合老师教育,提高学校教育的效果。作为教师该如何处理学生和家长两代人的冲突,是摆在教师面前的重要问题。因此,教师对家长进行家庭教育方法指导,给家长支招,有助于提高家庭教育的质量。

1. 向家长宣传有关家庭教育的理论知识

教师要把青少年、儿童成长的生理、心理特点和规律,教育学、心理学的基本原理和原则,用通俗易懂的语言向家长讲授,让家长从总体上把握家庭教育的正确方向。

2. 向家长传授正确的家庭教育方法

教师不仅要让家长懂得教育方法要符合孩子的身心特点,还要指出家长教育孩子的方法不妥和不足之处,向家长提出建议时语气要委婉,如"你是否这样做更好些","我们不妨那样试试看"等,我们没有理由也没有权力对家长大吼大叫,居高临下地指责"你怎么教孩子的?";不但要按照社会的首先要求去规范孩子的行为,还要根据孩子的兴趣发展他们的个性和特长。在对孩子的教育和要求上要与孩子的身心发展水平相适应,既不要揠苗助长,也不能听之任之、放任自流。

3. 帮助家长明确学校教育和家庭教育各自的职责和作用

对于学校教育和家庭教育各自的职责和作用问题,社会、学校和家庭的看法各异。有些家长错误地认为,孩子既然上学了,对孩子的教育就是学校的事,把教育子女的责任完全推给学校。有些家长又过分重视家庭教育,对学校的教育条件和教育质量不满,甚至对学校的教育内容和教育方法持怀疑态度。这两种偏颇的看法都是不可取的。对前者,教师要耐心说服,学校教育代替不了家庭教育,家庭是亲子关系形成、良好人格塑造的重要场所,家长要关心子女各方面的健康成长,要做孩子的表率;对后者,教师要向他们讲清学校教育的特点和优势,并指出家长对学校教育持怀疑态度将给子女的学习造成消极影响。

4. 引导家长和学生"换位思考"

有些冲突的发生是因为双方不能互相理解、互相体谅,教师要善于引导学生和家长通过"换位思考",缩短彼此距离,化解冲突。学生要理解家长因工作压力、繁琐的家务等带来的压力,家长要站在孩子的角度,放下架子,与孩子平等相处,当孩子的知心朋友,尊重他们,理解他们,平时多了解他们的思想、生活,帮助孩子平稳度过"心理断乳期",使每一个家长成为孩子最好的老师。

家庭教育是学校教育重要的互补因素,两者配合得越默契,产生的教育合力就越大,效果就越显著。

成功案例:有一名非常叛逆、自我的学生,长期和家长处在针尖对锋芒的关系,不服家长管教,甚至在学校和父母对打,显然势不两立。他的班主任是一名已有数十年带班经验的老教师,面对这样家长和子女关系,班主任多次与这位学生谈心交流,收效甚微。如何找到化解矛盾的突破口呢?冷却了一段时间,班主任叫来那位学生谈话,悄悄地告诉他:"今天老师这儿有客人,待会儿你见到老师的朋友一定要有礼貌。"学生面带疑惑地答应了。当走进办公室时,学生看到的竟是自己的父母,情不自禁的把头一歪,老师笑着说:"他们是老师的朋友,也是你的父母,打个招呼吧,你可是答应了老师的。"这位学生低着头难为情地哼了声"爸、妈",虽然声音很低、含糊不清,但足以让父母感动了一阵,就这样父母和子女之间长期的冷战告一段落,坚冰被打破。

其实,教师、家长、学生之间的关系就像一个三角形,任何一条连线都不能切断,否则就会失去平衡,在这个三角形的稳定中,教师一定要扮演好自己的角色,当家庭教育出现问题时,要做好对问题家长的指导工作,巧妙机智的化解家长和孩子的矛盾,从而配合学校教育高效运转。

美国优秀教师给中国家长的十条建议:

1. 尽量表扬孩子。孩子具有一定的自信心,才会肯去学习。要使孩子每天都感觉到他在学习上取得了一定进步,哪怕是改正一个缺点。

2. 多关心孩子的学习内容和实际进步程度。家长要多询问孩子最近学习了什么,掌握得如何等。

3. 经常给孩子制订几个容易达到的小目标。这样可以使孩子感觉到能够做到,孩子有自信心,从而有利于孩子发挥出潜能。

4. 刺激孩子的学习欲望。要抓住生活中的各种机会让孩子练习。

5. 帮助孩子树立责任心。让孩子学会洗碗、洗手帕,整理自己的床铺、用具,尽到自己的那份责任。

6. 在孩子面前做表率。

7. 尽量不要在孩子面前议论教师,尤其不要在孩子面前贬低教师。

8. 定下家庭学习规矩,并且自始至终执行,以形成良好的学习习惯,作息习惯。

9. 引导孩子善于提出问题。要培养孩子多问为什么。

10. 要使孩子重视上学,尽量避免孩子缺课的情况发生。

美国教育孩子的十二法则:

归属法则:保证孩子在健康的家庭环境中成长;

希望法则:永远让孩子看到希望;

力量法则:永远不要与孩子斗强;

管理法则:在孩子未成年前,管束是父母的责任;

声音法则:要倾听他们的声音;

榜样法则:言传身教对孩子的榜样作用是巨大的;

求同存异法则:尊重孩子对世界的看法,并尽量理解他们;

惩罚法则:这一法则容易使孩子产生逆反和报复心理,慎用;

后果法则:让孩子了解其行为可能产生的后果

结构法则:教孩子从小了解道德和法律的界限;

二十码法则:尊重孩子的独立倾向,与其至少保持二十码的距离;四 W 法则:任何时候都要了解孩子跟谁在一起(who)在什么地方(where),在干什么(what)以及在什么时候回家(when)。

问题五 如何客观地向家长反映学生情况

案例呈现

一位家长说:前两天,自己的孩子因顶撞老师,他被老师叫去,老师历数了孩子很多毛病,诸如:自习课不好好学习、逃课等。回到家谈起这些,孩子妈妈便拿起手机和老师联系,本来是想了解一下孩子这样的原因以便及时帮助孩子,可是孩子妈妈告诉我,当她拿起电话说:"老师,你好,我是××孩子的家长,我想了解一下孩子的情况,我的孩子比较个性,有点小脾气,给您添了很多麻烦……"没等把话说完,电话的那头就抢着说:"你的孩子岂止是小脾气啊,那简直是太大了,他没请假就不上生物课,我说了他两句,他还和我吵了起来。真不识好歹,你们家长要好好教育教育",那说话气势汹汹的声音,让我们这个做家长的顿时无语了,真的不知该怎么接他的话茬。因此我们的谈话没多久便挂断了,我们家长从老师那里只了解到孩子的缺点,听到孩子这样不争气,我们家长气不打一处来,只能灰溜溜地训斥了一顿儿子,要不是孩子妈妈阻拦,我真想揍孩子,家里闹得鸡犬不宁的。其实静下来想想,孩子的问题并没有从根本上解决。

现象分析

可以看出本案例中因老师和家长沟通的不畅,从而导致对学生无效的教育。老师因为有些个性学生的诸多不良表现,给自己在班级管理和教育上带来了一定难度,在反馈给家长时表现出没有耐心、急躁、厌烦的情绪。而家长本想和老师好好沟通,了解孩子情况,配合老师教育的,但因老师"机关枪"似的数落、指责,引起了家长的反感,沟通无法进行,没有达到老师和家长共同教育孩子的效果。

心理解读

1. 教师缺少对学生的耐心

对于问题学生,老师平时倾注了大量的心血和精力,有的可能收效甚微,需要老师、家长的耐心等待,学生的成长是需要一个过程的,教育本身就是一种等待。教师赏识教育的缺失

心理学家威廉·詹姆斯说过,人性最深切的渴望就是获得他人的赞赏,这是人类有别于动物的地方。对于孩子来说,由于年龄小,心理幼稚,他们最强烈的需求和最本质的渴望就是得到别人的称赞,尤其是来自父母、老师的鼓励。一个人如果在童年时代很少被称赞,就会直接影响到他的发展,甚至导致他一生的个性缺陷。作为老师,首先也是一名家长,应先站在家长的角度,替家长想一想,如果孩子的老师,在家长面前夸夸其谈孩子无数缺点,家长一定会觉得自己的孩子太不争气,甚至觉得他太没出息,给家长丢脸,更甚者还可能因为老师如此的评价而对孩子大打出手,这样极易造成学生与老师的对立情绪,甚至破罐子破摔,结果变成了南辕北辙。

2. 教师与家长沟通缺乏技巧

教师平时工作压力大、任务重,面对的不是一个,而是几十个学生,会出现性急、焦躁情绪,当学生出现问题时,会把这种焦急情绪发泄给家长,又希望得到家长的配合支持。

拓展链接

1. 心理学效应之拍球效应

拍篮球时,用的力越大,篮球就跳得越高。

老师对学生、家长对孩子给予的鼓励越多、赏识越多,他们的潜能发挥就越充分、越自信;反之,批评的越多、打骂的越多,他们的性格就越叛逆、矛盾就越深。所以批评应尽可能委婉、适度。

2. 心理学效应之期待效应("皮格马利翁效应"或"罗森塔尔效应")

美国哈佛大学的著名心理学家罗森塔尔曾经做过一个教育效应的实验。1968年他和和雅各布森教授带着一个实验小组走进一所普通的小学,对校长和教师说明要对学生进行"发展潜力"的测验。她们在6个年级的18个班里随机地抽取了部分学生,然后把名单提供给任课老师,并郑重地告诉他们,名单中的这些学生是学校中最有发展潜能的学生,并再三嘱托教师在不告诉学生本人的情况下注意长期观察。8个月后,当他们回到该小学时,惊喜地发现,名单上的学生不但在学习成绩和智力表现上均有明显进步,而且在兴趣、品行、师生关系等方面也都有了很大的变化。这一现象被称为"期望效应",后来人们借用古希腊神话中皮格马利翁的典故,称这种现象为"皮格马利翁效应"。其实,"罗森塔尔效应"是赏识教育的理论基础。

从这个效应中我们可以获得一点启示：老师应给予学生更多的鼓励与期望，期望要有信心、决心和耐心，即使一时看不出明显的效果，也不要灰心丧气。转化一个学生，需要一个过程，需要时间，任何急躁情绪，都将适得其反。要让学生从父母、老师那里感受到积极信息，他们是世界上最棒的人。

3. 赏识教育是教育家陶行知教育思想的继承和发扬，在中国陶行知研究会和中央教科所的支持和重视下，在著名教育专家方明、朱小曼及当代教育家杨瑞清等一批仁人志士直接参与和帮助下，著名的家庭教育专家、赏识教育倡导者周弘老师全身心致力于赏识教育的理论研究和普及推广。

赏识——在词典中的解释为认识到别人的才能并给予重视或赞扬，以调动人的积极性，它使作用对象的生理和心理产生快感，用老百姓的话说，就是干起事来有劲。

赏识——赏，含欣赏、赞美之意。识，是肯定认可。赏识教育就是通过激励表扬手段，肯定孩子的优点、长处，鼓励他不断追求成功。在赏识教育理论中含义为：它是一种思维视角，即用赏识的眼光看世界，是一种凡是发生，往好的方面想的积极的思维方式，同时它又是一种欣赏的心态。赏识教育，就是在这种心态和思维方式指导下的一套教育理念。有位心理学家说过："人类本质中最殷切的需求就是渴望被赏识"。无论是什么人，都希望得到别人的肯定。

赏识教育的本质：赏识教育是生命的教育，是爱的教育，是充满人情味、富有生命力的教育。人性中最本质的需求就是渴望得到赏识、尊重、理解和爱。就精神生命而言，每个孩子都是为得到赏识而来到人世间，赏识教育的特点是注重孩子的优点和长处，逐步形成燎原之势，让孩子在"我是好孩子"的心态中觉醒；而抱怨教育的特点是注重孩子的弱点和短处——小题大做、无限夸张，使孩子自暴自弃，在"我是坏孩子"的意念中沉沦。不是好孩子需要赏识，而是赏识使他们变得越来越好；不是坏孩子需要抱怨，而是抱怨使坏孩子越来越坏。

赏识教育三字经：

(1) 塑造你的孩子——天才就在你身边

创环境　爱生命。找感觉　尝甜头。跳一跳　够得着。太好了　你真棒。好消息　好心情。我爱你　我恨你。再坚持　过极点。大步退　大步进。宝塔帽　西瓜肚

(2) 避开家教的误区——让孩子轻松成长

豆腐嘴　刀子心。巧引导　少说理。付与得　要平衡。做好了　说圆了。怕吃亏　吃大亏。抓则死　松则乱。为你好　受不了。丢面子　好机会。打不死　被吓死。高智商　高脆弱。

(3) 构建心灵桥梁——让亲子关系更好沟通

看得起　够朋友。常反思　解心结。先接纳　后升华。融进去　诱出来。憋不住　吃不消。山不动　我来动。给面子　给台阶。倒过来　跳出去。起绰号　隔膜消。

(4) 调整你的心态——做一个合格的家长

全倒掉　快点跑。得中升　知中落。想得开　想不开。看清了　不怕了。乐生乐　苦生苦。

 调适策略

1. 向家长反映情况说话委婉点

与家长沟通交流时,一定要平等,切忌总是数落孩子,指责家长。可以先说说孩子的优点,再与家长商讨教育孩子克服缺点、改正错误的良方,这样有助于缩短彼此间的距离。要尊重家长的人格,注意态度和蔼,言谈亲切,懂得控制自己的情绪,称赞肯定时,语气要坚定;诉说孩子问题时,语气要婉转。如"您的孩子最近表现很好,如果在以下几个方面改进一下,孩子的进步就更大。""请家长不要着急,孩子偶尔犯错是难免的,我们一起来慢慢引导他。"让家长感受到教师对于孩子的关爱和负责,明白老师是关心他的孩子的,为他的孩子退步而着急,为他的孩子取得进步而高兴,心中始终是有他孩子的。如果电话联系,注意电话中的语词和声调,因为电话看不到对方表情,所有的感觉、印象都来自电话中的声音。

2. 与学生家长沟通,要学会赏识

多赞美,少批评,面对家长,多向家长透露孩子的优点,这在一定程度上能让家长轻松、自信、愉快地面对教师,主动向教师提出孩子目前存在的一些不足,期望得到教师的指点与帮助。不要动辄就向家长"告状"。赏识导致成功,抱怨导致失败,不是好孩子需要赏识,而是赏识教育使孩子变得越来越好;不是坏孩子需要抱怨,而是抱怨使孩子变得越来越坏。作为一名老师要多看到学生的优点,多发现学生的闪光点,一分为二地看待学生,拥有一颗宽容之心,包容之心。因为教育是一个缓慢而优雅的过程。

3. 要尊重家长

老师和家长之间的关系不是上下级关系,教师起主导作用,但他们在人格上是完全平等的,不存在尊卑、高低之别。不要孩子一出问题,就把家长叫来,当家长的面把孩子说的一无是处,让家长听得无地自容。特别是要尊重"差生"和"不听话"孩子家长的人格。对教育过程中出现的问题,首先要从自己身上找原因,公正地评价学生的表现和家长的家庭教育工作,把家长当做配合自己工作的同盟军,取得他们的信任,争取他们最好的配合,为家长出谋划策,共同探讨对孩子的最佳教育方法,以达到共同的教育目的。常言说:"敬人者,人恒敬之"。这样既能解决自己工作上的难题,还能帮助家长解决后顾之忧,最重要的是可以挽救一个孩子,帮学生形成正确的人生观,具有积极的导向教育作用。

美国中小学教师如何与家长交流沟通

在美国家庭特点不断变化的今天,家长能否积极参与学校教育,在很大程度上取决于教师的态度及其与家长交往的能力和技巧。在交往态度上,教师要做到两点:一是以关心孩子的态度同家长保持经常性接触;二是要表现出一种与家长合作的真诚愿望。下面介绍几种有效的交往技巧。

① 介绍信。在学年伊始,教师写给家长一封介绍信是一种积极接触的良好形式。介绍信可以让家长明确他们对孩子成功所具有的重要作用,为建立学校和家庭的合作关系奠定基础。② 时事通讯。教师定期向学生家长发《时事通讯》,告诉家长有关学校教育情况及如何参与等方面的信息。③ 好消息电话。当学生取得进步或在学校有突出表现时,及时给学生家长打个私人电话。④ 公告牌。⑤ 快乐电报。快乐电报是一种对学生的积极行为和良好成绩进行表扬并及时与家长沟通的手段。⑥ 个人便条。教师定期向学生家长发送个人

便条,让家长认识到他们自己实际上就是教育者队伍中的一员,以及对孩子成长所发挥的重要作用。⑦ 特殊情况卡。为了学生成长而发给家长的一张特殊情况卡,表达了教师对学生的关爱。⑧ 家长角。家长角一般设在教室或学校其他建筑物内的一个角落,角内可包含一些书刊、杂志及其他资料,供家长浏览或借阅。⑨ 非正式接触。教师在早上安排一定时间迎候学生及其家长,可以简单地了解学生晚上在家里的情况以及家长对学校教育活动的评论。⑩ 家访。⑪ "教师—家长"联谊会。学校定期组织"教师——家长"联谊会,可有效促进教师和家长之间的双向交流。

问题六 家长如何配合学校实习工作

案例呈现

叶老师,30岁,在一所职业学校负责学生实习管理工作。工作辛苦繁杂他不怕,学生出现了问题他也不怕,最怕的就是家长纵容孩子的错误,和孩子一道骗老师,提出一些苛刻的条件,无论怎样做都不能满足家长,这让他颇感烦恼和压抑。可不,他又碰到这样的事:一名学电子专业的学生在实习期间因上班多次迟到,被单位开除,家长还帮着说谎迟到是因为孩子生病了,要求另换单位,后又因嫌弃工厂有加班、太辛苦、私营企业工资待遇低、单位工资承诺没有兑现等理由,家长又多次要求学校重新换单位,当叶老师告诉家长,学生的这种实习表现已构成违反校纪,影响了学校的形象,不仅不能重新分配,还要给予处分时,家长又吵又闹,数落学校当初骗人,把他孩子骗到学校来,现在又不管了,还说学校实习安排不到位,给他孩子安排的单位不好,才导致孩子多次离开实习单位。无论怎样解释教育,家长只是一味地责怪学校和老师,从不思考如何配合学校加强管理,教育自己的孩子。叶老师每次遇到这样不讲理、包庇孩子的家长就感到十分的闹心,被搅得身心疲惫。

现象分析

叶老师遇到的这种现象还是具有普遍性的。家长认为给孩子上了职业学校就应该包分配,更何况是实习,即便孩子犯了错误,学校也应该解决。只要牵涉到自己利益的问题时,一些素质较差、文化较低的家长都会找到各种借口,责怪学校的不是,反而包庇纵容自己的孩子,滋长了孩子的恶习。

有些学生也是好高骛远,挑肥拣瘦,希望到一个拿钱多又不辛苦的单位,因而怕苦怕累,迟到旷工、消极怠工。嫌路远、工资低、加夜班不安全等,也成了他无视学校纪律的理由,再加上有的家长对孩子错误的纵容和不闻不问,导致学生积习难改。

心理解读

从案例中可以看出,家长与学校对立,原因是家长对学生的溺爱。叶老师感到闹心和郁闷的是学校已经做到仁至义尽,家长还无理取闹,对孩子实习期间的管理采取不配合、不支持、不理解的态度。在老师看来学生走上了工作岗位,企业就把他当员工看待了,应该遵守企业的规章制度,如果是因为自己的工作态度问题,应学会自己承担,富有责任感。而家长认为自己的孩子还小,仍护着、宠着,孩子不能受一点苦和委屈,甚至希望老师像在学校时一样宽容学生的错误。正是因为家长对孩子教育的错误认识,才会导致孩子不能正常完成实习工作。

 拓展链接

偏袒维护:指出于私心而无原则地支持或庇护某一方。

溺爱心理:照顾者(通常是母亲)庇护孩子,同时也妨碍孩子试图作出独立行动的任何努力。

溺爱类别:

1. 特殊待遇

孩子在家庭中的地位高人一等,处处特殊照顾,如吃"独食",好的食品放在他面前供他一人享用;做"独生",爷爷奶奶可以不过生日,孩子过生日得买大蛋糕,送礼物……这样的孩子自感特殊,习惯于高人一等,必然变得自私,没有同情心,不会关心他人。

◎ 小提示

子女致父母的备忘录:不要宠我,我很清楚我不应该得到我所要的一切,我只是在考验你们……

2. 过分注意

一家人时刻关照他,陪伴他。过年过节,亲戚朋友来了往往嬉笑逗引没完,有时候大人坐一圈把他围在中心,一再欢迎孩子表演节目,掌声不断。家里人都要围着他转,并且一天到晚不得安宁,注意力极其分散,"人来疯"也特别严重,甚至客人来了闹得没法谈话。

◎ 小提示

理性惩罚(如果孩子还继续耍无赖,父母可采取"冷三分钟"的办法。这三分钟不看,不说)

3. 轻易满足

孩子要什么就给什么。有的父母还给幼儿和小学生很多零花钱,孩子的满足就更轻易了。这种孩子必然养成不珍惜物品、讲究物质享受、浪费金钱和不体贴他人的坏性格,并且毫无忍耐和吃苦精神。

◎ 小提示

对孩子的要求不能一味地满足,要分清对与错,合理的要求可以满足;无理要求,不能答应。孩子一旦哭闹,千万不可打骂,就耐心给孩子讲道理,最好是用既生动又富有教育意义的小故事予以开导。

4. 生活懒散

允许孩子饮食起居、玩耍学习没有规律，要怎样就怎样，睡懒觉，不吃饭，白天游游荡荡，晚上看电视到深夜等。这样的孩子长大后缺乏上进心、好奇心，做人得过且过，做事心猿意马，有始无终。

◎ 小提示

教育不能光说不练，要利用一切场合和机会进行有意识地培养。

5. 祈求央告

例如边哄边求孩子吃饭睡觉，答应给孩子讲3个故事才把饭吃完。孩子的心理是，你越央求他他越扭捏作态，不但不能明辨是非，培养不出责任心和落落大方的性格，而且教育的威信也丧失殆尽。

◎ 小提示

家长无节制地满足孩子的需要。不仅导致孩子的依赖性，而且易使孩子以自我为中心，养成自私贪心的恶习。

6. 包办代替

由于家长的溺爱，三四岁的孩子还要喂饭，还不会穿衣，五六岁的孩子还不做任何家务事，不懂得劳动的愉快和帮助父母减轻负担的责任，这样包办下去，必然失去一个勤劳、善良、富有同情心的能干、上进的孩子。这绝不是耸人听闻。

◎ 小提示

大人不强逼他去做，也不包揽。因为这样可能会抑制孩子的"独立行为"。而没有独特行为的人，怎么会有创造性呢？

7. 大惊小怪

本来"初生牛犊不怕虎"，孩子不怕水，不怕黑，不怕摔跤，不怕病痛。摔跤以后往往自己不声不响爬起来继续玩。后来为什么有的孩子胆小爱哭了呢？那往往是父母和祖父母造成的，孩子有病痛时表现惊慌失措，娇惯的最终结果是孩子不让父母离开一步。这些孩子就打下懦弱的烙印了。

◎ 小提示

孩子是父母的希望，家长对孩子悉心培育、满怀期待是无可厚非的，但要把握好"度"父母越呵护，孩子越逆反。

8. 剥夺独立

为了绝对安全，父母不让孩子走出家门，也不许他和别的小朋友玩。更有甚者，有的孩子成了"小尾巴"，时刻不能离开父母或老人一步，搂抱着睡，偎依着坐，驮在背上走；含在嘴里怕融化，吐出来怕飞走。这样的孩子会变得胆小无能，丧失自信。

◎ 小提示

孩子要"摔打着养活"，放开束缚孩子的手，让他有能力依靠自己健康地成长。

9. 害怕哭闹

由于从小迁就孩子，孩子在不顺心时以哭闹、睡地、不吃饭来要挟父母。溺爱的父母就只好哄骗，投降，依从，迁就。害怕孩子哭闹的父母是无能的父母；打骂爸妈的孩子会变成无情的逆子，在性格中播下了自私、无情、任性和缺乏自制力的种子。

◎ 小提示

教育子女是一项长期而艰苦的事情,要有长期的计划和短期的安排。同时,还要注意耐心细致,具体周到。

10. 当面袒护

有时爸爸管孩子,妈妈护着:"不要太严了,他还小呢。"有的父母教孩子,奶奶会站出来说话:"你们不能要求太急,他大了自然会好;你们小的时候,还远远没有他好呢!"这样的孩子当然是"教不了"啦!因为他全无是非观念,而且时时有"保护伞"和"避难所",其后果不仅孩子性格扭曲,有时还会造成家庭不睦。

◎ 小提示

太多的表扬会给孩子造成许多束缚与负担,当达不到父母的期望时,孩子很容易产生挫折、内疚感。

以上10种溺爱的形式是比较典型的实例,不是每个家庭全部都有的,但是一般家庭在各种溺爱中会占有几种,或各种都有轻度表现也是值得警惕的,我们要以科学的爱,来保护孩子的健康成长。

溺爱现象:

例1 前天我哥的女儿坐在三轮车边上,催我快骑,一定要快,还要甩,要刺激,不听她的就又打又踢你,结果从车上摔下来,还被车碾了。4岁的小姑娘成了大花脸。

因为父母总是答应她一切,而且她太信任大人总能保护好她,自己根本没有保护意识。

相反在国外(好像是韩国)有很多家长都实行狮子育子法。即使他从楼梯上滚下来也没人跑过去问他,像没事一样让他自己去上药。

例2 邻居有一个小男孩,七八岁了,上小学二年级。有一天放学回家要吃香蕉,吵着要正在厨房里煮饭的奶奶为他取香蕉并剥皮,老人家正忙得脱不开身,就说"你自己拿吧"。这时小男孩就大吵大叫,自己动手剥吃香蕉后故意将皮丢了一地,且还感到很委屈……这是一个典型的娇惯溺爱的例子。吃香蕉自己拿和剥皮,对于一个七八岁的孩子来说并不难,为什么一个小学生却要别人代劳呢?吃香蕉剥皮的责任是谁呢?可见这家人在平时教育孩子方面没有重视培养孩子的责任感。

这些家长过分溺爱孩子,属于偏袒维护型的家长。这种家长由于过分溺爱孩子,从而不认同学校的教育观念,不配合学校的工作。有些家长站在学校的对立面,在跟老师交流中有护短现象,不把家庭和孩子的真实情况告诉老师,没有从思想上认识到学校老师和家长是一致的。

调适策略

做好学生教育工作是一项系统工程,学校、家庭和社会是推进这一工程的三驾马车,只有三者紧密结合形成三位一体的教育体系,才能营造出良好的育人环境,促进学生全面和谐地发展。父母是孩子的第一任老师,家庭是孩子人生的第一所学校。而学校教育如果得不到家长的支持、配合、强化,是难以起到有效作用的。并且家长与子女之间固有的血缘、感情和伦理上的内在联系,家长的言行直接影响学校教育的效果。因此,学校教育好学生,特别需要家长积极、主动、正确的配合。只有这样才能提高教育的质量,取得最佳的教育效果。

1. 要负起管教孩子的责任

由于有些家长溺爱孩子,不能正确对待学校教师的要求,袒护孩子,在教育过程中易与教师产生隔阂和矛盾,所以并不能取得好的教育效果。所以,一个合格的家长应该对子女成长承担教育责任,家长是孩子的第一任教师,学校教育必须有家长的正确配合,只有这样才能提高教育的质量,取得最佳的教育效果。

2. 要配合学校,要先了解学校对学生的要求

家长和教师对家校合作的正确理解是形成合力来教育学生的前提条件。大部分家长是认同家校合作,知道家校合作的重要性,但现实中家长与教师在教育观念方面还存在较大的分歧,家长共育意识不强的现象。因此家长应了解学校的要求,按照学校的要求教育自己的孩子,面对教师对孩子的教育时,不袒护孩子,积极配合校方的工作。

第三篇

情感生活篇

（第三編）

環境と公衆衛生

话题一　爱情婚姻

问题一　事业与生育怎取舍

案例呈现

林茵,女,高中语文教师,今年33岁,目前正在进行本专业硕士研究生的学习。这段时间情绪一直很糟糕,用她自己的话说是:该干的事情干不好,还什么事也都不想干。两月前,是林老师的33岁生日。她公婆特意从老家赶来给她过生日,并叮嘱自己的儿子说:"该考虑考虑要孩子的事啦!"这让林老师感觉压力很大。本来她没觉得自己的年龄大,孩子等等再要也不妨。可现在,生日一过突然感觉自己的年龄真的不小了,是该要个孩子了。再说,公婆从来也没有当面催过她,看着年近七旬的公婆也让她有点于心不忍。但林老师总是觉得还没有完全做好心理准备,一想到要孩子,心里就慌慌的;再加上,就要写毕业论文了,本来感觉准备得蛮好的,按照目前的进度和效率答辩过关是不成问题的,可现在,她完全没有办法让自己平静下来,手里捧着书,心里想着事,整个大脑晕晕乎乎;烦死了,书就是看不进去,注意力无法集中,若这样下去论文写不好肯定就过不了关,那时就难看了。所以现在是晚上睡觉睡不着,白天看书又看不进,心里还紧绷着,内心难以平静。唉,真是烦死了!

现象分析

案例中的林老师有点焦虑反应,焦虑是为了调适威胁或压力的一种情绪反应,是一种担忧、烦躁、慌张、还有紧绷的感觉。

情绪上:紧张不安、烦躁、有压力感;生理上:失眠、心慌、注意力无法集中。

 **心理解读**

个体的某些期待或需求越强,又在其压力情境下受挫,就会激起愈高的焦虑;

案主在面对生育压力时,先前就已经有了一个硕士毕业论文的压力,两个压力的存在,很容易引起焦虑反应;

在当今数字信息化的时代,教师都要面对无情的挑战,是淘汰还是胜出,专业技能的训练成长,起着非常重要的关键作用;与此同时案主对生育可能出现的问题该如何应对也感到忧虑,两者选其一,选谁舍谁,一方面是事业发展的需要,一方面是家人和自己内心的期盼;这种选择让案主的内心非常纠结,焦虑就产生了。

 拓展链接

一般认为焦虑的形成因素有下列五项:① 错误的父母教养模式;② 未能学会需要的能力;③ 无法处理危险的冲动;④ 难以判断做决定的矛盾;⑤ 先前创伤的再度复发。

焦虑是一种相当普遍的情绪反应与感觉,它常包括了三种不同层面的症状表现:① 情绪层面,包含紧张、不安、压力感等主观的不适感觉;② 生理层面,包含颤抖、心悸、冒汗、头昏、呼吸困难、泌尿道或胃肠道不适等身体的症状;③ 认知层面,包含注意力不集中、记忆力减退、疏解压力的功能降低、社会功能减退或丧失等。①

 调适策略

先画一张自己的焦虑清单,弄清目前焦虑反应的症状表现,逐渐领悟自己焦虑反应形成的原因,或者说是领悟自己焦虑反应的真相和缘由。

再为自己准备一张资源清单:罗列出自己所有的资源,可用水彩笔来写,用自己喜欢的颜色的水彩笔写自己喜欢的资源,用不喜欢的颜色的水彩笔写自己不喜欢的资源;根据自己的喜好创设资源清单的画面,看看自己真正拥有多少资源。在这些资源中有些是正性的,我们可以随即拿来就用;有些可能是负性的,这就需要将其转化成正性的资源,帮助我们去面对目前的挑战或压力。

当我们清楚知道自己所拥有的资源时,视野就会更加开阔,就能看到更多的可能性,就会明白任何事情至少有三种解决办法,这样就可以为自己做选择、为自己负责任。

当紧张不安、烦躁、失眠、心慌、注意力无法集中的焦虑反应出现时,可以找朋友、家人或当事人交流,进行情绪的倾诉,这样可以减轻你的焦虑;也可以学习一些放松的技术,如静坐、冥想、练练瑜伽或打打太极,等等。

还有一点,别拒绝心理咨询师的帮助。

---

① 王以仁,陈芳玲,林本乔.教师心理卫生.北京:中国轻工业出版社,1999:149.

问题二　我们怎样才能有共同语言呢

 案例呈现

丁兰,女,29岁,中学教师。结婚近3年。她出生在军人家庭,从小就养成了很好的计划性和行动力。一直以来她都是按照自己的计划行事,比如,什么时候工作、什么时候入党、什么时候职称晋升,包括什么时候找对象、恋爱谈多长时间、什么时候结婚,什么时候生孩子都有一个详尽的计划。结婚之前计划落实基本顺利,但现在遇到了麻烦,和老公的共同语言越来越少,到现在也没有自己的宝宝。丁兰的老公是媒体策划人,俊朗潇洒,喜欢旅游和摄影,当初与他相识最大的感觉是新奇,她清楚他们之间的差异,但正是这些差异充满了魅力,深深地吸引着她,恋爱时的感觉是幸福和快乐的,那时认为两人之间的不同,正好互补,可以使生活更加丰富多彩。于是双方带着对生活的美好憧憬步入了婚姻的殿堂。随着时间的推移,她现在不太想介入老公的活动,总希望老公能与自己同步,对老公花重金买来的礼物也提不起兴趣,而自己为老公精心安排的活动,也只收获了他的微微一笑,真不明白这到底是怎么了?共同语言越来越少,我该怎样做才能找到我们之间的共同语言呢?

 现象分析

从案例描述的情况看,丁兰夫妻间的共同活动时间与空间都在减少,双方沟通交流的渠道也不是很畅通,现在的境况和结婚前的憧憬大相径庭。妻子希望丈夫能与自己同步,丈夫也许正期待妻子能合上自己的节拍,彼此都期待着对方的改变,在这种情境中,共同语言从何而来呢?

 心理解读

丁兰与老公的性格、兴趣爱好、工作领域及成长环境都有很大的差异,但正是这种差异所展现出的魅力将彼此深深地吸引,在热恋和婚姻的初期他们都能接纳尊重彼此间的差异,并享受着由差异带来的乐趣,那时他们是幸福的、快乐的,他们的关系是和谐的。

当热恋的激情减退,回归于自然真实的生活后,他们渐渐地忘掉了当初的选择,忘掉了正是差异和不同让他们走到了一起。于是,他们对彼此有了新的期待,期待对方为了"爱我"而改变,认为你要是"爱我"就应该如何如何;而忽略了对方的声音和需求,从这一刻开始,矛盾和冲突自然就产生了……

拓展链接

1.《爱的五种语言》

查普曼博士(Dr. Gary Chapman)著,他一直倡导"爱的五种语言"的运用,这就是:肯定的言词(Words of affirmation)、精心的时刻(Quality time)、接受礼物(Receiving gifts)、服务的行动(Acts of service)、身体的接触(Physical touch)五种爱的基本语言。

我们每个人都有爱与被爱的需要,但不同的人会用不同的语言来表达和接受这种需要。夫妻间由于不了解对方爱的语言或者说是忽略了对方爱的语言,而造成误解、隔阂及争吵不断,如果夫妻双方能主动选择使用对方爱的语言,就能滋润彼此,使亲密关系更亲密、更和谐,婚姻生活更幸福美满。

2. 男人和女人不同的情感需求

约翰·格雷(John Gray)在他所著的《男人来自火星,女人来自金星》一书中,深刻地揭示了男人和女人在各个方面都存在着不同,比如:他们的想法和感受、他们的认知和反应、他们的语言和行为、他们的沟通方式和情感需求等。在"探寻我们不同的情感需求"的章节中,他写到:一个人的情感需求复杂多样,而归根到底,就是对异性的"爱情需求"。男人和女人都有6种基本的爱情需求。女人需要关心,男人需要信任;女人需要理解,男人需要接受;女人需要尊重,男人需要感激;女人需要忠诚,男人需要赞美;女人需要体贴,男人需要认可;女人需要安慰,男人需要鼓励;只有其基本的爱情需求得以满足,一个人才能够完全接受和重视其他爱的形式。

调适策略

1. 从爱的表达和接受方式,探寻了解自己和对方的爱的语言

查普曼博士建议用三种方式,来发现你自己的主要的爱的语言:

(1)你的配偶做什么事或者不做什么事,伤害你最深?跟这件事相反的,可能就是你爱的语言。

(2)你最常请求你配偶的是什么?你最常请求的事,可能是最能使你感觉到爱的事。

(3)你通常以什么方式向你的配偶表示爱?你表示爱的方法,也许显示它会使你感觉到爱。

当我们能够清楚地了解自己和对方的爱的语言,并主动选择和使用它,就会让疏离或紧张的关系有所改变,从而找到亲密关系中的共同语言。

2. 从观念上调适,留给对方足够的空间

承认对方与你的不同和差异,就能接受他对有些事情的看法和做法与你的不一样;爱他不等于你就要控制他、改变他;爱他并不是你完全属于他,或者他完全属于你;尊重彼此的独立空间,可以促进亲密关系的和谐发展;要想改变他人是困难的,但每个人都可以改变自己。

3. 以写信的方式,校正态度调整言行

当矛盾和冲突发生的时候,就不可能以爱的方式,与对方进行有效的沟通和交流。而写信是一种自由的表达方式,当你对伴侣不满或生气的时候可以写、当你想吐露心中的怨气时

可以写、当你对伴侣有难以启齿的期待时也可以写;写的时候可以沉静下来碰触自己的心灵,倾听内在的声音,去触碰情感的五个层面——生气、忧伤、恐惧、懊悔和爱,只有让其逐一从心中涌出,才能真正释放自己的心灵,让自己有所觉察和领悟,慢慢感受到心灵的某个部分或角落,正渴望爱的润泽;正因为如此,写信可以帮助我们消除由矛盾和冲突带来的各种负性情绪和感受,有时候,以伴侣的身份写一份回信,这也是很有帮助的自我治疗手段。

4. 为自己在爱情银行里办理一个账户

每个人的婚姻都是爱情银行里的一个账户,只有不断地往这个账户里存款,才能使婚姻幸福美满;如果不存只取,就会让其入不敷出,因透支而挂上红字,婚姻也就会走入崩溃的边缘;所以我们要不停地往账户里存款,每天存进一点点,存入我们对伴侣、对婚姻和家庭的付出,存入我们的热情、存入我们的耐心、存入我们的期待和渴望、存入我们的爱。这样我们的账户就会非常充盈富足,足以滋养我们的婚姻和家庭,并为我们带来意想不到收获。

当你了解了这些以后,愿意去办理这样一个账户吗?

问题三　怎样和长辈相处才能更加和谐

案例呈现1

刘玲,女,28岁,中学教师。刚刚休完产假回校上班,可心情一直比较烦躁郁闷,自从宝宝出生以后,婆母就从老家赶来帮忙带孩子。出了月子以后,小摩擦就开始了。她不让自己的儿子做任何家务,认为她儿子在外工作比较忙、比较累,回到家里就应该让他好好休息。家里这点事,就应该是我们女人家做的。有时老公在房间里叠衣服,她会一头冲进来,夺下老公手里的衣服扔在床上,拖着他出去看电视,把那活丢给我干。过分的是她觉得她儿子是十分优秀的,我能找到她儿子是我几辈子修来的福气,她那说话的口气让我感觉自己都不配做她家的媳妇。我的儿子是他家的孙子,我想抱抱自己的儿子也必须和她抢,我想用自己的方式喂养儿子,她也要干预。下班以后,回到家里,她还不停的指使你做这做那,我忍着,就像心里藏着一团火,不能让它喷出来,喷出来会伤人;然而憋在肚子里,自己又很受煎熬;这样的长辈该如何和她相处呢?

案例呈现2

杨小欣,女,27岁,中学教师。儿子出生以后,婆婆就从外地过来和我们生活在一起,已经6个多月了。婆婆很能干,包下了家里所有的家务,一日三餐饭桌上的菜都不一样。可是有一点我心里非常纠结,从月子里开始,只要宝宝一有动静,她马上进来把宝宝抱走,我说宝宝要吃奶,她说先玩一会,等会再吃;我给宝宝穿了一件衣服,她说这件不好看换一件;宝宝睡着了,我说把他放在小床上吧,她说不用,我抱着他睡的安心;我想抱抱宝宝,她说你休息休息吧,我来抱;更有甚者,她说等宝宝再大一点,她要把宝宝抱回家自己带,从宝宝满月她就开始这样说,她一说我的心里就一紧,好像宝宝就要被人抢走了;最近她又不停地说等宝宝断奶,就要带宝宝回家了。我心里非常难过、也非常的焦虑,为什么一定要让我和孩子分离呢?很想和婆婆理论一番,但看着她忙碌的身影,话到嘴边我又咽下了……可我该怎样办呢?

现象分析

在上述两个案例中,我们看到传统的、固有的思想观念与现代生活观念在婆媳间的碰撞,不同的生活习惯也使她们在处理生活问题的方式方法上有很大的不同,由此引发了家庭生活中的矛盾与冲突;两个婆婆虽然在行为层面上有所不同,但有些观念是一样的,她们可能觉得儿子是我的儿子,所以儿子的家就是我的家,因而对儿子媳妇的生活是要管理的、有时还要掌控一点;案例中的两个儿媳,虽然对婆母的一些做法不满,但都没有当面顶撞,只是"我忍着,就像心里藏着一团火,不能让它喷出来,喷出来会伤人;然而憋在肚子里,自己又很受煎熬"或者"很想和婆婆理论一番,但看着她忙碌的身影,话到嘴边我又咽下了……";这也许是她们所受教育和自身修养的结果,是一种进步。因此,这两个案例在某种程度上说,是婆媳之间的关系问题带给案主的内在冲突,如果不能很好地化解,也很有可能会伤己又伤人……

心理解读

人与人之间,因相同而连接,因相异而成长。在每一个人的内心深处,都有一个共同的渴望,那就是爱与被爱、认同与被认同、接纳与被接纳,尊重被尊重,有意义、有价值及自由等等,这些渴望让人们有了期待,这些期待包括对自己的期待、对他人的期待及他人对自己的期待,如果这些期待未能被满足,加上习得的、或固有观念的影响,就会带来各种各样感受,比如悲伤、失望、生气、愤怒、委屈、内疚等让我们产生困惑,或在冲突面前不知所措。案例中的两个案主,他们内心深处的渴望是被接纳、尊重与被尊重、爱与被爱;她们对自己期待是做个好媳妇、好母亲;期待婆母对自己的接纳、认同与尊重;这些期待在现实中没有被满足,就让她们感到失望、生气、愤怒;可她们的观点又认为:"婆母是长辈要尊重,我们不可以顶撞";"养育孩子是我自己的事,我要按照我的观念去教养孩子;""不可以在婆母面前发脾气"等,这又让她们感到很内疚,所以,她们两个,一个一边要"忍",防止"火"喷出来,一边自己又很受煎熬;一个一边想和婆母理论,一边欲言又止,但内心都充满焦虑和矛盾。

拓展链接

结构家庭治疗模式是由美国的米纽钦与他的同事在20世纪60年代所创立的,结构家庭治疗模式并不直接解决个人行为问题,而是致力于改变案主家庭的交往方式,结构式家庭治疗模式认为,个人的问题只是表象,家庭的问题才是导致案主个人问题的真正原因,因此,结构家庭治疗模式主张通过多元化、多层次的家庭介入,解决家庭的问题,最终解决案主个人的问题。

 调适策略

婆媳相处是关系的互动、是一门实实在在的生活艺术。只靠努力搞好婆媳关系的信念、热情及规条是不够的,还需要有生活的智慧。在生活的智慧里,不仅仅是自我的调适,只凭自我调适也是不够的,因为这是两个人之间的事,而这两个人的生活背景、生活态度、生活理念、生活习惯都不尽相同。所以,挖掘和利用我们丰富的资源,让婆媳关系互动起来,让互动的过程流畅起来,这样才能达到温馨和谐的境界。那该怎么做呢?

以上面两个案例为例,根据两案主目前的情况,首先要进行自我情绪的调适,做几个深呼吸,使自己的心情平静一些,找准机会和婆婆聊聊天。聊天以欣赏、感激为开头语,欣赏婆婆对生活的态度和生活能力,感激婆婆对我们的精心照顾、为我们的小家所做的一切,肯定婆婆做的一切都是为了我们这个小家更好,为了儿孙更幸福等等,然后,再告诉婆婆你的愿望和界限,希望能够得到她的帮助。比如,案例1中的婆婆特别偏爱儿子,我们可以以提供新信息的方式,(所谓新信息就是你的愿望加上理论依据)。告诉她怎样会对他的儿子更好,让她儿子的家更稳定更幸福;希望婆婆怎么帮你做到这些,对她答应给的帮助表示感谢! 同时也告诉婆婆那些事情是你个人的私事,你需要一个空间自行处理,也希望得到婆婆的支持。并对此表示感谢!

与婆婆相处,尊重很重要,当然尊重本身就是相互的。有些事情和婆婆商量一下、请教一下或告知一下,就会让她产生满足感。和婆婆情感上的交流、生活上的嘘寒问暖,也会促进婆媳关系的和谐发展。

在孩子的养育问题上,自己要有这样一个观念:这个孩子是我的儿子或女儿,我对他或她的成长负有教育的责任,而爷爷奶奶或外公外婆都是在帮助我。所以,我会采用我的教育理念和方法,但我需要你们的配合。这样把责权分清了,对孩子的教育成长有好处,也有利于婆媳关系的互动发展。有的婆婆非常想独自喂养孙儿,就像案例2所表现的一样。曾有一个朋友对我说,她的婆婆整天说想把孙子带回老家喂养。有一天,婆婆告诉她,夜里做了一个梦,她带着孙子坐车回老家了,一路上孩子都很乖,也很兴奋,她的心里也美美的,可开心了……我的朋友就接着说:妈妈我也做了一个梦,一觉醒来,身边的宝宝不见了,我在梦中号啕大哭、到处去找宝宝,我调动了身边所有的人都帮我去找,可就是找不到,最后好不容易在候车室找到你们了……好精彩的关于梦的对话,一切都在梦中了……

与婆婆相处,语言和态度也很重要。慢声细语才能滋养人心,有时事情很棘手,局面很尴尬,但温和的态度,柔和的语言,就可以扫尽阴霾,化干戈为玉帛!

话题二　职业病

教师是一个较特殊的职业，集脑力与体力劳动于一体。老师们在繁重而辛劳的工作中，身体健康备受疾病的困扰，无论是生理还是心理上都有不小的压力。根据有关调查数据表明，七成教师处于亚健康状态。

教师虽然是一个令大多数人尊敬的称谓，但对于每位教师自身而言，他们是一个个有血、有肉、有家庭、会生病的人。据一项卫生部门不完全统计数据表明：在腰背痛、咽炎、颈椎病、痔疮、胃炎或溃疡、关节炎、偏头痛、高血压、肝胆疾病、冠心病、糖尿病、肺部疾病等14种常见疾病调查中，教师患有的常见疾病排在前5位的是：腰背痛、咽炎、颈椎病、痔疮、胃炎或溃疡，而且指标远远高于其他常见疾病的发病率，成为带有教师职业特点的病症。

与此同时，另一组数据则揭示了教师的患病情况。在调查中，患一种或一种以上疾病的教师人数为661人，占全部调查人数的65.1%。其中30岁以下教师的患病率为62%，30岁至39岁教师的患病率为63.1%，40至49岁教师的患病率为65.7%，50岁以上教师的患病率为74.9%。竟有六成以上的教师患有一种以上由职业因素诱发的疾病，处于亚健康状态，这不能不让我们重视。

问题一　静脉曲张

案例呈现

张丽，一名高中语文女教师，参加工作近二十年。是学校的骨干教师，承担较多的教育教学工作，每天有将近一半的时间都要站在课堂里，其他时间基本都在办公室备课、批改作业。夏天穿裙子的时候，发现在小腿的皮肤上能较清楚地看见静脉血管，不疼不痒，就是有些影响美观，但很多同事都这样，因此也没太在意。去年开始小腿局部有轻微肿、胀的感觉，稍作活动后这种感觉也慢慢就会消失。但最近肿、胀的感觉越来越明显，现在发展到还有痛的感觉。在大家的建议下，张老师去了趟医院。听了医生的建议，张老师很矛盾：又不能少上课，在课堂上站久了又会加重病情，不得以先服了半个月的药，但效果不佳，满脸愁容的她又换了家医院,医生不仅给她调整了用药,而且还建议在小腿上穿上有松紧的袜子。在家里为了减少站立的时间,张老师的家务活也少做了,开始还好,时间长了,家人也多少有了情绪,弄得张老师内心又多了一份自责和内疚。

现象分析

这是一例典型的静脉疾病患者。静脉疾病是常见的周围血管疾病,好发于下肢。

张丽老师的这一情况属于单纯性下肢静脉曲张,是由于长时间的站立、强体力活动、妊娠、慢性咳嗽、习惯性便秘,或久坐少动时发生的下肢浅静脉伸长、迂曲、而呈现出的曲张状态。若不及时诊治,病情继续发展,当交通静脉瓣膜破坏后,则会进一步出现踝部轻度肿胀和足靴区皮肤营养性变化,包括皮肤萎缩、脱屑、瘙痒、色素沉着、皮肤和皮下组织硬结、湿疹和溃疡形成。

心理解读

单纯性下肢静脉曲张的治疗主要可有下列三种方法。

1. 非手术疗法:主要包括患肢穿弹力袜或用弹力绷带,使曲张静脉处于萎瘪状态。使用弹力袜主要是利用外在压力来减少运动时产生的水肿。弹力袜最好是在清晨尚未起床时就穿,一直到晚上上床后再脱。此外还应避免久站、久坐,间歇抬高患肢。非手术疗法仅能改善症状,适用于病变局限,症状较轻、妊娠期间发病及不宜耐受手术者。
2. 药物治疗:尊重医师的指导服用抗生素和利尿剂等。
3. 硬化剂注射和压迫疗法:适用于少量、局限的病变。
4. 手术疗法:手术是根本的治疗方法。

调适策略

1. 在课堂讲课时,可以尝试将身体重心交替由一只脚移到另一只脚上,始终保持一只脚处在休息状态。
2. 穿能支撑住脚弓的矮跟或中跟鞋。或贴身穿一双高弹长筒袜,保护浅静脉,减轻压力。
3. 平时,加强双腿的运动,促进血液循环。
4. 多用热水敷腿、泡脚,做一做踝关节的屈伸活动。

问题二 咽 炎

 案例呈现

李芩，高中英语教师兼任班主任，工作至今有二十余年，长期用嗓导致声带发生病变，开始表现为声音哑，不痛不痒，自己也没当回事，想着这种情况在同事们中太常见了，以前自己也有过，只要吃吃含片，适当注意休息，少说话就可以了。但因为这一职业在讲台上完成教学任务要说话、走下讲台耐心解答学生的问题要说话、开展班集体活动要说话、找学生、家长谈心要说话，虽然是尽量少、轻声地说话，但还是慢慢出现了声音沙哑、声带充血、水肿甚至形成了声带小结。医生不仅给她开了药，还建议手术治疗，这下李老师紧张了，人也变得消沉，不太愿意开口说话，自己都觉得严重影响到工作和家庭生活。

 现象分析

这是一例典型的教师职业病——咽炎。一般多由于发音不当、过度用嗓、慢性刺激或变态反应等造成喉肌的失调或声带摩擦过度而发生。

教师在嗓音方面的负担比其他嗓音职业者，如演员、播音员都要重，教师几乎天天都要讲授数小时课程，在讲课时需要长时间用力大声说话，尤其是主课老师和承担班主任工作的老师，更易患上咽喉部不适，再加上长期粉尘的刺激，使得邻近组织慢性炎症蔓延，导致慢性咽炎，严重的可以导致声带小结、声带息肉、声带肿瘤等等。

患上慢性咽炎的人经常会感到咽喉干燥、灼热，又疼又痒，尤其是过度劳累和气候变化的时候最明显，说话声音沙哑，有的甚至出现短暂失音。声音嘶哑和失音都是教师工作的"大敌"，直接影响到教育教学工作。引起声音嘶哑的原因很多，包括功能性和器质性两类。

声带小结是声带边缘长出粟粒大小的结节状突起，左右对称，常发生在声带前1/3与中1/3交界处。声带息肉是发生在声带上表面光滑、大小不等的增生，多为单侧。声带小结和息肉的生长使得声带不能正常闭合，进一步引起不同程度的声音嘶哑。

 心理解读

1. 局部蒸汽吸入、雾化吸入。
2. 遵医嘱适量选用抗生素、镇咳祛痰药。
3. 早期声带小结可以休息2~3周，辅以上述治疗措施，常可使小结变小或消失；国大党小结经治疗无效可考虑手术切除。
4. 声带息肉一般采取手术摘除。
5. 因喉部肿瘤压迫可引起声音嘶哑，如能早期将肿瘤切除，则多能恢复发音功能。

 **调适策略**

因为职业特点,老师用嗓是必须的。据调查,10个咽喉炎患者有8个是老师。但只要注意保护,还是能减少咽炎的发病率。

1. 和辛辣食物说"再见",不吸烟、不喝酒,平时多喝温开水,保持正常的作息规律。
2. 上课讲话时声音压低,切勿太大声或急切地说话,若感到咽喉部不适,尽量使用麦克风等扩音设备。
3. 咽喉不适时可以含服喉片或饮用润喉的茶。
4. 定期体检,早发现、早诊断、早治疗。
5. 调试好自己的心情,并学习科学用气发声的呼吸方法。

问题三 颈 椎 病

 **案例呈现**

钱华,一名高中语文教师,教龄五年,教育教学工作认真、负责,每天查资料、备课、批作业、改作文、批试卷,忙得不亦乐乎,收入并不比其他职业的同学高,虽然心理有些不平衡,但由于热爱这份工作,每天依旧开心地来往于家和学校之间。因为是年轻教师,学校都会组织老师们参加各级各类赛课、说课活动,因此钱华老师的很多准备工作都要带回家完成,陪爱人聊天、逛街的时间少了,慢慢地爱人也开始有些抱怨,更别说娱乐休闲生活了。为了更好地工作,钱老师和爱人做了一次长谈,争取爱人对自己工作的理解和支持。平时都是忙完了家务,再坐到电脑前,常常一忙都要超过12点以后才休息,整个人处于疲劳状态。

都说年轻人苦一点累一点,睡上一觉就恢复了。钱华老师因为工作的原因,总是低头、伏案,脖子会酸,同办公室的老师们告诉她,要注意休息,换换姿势,会好一些。但忙的时候,颈子不仅酸而且还有胀、痛的感觉,很难受,于是在爱人的强烈建议下钱老师去了趟医院,医生告诉她,这种情况太多见了,也不用过于紧张,每天来医院理疗理疗,钱老师考虑到来回路上时间耽误较多,加上生来就怕到医院,于是在医院买了牵引带回家"吊颈子"。坚持了几天的治疗,不适的感觉明显消退,很有效。于是钱老师继续努力工作,一觉得颈子不舒服,就在家做做理疗,有时忙忘了,也没当回事。最近不仅脖子疼而且手脚经常发麻。最怕去医院的钱老师又一次无奈地去了医院。

 **现象分析**

钱华老师的情况属于肩颈部软组织的慢性损伤,常发生于40岁以上的中老年教师。与工作过度、长时间伏案低头工作、姿势持续固定不变有关,时间久了还会影响到正常的工作

和生活，近些年有明显的年轻化趋势。如果治疗不及时，还会导致高血压、脑中风等，危害非同小可。

关于颈椎病，目前国际上较一致的看法是指颈椎间盘退行性变，及其继发性椎间关节退行性变所致脊髓、神经、血管损害而表现的相应症状和体征。颈椎病的发生发展中最基本的原因就是颈椎间盘退行性变。临床上主要分为神经根型颈椎病（发病率达50%～60%）、脊髓型颈椎病（发病率约10%～25%）、交感神经型颈椎病及椎动脉型颈椎病四类。若出现两种或多种类型的症状同时出现，则称为"复合型"。

 心理解读

1. 非手术治疗

（1）颌枕带牵引：适用于脊髓型以外的各型颈椎病。可解除肌痉挛、增大椎间隙、减少椎间盘压力。

（2）颈托和围领：主要用来限制颈椎过度活动，而病人行动不受影响。

（3）推拿按摩：对脊髓型以外的早期颈椎病有减轻肌痉挛，改善局部血循环的作用。手法应轻柔，次数也不宜过多。

（4）理疗：可加速炎性水肿消退和松弛肌肉的作用。

（5）药物治疗：目前尚无颈椎病的特效药，所用非甾体抗炎药、肌松弛剂及镇静剂均属对症治疗。

2. 手术治疗

对于诊断明确的颈椎病经非手术治疗无效，或反复发作者，或脊髓型颈椎病症状进行性加重者适于手术治疗。

 调适策略

1. 注意颈部的保暖，宜用平板床，枕头高度要适宜，不能过高，软硬适中。
2. 尽量避免长期不变的伏案姿势，隔一个小时就休息一会儿。
3. 学做颈椎操：

（1）后脑勺顶墙运动：每次顶住，坚持几分钟，然后松开，再反复。

（2）耸肩运动。

（3）头部米字运动（适合颈肩肌肉酸、胀、累、痛等症状）。米字运动需要头部先后向八个方向运动，但切忌头部转圈。头部先向一个方向倾斜，停留5秒，然后直立5秒，再向下一个方向倾斜5秒，如此反复8个方向。

4. 每天坚持1个小时以上的有氧运动，如慢跑、快走、球类运动、骑自行车等，现在很时髦的瑜伽也是有效的。

问题四 神经衰弱

案例呈现

杨琴,从事英语教学工作十五年,努力认真,工作一直走在前列,多次在省、市、区的各类比赛中获奖,工作以来已经养成了晚睡的习惯,备课、做课件、上网查资料,不到十一、二点就认为没到休息的时间。但近来总是睡眠不好,晚上要到一点钟左右才能勉强入睡,睡不沉、梦多,早上五、六点就醒,再也睡不着,白天精神还不错,午休时也没办法休息,办公室里的学生来来往往,解答题目、布置班级工作、谈心接电话,一个中午很快过去,到了晚上精神又来了。时间一长,人明显消瘦,这才到医院就诊,医生给开了药,但效果不佳。一次一次跑医院,人显得很疲惫,工作都觉得有了影响。

现象分析

神经衰弱是指由于某些长期存在的精神因素引起脑功能活动过度紧张,从而产生了精神活动能力的减弱。其主要临床特点是易于兴奋又易于疲劳。常伴有各种躯体不适感和睡眠障碍,不少患者病前具有某种易感素质或不良个性。

精神因素是造成神经衰弱的主要因素。凡是能引起持续的紧张心情和长期的内心矛盾的一些因素,使神经活动过程强烈而持久的处于紧张状态,超过神经系统张力的耐受限度,即可发生神经衰弱。如过度疲劳而又得不到休息是兴奋过程过度紧张;对现在状况不满意则是抑制过程过度紧张;经常改变生活环境而又不适应,是灵活性的过度紧张。

神经衰弱是一种常见的神经病症,患者常感脑力和体力不足,容易疲劳,工作效率低下,常有头痛等躯体不适感和睡眠障碍,但无器质性病变存在。神经衰弱主要症状有:① 容易疲劳;② 容易兴奋;③ 睡眠障碍;④ 情绪障碍;⑤ 紧张性疼痛和自主神经功能紊乱。

1. 脑力不足、精神倦怠

患者经常感到精力不足、萎靡不振、不能用脑,或脑力迟钝、不能集中注意力、记忆力减退、工作效率减退。

2. 对内外刺激的敏感

3. 心理生理障碍

有些神经衰弱的病人,描述的是一组心理障碍的症状,如头昏、眼花、心慌、胸闷、气短、尿频、多汗、阳痿、早泄、月经不调等。焦虑是许多病人的基本症状之一。焦虑可能是易于疲劳、记忆障碍、失眠的继发症状。病人经常对现实生活中的某些问题过分担心或烦恼,也会对未来可能发生的、难以预料的某些危险而担心烦恼。

4. 情绪波动、易烦易怒、缺乏忍耐性

内外环境中的刺激无疑是引起和影响人的情绪活动的决定因素,但不是唯一因素,面对相同的刺激,不同的人的反应却不一样。神经衰弱的病人,由于内抑制减弱,遇事(刺激)易兴奋,从而缺乏正常人的耐心和必要的等待。往往表现为:易烦多忧、易喜善怒。

5. 紧张性疼痛

通常由紧张情绪引起,以紧张性头痛最常见。患者感到头重、头胀、头部紧压感,或颈项僵硬,有的还表现为腰背、四肢肌肉痛。这种疼痛的程度与劳累无明显关系,即使休息也无法缓解。疼痛的表现也往往很复杂,可以表现为持续性疼痛,或间歇性疼痛,有的病人还表现为钝痛或刺痛。

6. 失眠、多梦

睡眠是人脑最好的休息方式之一,人生中有 1/3 左右的时间是在睡眠中度过的。睡眠时,大脑皮质的皮质下部处于广泛地抑制状态,由脑干中特定的中枢进行调节,使大脑进行内部的重组、整顿和恢复。

神经衰弱病人,由于大脑皮质的内抑制下降,神经易兴奋,睡眠时不易引起广泛的抑制扩散,难以入睡或不够深沉,容易惊醒或睡眠时间太短,或醒后又难以再睡。长期如此,势必形成顽固性失眠。失眠后白天头昏脑涨,精神萎靡,使学习、工作效率低下,病人深感痛苦。到了晚上又担心失眠。从而,因焦虑而失眠,由失眠而焦虑,互为因果,反复影响,终为神经衰弱的失眠症。

神经衰弱的病人常诉"睡不着",典型经过是:上床以前似乎头昏欲睡,上床以后脑子静不下来,思维活跃,浮想联翩,因此心里很焦急,愈急就愈睡不着,病人可能会试用各种方法使自己静下来,或做其他放松试验,但往往无效。此时,病人对周围的各类声、光刺激特别敏感,时钟的嘀嗒声、汽车的喇叭声、脚步声、别人的鼾声、室外的灯光、音乐声等,都会成为其失眠的理由,病人恨不得周围不得有任何光线和声音。但即使在十分安静的环境里,病人也会有"理由"失眠,如自己的心跳也会烦得无法入睡,这样折腾数小时才能入睡,不久,鸡鸣天亮又该起床了。

 心理解读

1. 心理治疗是治疗神经衰弱的基本方法。
2. 药物治疗。
3. 中药和针灸。
4. 生物反馈和音乐疗法。
5. 综合治疗。

 调适策略

1. 体育锻炼和适当的体力劳动对改善患者的躯体状况有良好作用。如:气功、太极拳、瑜伽等,均有利于解除焦虑。
2. 劳逸结合,保持有张有弛的生活习惯。
3. 正确认识自己,培养豁达开朗的性格,提倡顾全大局:遇事要从大方面着想,明辨是非,如:处理人际关系时提倡严于律己,宽以待人,互相理解、体谅是防止人际关系紧张的有效方法之一。在处理家庭关系、同事关系、邻里关系或上下级关系时尤应如此。

4. 如果自我调节不好,出现一些不能解决的心理问题或疾病先兆时,应立即求医,进行心理咨询、心理治疗或药物治疗。

问题五　乳腺囊性增生病

案例呈现

李玲,高中政治老师,工作十八年,对工作认真积极,对自己要求严格,性格急,五、六年前就一直感到乳房胀痛,且疼痛与月经周期有关,多数在月经前疼痛加重,来潮后减轻或消失,有时也会整个周期都疼痛。到医院检查很快被诊断为乳腺囊性增生病,一直服中成药治疗。

现象分析

这是中年女性的常见病——乳腺囊性增生病(简称乳腺病、乳腺小叶增生),是乳腺实质的良性增生,属于内分泌障碍性增生病。引起乳腺小叶增生的原因很多,一是体内女性激素代谢障碍,尤其是雌、孕激素比例失调;二是部分乳腺实质成分中女性激素受体的质、量异常,使乳房各部分的增生程度参差不齐。主要与内分泌失调或精神情志有密切关系。例如情绪不稳定、心情不舒畅、过度劳累、性生活不和谐、生活环境变迁,或者过食含有激素的滋补品和长期使用含有激素成分的化妆品等等,均可影响人体内雌孕激素分泌的比例失调或分泌节律紊乱而引起乳腺组织增生。

本病病程长、发展慢。表现为一侧或双侧乳腺弥漫性增生,可局限于乳腺的一部分,也可分散于整个乳腺,肿块呈颗粒状、结节状或片状,大小不一,质韧不硬,增厚区与周围乳腺组织分界不明显。

现在妇幼保健所多会进行超声检查和红外线扫描。

超声检查:当怀疑乳腺有肿块,超声检查是必须做的。这是一种初步筛检乳房硬块的检查手段,能用来判断肿块性质和位置。

红外线扫描:红外线扫描尤其适合妊娠期和哺乳期的女性进行筛检。该检查主要是利用正常组织和病变组织对红外线吸收率的不同,而显示透光、暗亮等不同的灰度影像来诊断乳腺疾病。由于这项检查速度快、无放射性因而在体检中常作为乳腺疾病的初筛检查。虽然该检查不属于乳腺专业检查,但仍可作为乳腺病变的一种检查方式。

心理解读

本病主要是对症治疗,可用中药或中成药调理,包括疏肝理气、调和冲任及调正卵巢功能。若肿块无明显消退，或在观察过程中，对局部病灶有恶性病变可疑时，应予切除并作快速病理检查。

调适策略

1. 重视自我保健意识，保持心情舒畅，避免情绪波动。
2. 要劳逸结合，避免过度劳累，适当参加体育活动，增强自身的免疫功能。
3. 注意饮食结构，忌食或少食辛辣刺激性食物，尤在治疗期间应遵医嘱。
4. 学习自我检查：乳房检查首先应观察乳腺的发育情况。两侧乳房是否对称，大小是否相似，两侧乳头是否在同一水平上，乳头是否有回缩凹陷，乳头乳晕有无糜烂，乳房皮肤色泽如何，有无水肿和橘皮样变，是否有红肿等炎性，皮肤表面浅表静脉是否怒张等。正确的乳房检查，在触摸时手掌、手指要平伸，四指并拢，用最敏感的食指，中指，无名指的末端指腹，按顺序轻扪乳房的外上、外下、内下、内上区域，最后是乳房中间的乳头及乳晕区。检查时不可用手指抓捏乳腺组织，否则会把抓捏到的乳腺组织误认为肿块。
5. 定期体检：20—35岁的女性应3年进行一次红外线或乳腺外科检查；35岁以上的女性应该1—2年做一次；50岁以上的女性应一年一次。因为乳腺小叶增生有一定的癌变率，一旦发现乳房肿块或有月经周期乳房胀痛、乳头溢液等现象时，应及时到专科医院检查，以防隐患。

问题六　腕管综合征

案例呈现

林兵，高中计算机教师，从事教育教学工作十一年。林老师非常热爱本专业，还用业余时间编相关应用程序，平时几乎不用纸、笔，基本达到无纸化办公。所以除了吃饭、休息，林老师都忙碌在电脑边，同事们都喊他"机痴"，问他累不累，他却笑着说："忙的时候没感觉，不过坐久了是会觉得腰酸背痛，但还是很快乐。"

最近他出现了手指麻木、手腕疼痛等感觉，洗脸、刷牙、开车都有感觉，别说手握鼠标了，直接影响到工作和生活。无奈之中，林老师到医院检查，得了电脑时代的"时髦病"——腕管综合征，就是人们常说的"鼠标手"。

现象分析

由于如今电脑教学的普及，很多教师都会出现腕部的不适。腕管综合征是正中神经在腕管内受压而表现出的一组症状和体征。与任何一种管腔内容物受压的原理相同，外源性压迫、管腔本身变小及腔内容物增多、体积变大等，均是其病因。

一些特殊职业：音乐家、教师、编辑、记者、建筑设计师、装配工、木工及厨师等，由于长期、过度用力使用腕部，腕管内压力反复出现急剧变化：腕管内压力，在过度屈腕时为中立位的 100 倍；过度伸腕时为中立位的 300 倍，这种压力的改变也是正中神经发生慢性损伤的原因。

常表现为桡侧三个手指端麻木或疼痛，持物无力，以中指为甚。夜间或清晨症状最重，适当抖动手腕症状可以减轻。有时疼痛可牵涉到前臂。

做电生理检查时，正中神经传导速度测定有神经损害征。

心理解读

1. 早期，腕关节制动于中立位。
2. 非肿瘤和化脓性炎症者，可在腕管内注射激素类药物。
3. 治疗效果不好者，应手术治疗。

调适策略

为了预防，平时应养成良好的坐姿，不论工作或休息，都应注意手和手腕的姿势。在购买鼠标时，应选用弧度较高、面积较宽的产品。在使用鼠标时，应保持正确的姿势：手臂尽量不要悬空，以减轻手腕压力。一旦得了"腕管综合征"，也不必过分紧张。对于早期症状较轻患者，休息是最重要的。若病情较严重，则需实施治疗，千万不要长期置之不理，否则可能导致神经受损等。

问题七　痔　疮

案例呈现

洪勇，专业课教师，从事教育教学已有 8 年，工作极为认真，无论是自己还是指导学生参加各种级别的大赛，都能获得优秀的成绩，这和洪老师付出的努力是分不开的。在备赛的日子里，带领学生，不断地实践、总结、再实践，一遍又一遍，根本没有双休日，没有寒暑假，吃住在学校，一忙就过了吃饭的点儿，一忙就到了夜深人静。有一次上卫生间，发现便池内有鲜血，心里咯噔了一下，意识到可能是由于疲劳，加上饮食不规律导致的，默默地在心里告诫自己要注意。由于任务多、时间紧、要求高，忙起来自己根本顾不过来，慢慢地肛门处有了坠胀感伴随有疼痛感，坐也不是，站也不是，走路都不方便。比赛结束后去医院，医生要求立即住院，手术治疗。

 现象分析

　　这是一例非常典型的痔。痔是最常见的肛肠疾病,任何年龄都可发病。痔的形成主要由静脉扩张淤血所致,长期的坐立、便秘、妊娠、前列腺肥大、盆腔巨大肿瘤等,发生血液回流障碍的直肠静脉淤血扩张所致。另外,长期饮酒、食入大量刺激性食物、肛周感染、营养不良等因素都可诱发痔的发生。

　　根据所在部位不同分为内痔、外痔、混合痔三类。无痛性间歇性便后出鲜血是内痔或混合痔早期的常见症状;随着病情的发展,可出现痔块脱出,轻者在排便时脱出,便后自行回复,逐渐加重,需用手辅助才可还纳,严重者在咳嗽、活动时都可脱出,甚至痔块持续性地脱出于肛门外。单纯性内痔无疼痛,可有坠胀感,内痔或混合痔患者,疼痛剧烈,坐立不安,行动不便。当痔块脱出时常有黏液分泌物流出,可刺激肛门周围皮肤,引起瘙痒。

　　痔的诊断主要靠肛门直肠检查。

 心理解读

　　1. 早期进行热水坐浴可改善局部血液循环。肛门内注入油剂或栓剂,有润滑、收敛作用,可减轻局部瘙痒不适症状。有痔块脱出者用手轻轻将其推回肛门内,阻止再脱出。
　　2. 注射硬化剂。
　　3. 手术治疗。

 调适策略

　　1. 增加纤维性食物,减少辣椒等刺激性食物的摄入,控烟限酒。
　　2. 培养良好的大便习惯,保持大便通畅。
　　3. 生活有规律,保持愉快的心情。

问题八　胃　　炎

 案例呈现

　　王婷,高中数学女教师,工作十八年,由于工作的缘由,经常吃饭不定时,狼吞虎咽、三餐并两餐,所以两、三年来人越发消瘦,王老师一直觉得消化不良,胃部不适,嗳气、反酸,人很不舒服,到药店买了些常用药,服用后症状能够得以缓解,可这两个月来出现了胃部不规则的疼痛,王老师在医生的要求下做了胃镜,被诊断为慢性胃炎。

 现象分析

胃炎也是在教师中多发的一种常见病。按发病的急缓分为急性和慢性胃炎两大类。

急性胃炎是胃黏膜的急性炎症,有充血、水肿、糜烂、出血等改变,甚至一过性浅表溃疡形成。可由急性感染(某些细菌、病毒、寄生虫等)、应激(严重的疾病、大手术、大面积烧伤、休克、颅内病变、精神心身因素)、理化因素(非甾体抗炎药是最常引起胃炎的药物)、血管因素(多因血管闭塞所致)。

慢性胃炎多由于幽门螺杆菌(HP)的感染、自身免疫、十二指肠液反流、其他因素(老年人、胃黏膜营养因子等)导致。常常有上腹饱胀不适、无规律隐痛、嗳气、反酸、烧灼感、食欲缺乏、恶心、呕吐等。分成较为常见的慢性胃窦炎(又称B型胃炎)和慢性胃体炎(又称A型胃炎)。胃镜活组织检查及HP检测多可诊断。

 心理解读

急性胃炎针对原发疾病和病因采取对症治疗。

对HP感染引起的慢性胃炎,特别在有活动性者,应予根除治疗。对未能检出HP的,应分析病因,对症治疗。

 调适策略

1. 每天定时定量服用三餐。
2. 限、戒烟酒。
3. 饮食应避免粗糙、浓烈香辛和过热,一减轻对胃黏膜的刺激。
4. 多吃新鲜蔬菜、水果,尽可能少吃、不吃烟熏、腌制食物,减少食盐的摄入量。

问题九　消化性溃疡

 案例呈现

黄丽,高中化学教师,工作二十年,四年前被诊断为慢性胃炎,服药治疗,但并没有很规律地服药,有一天,黄老师早上没来得及吃早饭,立马肚子疼,吃了个面包,没过两小时,疼痛又开始发作,因为知道自己有胃炎,所以黄老师的包里总带着饼干。近一个月来,就是正常吃早餐,2个多小时也会胃疼,很警惕的黄老师赶忙到医院,根据描述,医生已基本诊断为十二指肠溃疡,为了确诊做出的胃镜结果和医生的判断是一样的。医院开了不少药,这下黄老师老老实实地每天按时服药。

现象分析

这是一例人类的常见病——消化性溃疡,是发生在胃和十二指肠的慢性溃疡,包括胃溃疡(GU)和十二指肠溃疡(DU)。

消化性溃疡患者 HP(幽门螺旋杆菌)感染率高;最终形成是由于胃酸—胃蛋白酶自身消化所致;非甾体抗炎药对胃十二指肠黏膜具有损伤作用;遗传因素、胃十二指肠运动异常、应激和心理因素都可以引起。临床表现不一,上腹痛为主要症状,可为钝痛、灼痛、胀痛或剧痛,典型者有轻度或中度剑突下持续疼痛。十二指肠溃疡(DU)患者约有 2/3 的疼痛呈节律性,早餐后 1~3 小时开始出现上腹痛,进食后缓解,食后 2~4 小时又痛,也需进食来缓解,约半数有午夜痛,患者常被痛醒。胃溃疡(GU)也可发生规律性疼痛,但餐后出现较早,约在餐后 1/2~1 小时出现,至下次餐前自行消失。午夜痛也可发生,但不如十二指肠溃疡(DU)多见。

无症状性溃疡、老年人消化性溃疡、复合性溃疡、幽门管溃疡、球后溃疡是几种特殊类型的消化性溃疡。出血、穿孔、幽门梗阻、癌变是消化性溃疡的并发症。

心理解读

治疗的目的在于消除病因、解除症状、愈合溃疡、防止复发和避免并发症。

1. 根除 HP 治疗。
2. 抑制胃酸分泌。
3. 保护胃黏膜。
4. 预防溃疡的复发。
5. 手术治疗。

调适策略

1. 生活规律,定时就餐,科学饮食,保持愉快的心情。
2. 增加自我保健意识,早发现、早诊断、早治疗。
3. 戒烟限酒,减少浓茶、咖啡等刺激胃酸分泌的食物。

参 考 文 献

1. 连榕. 教师职业生涯发展[M]. 北京：中国轻工业出版社，2010
2. 聂振伟. 心理健康教育[M]. 北京：北京师范大学出版社，2006
3. 李慧生. 教师心理健康六项修炼[M]. 重庆：西南师范大学出版社，2010
4. 刘余莉. 正说传统人生智慧：心态即命运[M]. 北京：世界知识出版社，2010
5. 郭成，吴明霞. 中学教师心理健康自我维护技巧[M]. 成都：四川教育出版社，2008
6. 许思安. 教师心理保健[M]. 广州：广东省科技音像出版社，2007
7. 俞国良，宋振韶. 现代教师心理健康教育[M]. 北京：教育科学出版社，2007
8. 赵建勇. 跟专家学心理调适[M]. 天津：天津科学技术出版社，2010
9. [美]安德鲁·杜布林. 心理学与人际关系[M]. 王佳艺译. 北京：中国人民大学出版社，2010
10. 高影. 问题学生诊断[M]. 济南：山东文艺出版社，2011
11. 刘晓明. 和谐师生关系的心理构建[M]. 北京：世界图书出版公司，2008
12. 周萍. 谈教师人际关系失调的影响及自我调控[J]. 教育与职业，2007(26)
13. 伍小兵. 浅谈中学教师的消极情绪管理[J]. 西南农业大学学报（社会科学版），2011，9(2)：179—182
14. 丁兰兰. 职业学校教师职业倦怠探析[J]. 科协论坛. 2011(1)：165—166
15. 郑莉. 中学教师遭遇"职业倦怠"[N]. 工人日报，2008—11—20(5)
16. 吴艺，廖欣星. 从职业规划角度看教师职业倦怠[J]. 职场管理. 2007(22)：10—11
17. 陆楠，王欲晓. 国内外关于职业期待的研究简述[J]. 教书育人：高教论坛. 2010(9)：28—29
18. 沈贵鹏. 代沟：一个敏感的教育话题[J]. 新德育·思想理论教育：行动版. 2006(07)：24—27
19. 欧阳群宏. 关于高职青年教师心理焦虑成因分析[J]. 职业教育研究，2007(7)：63—65